里根传

REAGAN

高新涛 编著

吉林出版集团股份有限公司

图书在版编目（CIP）数据

里根传 / 高新涛编著．—长春：吉林出版集团有限责任公司，2011.7

ISBN 978-7-5463-5795-9

Ⅰ．①里… Ⅱ．①高… Ⅲ．①里根，R.（1911～2004）—传记 Ⅳ．①K837.127＝6

中国版本图书馆 CIP 数据核字（2011）第 130723 号

里根传

编　　著：高新涛
出版统筹：博文天下
责任编辑：崔文辉　张晓华
封面设计：盛世博悦
版式设计：边学成
开　　本：710 mm×1000 mm　1/16
字　　数：228 千字
印　　张：18
版　　次：2011 年 8 月第 1 版
印　　次：2020 年 8 月第 3 次印刷

出　　版：吉林出版集团股份有限公司
地　　址：长春市人民大街 4646 号（130021）
电　　话：总编办：010－63109269
发行科：010－85725399
印　　刷：三河市燕春印务有限公司

ISBN 978-7-5463-5795-9　　**定价：**59.80 元

目 录

第一章
不平常的童年

如果里根不是一个总统，而是一个普通的小人物，那么他在青少年时代的所有作品——散文、幻想小说或是其他题材的文字，都只会是一堆没人过问的废纸。当里根成为总统之后，这些他亲自执笔的文字就成了稀世珍品。

第二章
进军好莱坞

一天早晨，26 岁的里根带着他的所有行装，告别得梅因的朋友和同事，开着他的纳西牌敞篷汽车向西部出发了。一路上，灼热的大沙漠，连绵不断的广阔森林，在他的眼里都分外迷人。微风吹拂着他的头发，阳光暖洋洋地照在身上。他心里有一个愉快的声音在回响：“我终于要去好莱坞啦!”

第三章

两届平民州长

如果说上世纪40年代的美国，是一个打破迷茫的时代，那么50年代的美国就是一个进步的时代，用通用汽车公司的一句口号来形容，就是："我们最重要的产品就是进步。"对里根来说，这一时期更是一个全新的开始。有评论家说："正是因为有了通用电气公司和南希·戴维斯，里根50年代的生活才重新稳定和充实起来。"这时，里根还发现了自己生活中的更大目标——进入政坛。

第四章

三次恋情，两度婚姻

南希对里根的爱慕是发自内心的。在遇见里根之前，她从未见过这样的男人——观点鲜明，性格开朗，为人诚恳正直。在他们的交往中，南希总是扮演一个倾听者，她喜欢里根那些滔滔不绝的长篇大论。里根也被南希的乐于倾听给吸引住了。里根特别喜欢那些善于倾听的人，这些人往往能和他愉快相处。

第五章

大选风云

尽管里根在1976年的竞选中失败了，但美国民众永远记住了“关于900亿美元的讲话”，这也为里根铺设了一条通往未来胜利的退路。从开始涉足政坛到此时，里根已在美国的政治舞台上积极活跃了15年。现在，他和当年的爱德华·肯尼迪一样，已完全成为一名超级政治明星，很多人认为他具有当总统的品格。这些都使里根获得了超过其他共和党候选人的巨大优势，为他奠定了1980年竞选成功的基础。

第六章

年龄最大的总统

面对陷入困境的美国经济，里根上台后开始了他伟大的“经济复兴计划”。这个计划的主要内容可概括为“三大砍，一稳定”。所谓“三大砍”就是：大砍联邦预算开支、大砍个人和企业的税负、大砍政府限制企业的各种规章和条例；所谓的“一稳定”就是要制定一项稳定的货币政策。

第七章

卸职之后

虽然里根是演员出身，但这并没有影响他能取得骄人的政绩。美国政府和民众都对其任内所做的事感到非常满意。美国舆论曾评价他说：“他给美国政治带来了影响一个时代的变革。”1989年元月20日，里根届满卸任，他的离任告别显得风光而体面，为他的政治生涯画上了一个圆满的句号。

RONALD REAGAN

第一章

不平常的童年

如果里根不是一个总统，而是一个普通的小人物，那么他在青少年时代的所有作品——散文、幻想小说或是其他题材的文字，都只会是一堆没人过问的废纸。当里根成为总统之后，这些他亲自执笔的文字就成了稀世珍品。

1 定居迪克森
RONALD REAGAN

“以前，我们很贫穷，但是我并不清楚贫穷意味着什么，也不知道自己贫穷。”对于童年，里根曾多次这样描述。

1911 年 2 月 6 日，里根出生在伊利诺伊州坦皮科市的一所公寓里。这所公寓在他父亲工作的鞋店的楼上。但在回首往事时，里根却把迪克森看做自己的家乡。因为在 1920 年，里根 9 岁时，为了寻找更大的发展机会，父亲率领全家离开了坦皮科，最后定居在芝加哥以西的迪克森市。在迪克森，里根足足生活了 15 年。后来，里根常常感慨地说：“迪克森是我的一部分。”在这里，里根形成了最基本的人生观。

里根曾在他的回忆录中记述了他的名字为什么叫“罗纳德”。原来在他还没有出生之前，父母已经给他起名“唐纳德”。不巧的是，他的一位姨妈抢先一步给她自己的儿子取名为“唐纳德”，所以里根的名字就改成了“罗纳德”。

里根有一个“荷兰人”的绰号，但他并不是荷兰人后裔。绰号的来历还要追溯到他出生的当天。据说，得知妻子又生了一个男孩后，里根的父亲高兴地跑步上楼。当他看到新生儿时，只见刚刚出生的小里根体态丰腴、哭声响亮，于是父亲嘲弄地说道：“他看起来活像一个肥肥胖胖的小荷兰人，没准有一天能当上总统呢!”从此，这个绰号便与里根形影相随数十年。里根是家里的第二个男孩，他的上面还有一个哥哥，叫尼尔。每当回忆起里根出生时，尼尔都笑着说：“我很想有个妹妹，谁知是一个弟弟。”

母亲生里根时，助产士对她说，这一次是难产，必须有一位医生才行。可当时他们居住的坦皮科是一个小镇，居民总共只有 849 人，更别说要找到一个真正的医生了。后来得知由于前一天发生了一场意外的暴风雨，使得一位名叫哈里·特里的医生滞留在了坦皮科，于是，里根的父亲赶紧派人找来哈里医生。这次分娩，里根的母亲吃了不少苦头。分娩结束后，医生建议她这一生不要再生育了，否则后果很难预料。

里根的父亲约翰·爱德华·里根是爱尔兰移民的后裔，英俊而强健，人们喜欢叫他杰克。其实，在美国，有很多名人的祖先都是爱尔兰人，例如肯尼迪总统和尼克松总统的祖先。

多年前，里根的曾祖父迈克尔·里根因为灾荒而背井离乡，最后来到美国伊利诺伊州的坦皮科市。里根的父亲杰克就出生在这里，一家人在这儿定居很多年，直到1920年，里根的父亲重新迁徙。杰克很可怜，当他还是孩子的时候，父母就去世了，他的姑母把他养大成人。1904年，杰克认识了里根的母亲内莉。不久，两人在天主教堂举行了婚礼。

杰克是一名推销员，最擅长推销鞋子。他只念过几年书，在姑母的教育下成了一名天主教徒。杰克一直都是帮别人卖鞋子，所以他有一个梦想：开一家属于自己的鞋店，里面摆满各式各样的鞋子。尽管杰克工作非常努力，但赚的钱大部分都交了房租，所以日子过得十分清苦，甚至没钱为自己添一双新鞋。杰克也知道，再这样下去，要实现自己开鞋店的梦想，肯定是不可能的。于是，他开始在芝加哥四处流浪，寻找发家的机会。

杰克拥有惊人的语言天赋，讲故事是他的拿手绝活，里根从没见过比父亲更会讲故事的人。杰克每天在不同的地方跟形形色色的人打交道，回来后便把他的故事讲给家人和周围的人听。后来，里根也是一个出色的演讲能手，也许这种语言天赋就遗传了他父亲能言善辩的基因。

杰克一生都在与同一件事作斗争——酗酒。酗酒的坏毛病不但让杰克自己的生活麻烦不断，也让家人跟着一起过着到处搬迁、穷困潦倒的生活。镇上的人几乎都认为正是由于酗酒，杰克才始终未能发家。杰克也曾下定决心戒酒，但是很多次都没有坚持下来。即使有时两年滴酒不沾，但只要让他沾上一点酒，就会重犯酒瘾，而且一发不可收拾。因此，全家人总是提心吊胆，怕他因为酒瘾而误事或危害自己的身体。

杰克通常都是很晚的时候带着一身刺鼻的酒味回家，里根的母亲内莉只要说他两句，他就会与内莉高声争吵。虽然他不是打骂妻子的人，却也显得相当粗暴无礼。

杰克喜欢在幸运来临或成功的时候开怀畅饮。一遇到高兴的事，杰克的酒杯就放不下了，所以全家人都特别害怕节假日的到来。里根小时候就十分怕过圣诞节，因为虽然他能在这一天得到一份好礼物，但父亲喝酒后带来的忧愁气氛，足以毁掉圣诞节带来的所有快乐。

里根记得 11 岁那年的冬天，天下着大雪，他放学回家后发现父亲正烂醉如泥地趴在门口的台阶上，全身呈十字形，头发浸在雪水中。里根费了很大的劲才把他拖到楼上，父亲嘴里的酒气扑面而来，呛得里根心里一阵作呕般的难受。这是里根所记得的父亲酗酒最厉害的一次。里根因为这件事终生对酒极其反感，尤其是容易让人上瘾的烈性酒，他几乎从来不喝酒。即使在几十年后，面对"葡萄美酒夜光杯"的热闹场合，他也能自制，实在逃不过时，最多只喝上一两杯。

酒精耽误了杰克的事业成功，也让家人过得很不安稳，可尼尔和里根两兄弟并没有因此而影响到两人长大后的人生，这要感谢他们的母亲内莉。通常，杰克的酒瘾一上来，就会几天不见踪影，这时内莉就会带着孩子们去旅行或走亲访友。尽管杰克爱喝酒，但在孩子们的眼里，他仍然是个慈祥的父亲，他从不打骂孩子。内莉也常告诉孩子们要热爱父亲，还要同情他的毛病，如果父亲的毛病让他们感到为难，他们就要多想想平日里父亲对他们的慈爱。

里根的母亲内莉·威尔逊·里根是苏格兰和爱尔兰人的后裔。早在 19 世纪，她的祖先就远涉万水千山，来到美洲大陆的伊利诺伊州，最后定居在一个农业小镇上。内莉在这里出生，长大后遇见了里根的父亲杰克。他们很快就相爱了，在 1904 年喜结良缘。

内莉身材矮小，有一头漂亮的金棕色头发。她虽然瘦削，却十分健康。在孩子们眼里，内莉是一位勤劳、伟大而又慈祥的母亲。她是个典型的家庭主妇，在杰克收入还可以的时候，她就待在家里做家务，教育孩子。杰克终日在外面奔波，希望有一天能出人头地。于是作为丈夫的贤内助，内莉就把全部的精力献给了孩子们，她希望两个儿子都能有一个让人羡慕的前程。

与杰克愤世嫉俗，喜欢研究别人缺点的性格相比，母亲内莉就温和多了，她待人友善、充满爱心，她总会发现别人身上好的一面。尽管家里的经济状况不算好，但内莉还是想办法去帮助那些比她更穷困的人，她的爱心总是照耀着身边的每一个人，镇上的人都非常喜欢她。

有评论家说，里根总统的乐观态度曾经激励了整个美国，而为他播下乐观主义种子的人正是他的母亲内莉。母亲从小就教育里根，凡事要看得开，上帝对每个人都有不同的安排，人的命运总会漂浮不定，但一切都会最终走向完美。不管生活多么艰难，内莉从来不抱怨，她为儿子树立了一个好榜样。她要求孩子们面对困难时，要有信心，要从容不迫，不能被挫折压倒。里根的一生多姿多彩，但也困难重重。不过，面对困难，里根总能一一化解，无论碰上多大的麻烦，他也从不表现得焦虑不安。

内莉的骨子里还燃烧着艺术家的天分，她是当地的戏剧迷，也是舞台上的活跃分子。在歌剧院里，她和丈夫杰克曾多次参加演出，深受大家欢迎，有很多人甚至从别的小镇专程赶来观看他们的演出。一个人同时表演两个角色，对很多演员来说都是很大的挑战，可内莉却能应付自如。在她演出的时候，人们通常都是屏息凝神地观看她的表演，演出结束时，就报以雷鸣般的掌声以示赞赏。里根大概就是从母亲那里遗传了表演的天分，以至于可以凭借一个门外汉的身份闯入好莱坞，打造出一条灿烂的明星之路。

关于父亲和母亲家族的情况，里根在回忆录中写道，他父亲家族的人不是很多，祖父母在里根和哥哥出生前就去世了。父亲有一个兄弟，但因为两家住的比较远，所以很少见面；而母亲这一方，人口相对来说比较兴旺。母亲有 5 个兄弟姐妹，他们之间平时走动得也比较多。里根记得，一个姨妈的丈夫是一个农场主，家里有一个大农场和一家乡村商店。里根一家去他们那里的次数比较多。尤其是在酷热的夏天，里根和哥哥特别喜欢去这位姨妈家，因为那里非常凉快，而且还可以喝到饮料。

里根自己家共 4 口人，父母亲、哥哥尼尔和里根。但他们的宗教信仰却分成两种：母亲内莉是个虔诚的基督徒，信仰给了她强大的精神力量。她从不会忘记星期日去圣徒教堂做礼拜。在母亲的影响下，里根后来也成为一名基督徒；而父亲杰克却信仰天主教，但他只是偶尔有闲的时候才去做个弥撒。受父亲的影响，哥哥尼尔成为天主教教徒。

尽管生活不是很如意，但杰克和内莉都是开明的人，他们教育孩子的方式很平等，从不要威严、摆架子。里根和哥哥尼尔小时候都很调皮，与父母也很亲近。有一天，兄弟俩竟然提出，以后兄弟俩不再叫他们爸爸妈妈，而直呼其名，因为这样显得更亲切和民主。内莉和杰克对这个提议感到有点吃惊，但还是同意了。于是，里根和哥哥就一直以名字称呼自己的父母。

尼尔只比里根大两岁，但兄弟俩却性格迥异。里根在大多数时候都是一个文静的少年，尼尔却喜欢和其他孩子在外面疯跑。尼尔在男孩子中很有人缘，走到哪里都能和人打成一片。他的性格极其开朗，以至于他的朋友给他起了个外号叫月亮（这是一部喜剧中主角的名字），从此这个外号就叫开了，只有母亲还叫他尼尔。

杰克为了寻找到发家的机会，便带着全家开始在伊利诺伊州四处流浪。为此，里根和哥哥不得不在颠沛流离的生活中长大。他们总是学校里的新生，最多的时候，里根一年竟换了 4 所不同的学校。这样频繁地更换生活环境，使原本文静的里根看上去显得更加孤僻了。里根小时候，从不主动结交朋友，也没有同龄的知心好友。但他有能力同别人融洽相处，更没有因为环境的原因而受到同学们的排斥。

在里根 9 岁那一年，父亲来到迪克森，从此一直住了下来。比起那些拥挤繁华的大城市，迪克森更像一个乡村小镇，有着很漂亮的自然景观。多年以后，里根还能清晰地记得儿时迪克森的优美画面：大片如茵的草地、晴朗湛蓝的天空、不时盘旋而过的小型飞机。这样的环境对于正在成长的男孩子来说简直是个天堂。里根和哥哥就在这里度过了玫瑰红般的浪漫童年。

迪克森的经济以农牧业为主，奶牛饲养业尤为发达，并有一家大型的炼乳厂。在市中心，迪克森也展现出其繁华的一面：街道两旁商店林立，雄伟的大教堂庄严肃穆，在市中心稍远一点的地方，还有一所师范学校、一个公共图书馆和一个火车站。后来，一个新的电影院在这里建成，给这里又增添了一些热闹的景象。

杰克在这里实现了他开鞋店的梦想，但不是自己独自经营，而是与别人合伙开的。当地的一位富商——皮特尼先生，他与杰克很投缘，愿意和杰克一起投资，杰克自然高兴。于是，一家人停止了流浪，开始专心经营鞋店。

迪克森的民风非常淳朴，由于人口不多，仅有 8 000 多居民，所以这里几乎人人都互相认识，如果哪一家出了事，邻居一定会热心帮忙。在这里，里根见识到了团结的力量，他一直认为只要大家齐心协力，就没有克服不了的困难。迪克森还培养了里根一种特有的朴实无华的乡下人形象。后来，里根在好莱坞所塑造的最成功的角色大都具有这样的气质。

2 贫穷的学生
RONALD REAGAN

因为父亲酗酒，里根小时候一直过着比较穷困的生活，全家一般都住在一个很小的房子里。尼尔后来回忆起这段经历时，说：“兄弟俩挤在一张床上，有一次还尿湿了床。”

如果再碰上家庭收入非常差的时候，内莉就不得不在食物上节省了。全家人只能在星期五的晚上吃上一顿好饭——牛肝和油炸洋葱。其余的日子，内莉就用一根骨头炖汤，里面不断添加胡萝卜和土豆，直到下个礼拜才换上新的骨头。里根的哥哥尼尔通常负责去买骨头，内莉通常给尼尔10分银币，并嘱咐他“买骨头的时候再向卖肉的要块给猫吃的猪肝”。可里根家里根本就没有猫，内莉是用这些猪肝做一些菜给孩子们吃。时间长了，肉店的人就什么都明白了，于是就故意问尼尔：“你们家的小猫长胖了吗？”“胖多了。”尼尔微笑着说。

上初中时，家里经常拿不出学费。为了能顺利上学，里根利用星期六下午和星期日的时间，去建筑工地当临时工，为别人搬砖、运水泥、推土。每干10小时才能挣上35美分。虽然这是他的第一份工作，但他并不喜欢。因为这种工作对他来说很枯燥而且没有什么价值，所以在干活时，他显得不是十分积极。只要停工的哨声一响，他就立刻扔下手里的工具。那段工地生活给里根留下了很深的印象，60年后，当里根回忆到当时的情况时仍感慨道：“虽然如今我的耳朵听不见了，但少年时工地上的哨声却经常在我脑海里回响。”

当里根在工地上干活的时候，杰克会时常到工地上看看儿子，他见儿子满身是泥，心里也不免心疼。可有时工头还会向杰克抱怨说：“你儿子是所有临时工里挖土最少的一个。”里根回到家后，内莉心疼得不知说什么好。她唯一能做的就是马上把里根沾满汗味的衣服洗干净，因为不能让他第二天穿着又脏又臭的衣服去上学。

尽管工地的活很累，挣的钱也不多，但里根还是坚持了一年。他不但攒够了学费，还存下一些钱，他决定把钱存下来，用于交下一年的学费。

在工地上，里根还获得了一些他意想不到的收获。他经常跟着公司的专业测量人员计算地段的施工，学会了土地测量方式。土地测量工作锻炼了里根的耐心和细心，所以这份工作对里根来说确实是一次很好的锻炼。

不仅如此，繁重的劳动使里根的体格逐渐强健起来。在这一年的劳动中，里根的体重增加了30磅，个子也长高了。以前，里根曾因为身材瘦小而被拒绝在橄榄球队之外，现在他终于有资格参加这项心仪已久的运动了。

迪克森小镇有一个大水塘，小时候，里根和哥哥经常到那里游泳。里根是个体育天才，在哥哥的帮助下，很快就成为一名游泳好手。

在学校，里根是个比较活跃的学生。高中二年级时，他一有空就去一家基督教协会学习救生知识，比如双人擒拿式、箝制式、俯压式等人工呼吸的救人方法，并且获得了红十字会颁发的救生员证书，后来还到洛维尔公园的游泳区求职，做救生员工作。

里根求职的洛维尔公园是根据诗人詹姆士·罗素·洛维尔命名的，它位于罗克河边，占地大约300英亩。这还是一个鸟兽禁猎区，能够看到成群的飞鸟走兽，风景十分优美。夏天的时候，来这里游玩的人很多，时常有人不小心掉入河中。公园的管理者见里根有游泳救生证书，经过考核，聘请里根担任救生员。虽然救生员的工作有一定的危险性，但工资比较高——一般来说，要比建筑工人的工资高出几倍。里根非常愿意在那里工作，于是辞掉了建筑工地的工作。这样一来，里根不仅丰富了课余生活，还挣了些零花钱。里根接受这份工作后，一直干到他大学毕业。

一天晚上，里根和一个同事格雷比尔先生正准备关闭公园更衣室，突然听到水中有异常的声音。他们两人马上循着那个声音跑过去，看到一个人正在水里挣扎。来不及过多思考，里根纵身跃入水中。但湖水很深，里根几乎是在黑暗中寻找溺水人。当摸到落水者时，那人已经失去知觉了。经过一番努力，里根终于把他拖到了岸边，并将他救醒。

在洛维尔公园工作期间，里根还遇到一些有趣的事。其中一件事发生在里根上大学时。那时，里根已经长成一个让人着迷的小伙子了。一次，他在沙滩上眯着眼睛打盹，不时用余光扫一眼周围的游人。这时他看到一位苗条的少女，身着黑色紧身泳装走了过来。其实，之前里根见过这个女孩，而且知道她游泳的技巧比较高，尤其是跳水和拍打水面的动作更是优美。这个女孩也很喜欢里根这个漂亮的大男孩，因为里根宽阔的胸部、棕色的长腿，很有吸引力。当她看到里根躺在那里时，她的第一感觉是“里根也注意到她了”，于是为了更能引起里根的注意，她故意跳入深水中，高声喊“救命!”听到喊声，里根迅速跑到河边跳入水中。那女孩一看到里根向她游来，于是“扑腾”得更厉害了。里根抓住她的腰，奋力把她抱到了岸边。他担心女孩被河水呛到了，关心地问：“小姐，你现在感觉怎么样?”谁知女孩看着他微笑道：“被我骗了吧?我想知道你是不是关注上我了!”听到这个回答，里根猛地把她扔入水里，然后就走了。

此后，里根尽力做好自己的工作，争取做到眼疾手快，迅速地对溺水者实施及时抢救。据说，里根有一个习惯，每救起一个人，他就在一根圆木上刻一个记号。他一共做了 7 年的救生员工作，共画了 77 个记号，也就是说他救活了 77 条生命。

高中毕业时，里根考上了尤里加学院。这年里根靠做救生员攒下了 400 美元，刚好够大学一年级的学费及房租费。里根在大学里的学费是每年 180 美元，房租和伙食费另算。像许多贫困学生一样，为了能够完成大学学业，里根在做救生员的同时，还在学校食堂里刷过碗、洗过盘子、做过清洁工。只要能赚到钱，他什么活都干。

打工虽然解决了一些问题，但他的生活仍然很艰难，尤其是每年交学费的时候，是里根最头疼的时候。为了继续留在学校，他唯一的机会就是争取一项学院助学金。他找到了新任院长，希望能用自己高中时的橄榄球队员证书以及一些游泳赛的奖牌换取一份助学金。

尤里加学院是一所附属于教会的大学，经济状况并不乐观，没有能力让这里的贫困学生免费上学。不过里根很幸运，他最终说服了院长，得到了一份助学金，还减免了一半的学费。热心的院长还为里根找了一份工作，以贴补他的饭费。

后来，里根的女友玛格丽特·克里弗又把他介绍给一个兄弟会社，里根成为那里的会员，这才搬进了“大学生联谊会”的公寓，离开了廉租房。

尽管担任了许多工作，但里根的钱还是经常不够用。当公园实施起每年度的季节性关闭后，里根的经济出现了困难。一次，他遇到了一个中学时的好朋友，这个朋友有一份不错的工作——在当地的勘测院当标杆员。当时那个朋友决定辞去这份工作，于是他建议里根去接替他。听朋友这么一说，里根对勘测院这份工作起了兴趣，就想马上去申请。但这份工作实行全日制，这样一来就会耽误学习，但是不接这份工作，他仍然交不起学费，于是里根决定先暂时退掉尤里加学院的学籍，等攒够了钱，再继续学业。

开学前夕，里根打算同女友玛格丽特和朋友们道别。第二天上学时，正赶上一场大暴雨，这让里根十分沮丧而沉闷，此时的他更加想念即将分别的玛格丽特，于是就给她打了个电话。当时，玛格丽特正要和同伴们动身赶回尤里加学院，就问里根是否愿意跟她搭便车一起回去。里根心想反正他也要去学校跟朋友道别，就随女友一起回到了学校。

一回到熟悉的校园，里根就有点舍不得走了。他去拜望了橄榄球教练麦金奇，教练对他要退学的事十分失望。当他了解到里根的困难状况后，麦金奇教练决定帮里根继续完成学业。麦金奇教练说服学院答应里根毕业后再补交学费，于是里根又回到了大学校园。

里根在大学里是个十分活跃的学生，各种活动让他忙得不可开交。但里根精力充沛，他把参加的每个活动都做得很好，而且这些活动中有些是给报酬的，何乐而不为呢？

大学二年级时，里根利用自己担任学生自治会主席的身份，给哥哥申请到了一个助学金名额，想让哥哥尼尔也来尤里加上学。里根和尼尔感情十分亲密，但尼尔没有像弟弟一样上大学，而是在中学毕业后去了一家水泥厂，一干就是三年。

一次，里根回家度假，在返校的时候，他故意把皮箱落在了尼尔的屋里，他想利用哥哥给他送皮箱的机会让哥哥进尤里加学院看看。尼尔明白弟弟的苦心，可当时家里经济条件十分困难，连温饱都难以维持，怎么有条件让他们俩都上学呢？于是尼尔又回到了水泥厂。回到水泥厂，尼尔把这件事告诉了他的老板，希望证明自己想要好好干的决心，以此赢得老板的信任。谁知当天晚上，尼尔却收到了一纸解雇通知书，老板说一个人若是愚蠢到连上大学的机会都放弃的话，就不配给他打工。尼尔气得跑回家大哭了一场，第二天就提着箱子来到了尤里加。里根向校方申请：让尼尔大学毕业后再补交学费。最终校方同意了他们的请求，就这样，尼尔也开始了大学生涯。

1929 年 10 月 29 日，美国爆发了一次历史上最严重的经济危机。美国经济在这场危机中几乎全盘崩溃，并迅速波及到整个资本主义社会。美国整个社会，在那段时间里动荡不安，人们的生活极其穷困，很多最底层百姓的温饱都得不到保障。人们把那次经济危机称为“黑色星期一”，把它带来的经济衰退称为“30年代经济大萧条”。之后很多年，美国人都处在梦魇中，许多人都不愿回首当年的惨景。

经济危机爆发的那一年，里根正在读大学二年级，他的家乡迪克森也惨遭厄运。迪克森是以饲养奶牛为主要经济来源的城镇。但当时奶价暴跌，仅仅在迪克森这样一个小镇，就有成百上千的人失业。连镇上效益最好的水泥厂也开始大幅度削减生产，无数家经不住危机风暴袭击的小商店纷纷倒闭。

在首都华盛顿，20多万一战时期的退伍老兵徒步向华盛顿进军，要求政府发放退伍军人补助金。最后，这场声势浩大的示威活动被道格拉斯·麦克阿瑟将军的军队击溃了。但这件事却在整个迪克森流传开来，更增加了人们对这场经济危机的恐慌。

里根的家本来就不富裕，这场危机的来临更是雪上加霜。杰克全力经营的鞋店生意日渐冷清，最后不得不停止营业。再次失业的杰克只能找零活干，但是这些零活很难挣到什么钱。就连作为家庭主妇的内莉也不得不出来做事。她在玛丽服装店当缝纫工，挣的钱比杰克多一点，工作也相对稳定一些。那一年，家里的大部分开支就靠内莉来维持。为了增加收入，里根一家还把自己的大部分住房转租出去，全家人挤在一间小屋子里。

幸运的是，这次经济大萧条没有对里根的学业造成太大影响。由于里根在学院里获得了比较高的助学金，夏天还在公园里当救生员，所以他的经济状况反而比家里要好一些。除了供自己上大学外，里根还经常拿出一部分钱来贴补家用。一次，母亲内莉打电话给里根，问能不能借50美元给她，因为杰克的工作又丢了，他们没法支付杂货店的欠账单。在得到里根的肯定答复后，内莉还嘱咐他千万别把这件事告诉杰克，因为杰克是个很要面子的人，他知道后会觉得很没面子的。里根把钱寄给了母亲，对父亲则守口如瓶。后来，杰克又找到了工作，他负责经营位于斯普林菲尔德市的一家鞋店，他是那家鞋店的经理，同时兼任售货员。

一次，里根所在学院的橄榄球队去外地打球，中途暂住在斯普林菲尔德。里根和哥哥向教练麦金奇告假去看望在鞋店工作的爸爸，教练同意了。最后兄弟俩在一家破旧的商店里找到了父亲。虽然门面简陋，但可以看得出杰克还是用心打扫了一番。为了招揽生意，杰克还在橱窗上贴满了醒目的削价广告。但经济大萧条使最底层的百姓几乎连饭都吃不上，哪还有钱去买鞋呢？所以店里冷冷清清，几乎没有人光顾。里根和哥哥坐在店里唯一的一条小木凳上，同父亲聊了会儿天。

里根和母亲内莉都信仰基督教，他也从母亲那里学来了祈祷的力量。在经济大萧条的那段日子里，他总是祈祷，希望这场危机赶快过去——为家庭，为迪克森，也为整个美国祈祷。有时在橄榄球赛前，他也做同样的祈祷。

1931年的圣诞节晚上，里根和哥哥从学校赶回家，等着父亲为他们带回圣诞礼物。那时父亲又成为一名推销员，每天东奔西跑地推销鞋子。父亲回来后，还带着一封挂号信。杰克以为那是公司发给他的过节奖金，到家后还高高兴兴地给大家夸耀。当他打开信看到内容后，立刻傻眼了，里面是一张蓝色解雇通知单。

母亲伤心地掩面而泣，父亲在一边唉声叹气。里根看到这个情景，心里很不是滋味。从此以后，每次他从学院回家，都尽量省下些钱给父母买点吃的东西。

多年后，每当里根想起这段经历，仍会禁不住流出伤心的泪水。日后，每当别人问起里根他一生中最难忘的经历时，他毫不犹豫地回答："大萧条。"几十年后，里根步入政界，先是加州州长，然后是美国总统。但无论他在什么地方执政，掌握了多大的权力，他总是把自己的命运同社会最底层百姓的命运联系在一起。这不能不说是少年时父亲被解雇的经历给他深深地上了一课。

大萧条影响了里根的经济观点和政治观点，在那个时期，几乎每个人对这场危机都心有余悸。人们开始注意节约，攒下点家底以应对不知道何时会再次到来的下一次经济危机。里根有句口头禅很能代表那个时代年轻人的思想："要重视每一美元的价值。"

3 天生爱运动

RONALD REAGAN

里根从小就是个喜欢运动的男孩子。游泳、棒球、橄榄球、骑马，每一样他都去踊跃地尝试。

里根小时候非常喜欢打棒球，但由于视力不好，他只好退出了棒球场。开始，里根和他的家人不知道里根这么小就近视。直到里根13岁那年，父亲开车带着全家到附近风景优美的乡村去周末旅行。本来内莉、里根和尼尔坐在后边，后来内莉换到了前排。因为长途驾驶车辆，比较容易疲劳，所以内莉需要偶尔和杰克说说话，帮他打打精神。内莉眼睛近视，平时一直戴着眼镜。但换座位时，她不小心把眼镜忘在了后座上。当汽车行驶到城外的大草原时，出于好奇，里根拿起母亲的眼镜，戴在了自己的鼻子上，接着他便发出一声尖叫："周围这么多东西呀，真清楚!"他这一喊不要紧，惊得杰克差点把车开翻了。紧接着里根又喊了一句："远处还有正在吃草的奶牛呀！刚才我怎么没有看到呢?"这时全家人才知道，里根的近视极其严重。

以前在学校时，里根总是要求坐在最前排，因为他看不清黑板上的东西。现在他才知道那是因为其他孩子坐在教室后面也能清晰地看清黑板上的东西，而自己却不能。也正是现在，里根才明白他为什么看不清球场上3英尺以外飞过来的球，更明白了自己为什么总是棒球队的最后一名队员。

旅行结束后的第二天，内莉就带着里根去看医生。医生给他仔细检查了视力，医生说，里根的情况比一般近视的孩子要糟糕得多，必须配戴眼镜。由于虚荣心作祟，里根害怕朋友们喊他"四只眼"，所以心里特别讨厌那副眼镜，并称它为"厚厚的黑边怪物"。但不管怎样，现在能看清东西了，总归是件好事，慢慢地，他说服自己接受了这个"黑边怪物"。

虽然糟糕的视力让里根不得不退出棒球场，但丝毫没能影响他打橄榄球的兴趣。因为橄榄球对视力的要求不是很高，只要能够清楚地辨别出对方带球的队员，然后把他抱住，再努力把他摔倒就行了。在橄榄球队，里根一般担任防守队员，这份职责对视力的要求并不高。里根是在上了中学后才真正开始喜欢上打橄榄球的。当时他所在的迪克森中学只有一支球队，里根非常想加入其中，但是由于他的身高和体重比不上其他的高年级学生，因此只能坐在一旁观看赛场上的英雄们玩球，心里暗想有一天他也要穿上那件神气的紫白条运动衫。

后来，球队的教练开始为球队物色新的队员，以便为即将来临的赛季做准备。里根积极推荐自己，教练打量着这个体重只有108磅，身高只有5英尺3英寸的男孩子，满脸疑惑"他行吗"？仔细掂量了半天，教练才决定给里根一个机会，想先给他弄套队服，让他试试。但里根太瘦小了，球队里根本没有适合他穿的衣服。最后教练找遍了所有存放球衣的房间，终于找到了一条老式的短衣和短裤。这套队服看起来一点也不漂亮，但穿着合适，里根只能将就一下了。

在接受训练的时候，里根比任何队员都要卖力。虽然他身体瘦小，却总是尽其所能地去对抗那些身体高大的对手。让人失望的是，最后教练在正式定夺队员人选时，里根被刷掉了。为此，里根极为沮丧，不过他决定争取在二年级时能加入球队。

成为橄榄球队员成为里根中学时代的目标。机会终于来了，迪克森中学要为体重不足 135 磅重的小个子运动员组建一支新队，里根由于表现出色，被顺利录取并担当队长。

一般来说，男孩子长得都比较快，到中学四年级时，里根的个子一下子蹿到将近 6 英尺高，体重也增加了几十磅，他终于符合进入橄榄球队的条件了。在球场上，此时的里根如鱼得水、毫不退缩、勇往直前，他再也不是以前的落后队员了。也许正是因为橄榄球赛场上的厮杀，激发了里根好斗的性格，因此以后的他凡事都努力争取，从不轻易认输。

中学毕业后，里根进入了尤里加学院上学。尤里加学院的橄榄球队是当地的一支名队，正是在这个时候，里根开始结识麦金奇，并与之结下了深厚的友谊。麦金奇是一个具有传奇色彩的人物，在学生时代就荣获了 12 个体育证书，有一次比赛竟然单枪匹马夺得满分，使他所在的球队打败了另外一支名队。由于表现突出，麦金奇毕业后被学校聘为球队主教练。

尤里加学院的体育人才济济，尽管里根在球场上踊跃表现自己，却当不上主力队员，大多数时候都是坐在看台上当替补，于是心里总是闷闷不乐，甚至怀疑教练对他有意见。麦金奇刚开始也认为里根在打球中没有速度，而且自信心也不够，因为里根高中时打球的成绩就不理想。经过一段时间接触，麦金奇认为里根阻挡与堵截的功夫不错，而且勇气可嘉，只要稍加培养，一定能成为出色的球员，于是开始重新认识里根。

里根不了解教练的这些想法，他迫不及待地想上场，于是他开始想尽办法来吸引麦金奇的注意。一个下雨的秋天，球场上已经积水成河，他们就在这样恶劣的环境下开始练习新的比赛动作，里根在这次练习中表现得很好，麦金奇教练对他很满意，一段时间后，他开始重点培养里根。

大学二年级的时候，里根终于成为一名正式的比赛队员，负责打后卫。像以前一样，里根全力以赴，为球队效力。虽然里根和整个球队都很努力，但球队的成绩却并不十分理想。在与一些学校的联合对抗比赛中，尤里加学院的球队从未赢得过一次冠军，里根的个人成绩也很一般。不过他堵截的功夫确实不错，而且人缘好，颇受队友们的喜爱，而且他积极乐观的态度很多时候都鼓舞着他的队友。麦金奇教练对里根印象最深刻的不是他的球技和人品，而是他出色的解说能力。每次训练结束时，里根都会抽出一根扫帚作麦克风，为队友解说一场想象中的比赛，关于队名、队员以及各种比赛情况，他都尽可能使用真实的场景。

里根热爱体育，也热爱比赛，赛场上那种“纯洁的仇恨”让他痴迷。里根认为：“比赛是文明世界的标志，虽然是两个人实实在在的对抗，却不像战争那样残酷。”多年后，他曾说那些橄榄球比赛的日子是他人生中的幸福时光之一。

里根还喜欢骑马，当一跨上马背，他就发现人与动物之间是如此的亲密，马背成为他最愿意待的地方。里根最早接触骑马是在洛维尔公园做救生员的时候。那个公园里有一间小木屋，负责看管木屋的是一位荷兰移民。那个人有一头大灰马，偶尔也会骑到公园里来。他和里根关系不错，当公园里没人游泳时，他就让里根骑上几圈。那时里根还没有意识到自己将来会极其热爱骑马。

一旦享受到骑马的乐趣，里根就再也放不下这项运动了，只要有了空闲时间，他就会邀请一些同样热爱骑马的朋友，到当地的一个牧场，租上几匹马，尽情地骑上几小时。

为了能骑马，里根甚至报考了预备役候补军官，因为部队里规定预备役军官可以无限制地使用军马。但里根视力不好，他是在耍了些小把戏之后才通过了考核。于是每到周末，他就到军营里骑马。他曾想象自己将来能成为一名勇敢的骑士，去解救战场上被围困之人。

里根对马的热爱日益加深，他开始梦想拥有一个大牧场，他发现在马背上的乐趣是无法替代的。他的这一梦想最终也实现了。在好莱坞的后期，他就买下了一个完全属于自己的牧场，还养了几匹心爱的马。

4 多才多艺的男生

RONALD REAGAN

还在上小学前，母亲内莉就开始教里根读书写字。每天晚上她都会为里根读当天的报纸。当母亲用手指指着书上的字照着读时，里根就跟着看，慢慢地，里根居然学会了阅读，等内莉和杰克发现到这一点时，着实大吃了一惊。

一天，父亲看见小里根拿着报纸躺在地板上，就问他："你在干什么?"

"看报纸。"小里根一本正经地回答。

杰克以为里根在和他闹着玩，就调侃地说："是吗? 那你读一段给我听听。"

没想到里根真念了起来，而且没有一点错误。杰克高兴坏了，连忙把内莉和邻居们都请来，听自己的小儿子读报。人们都对这个天才小子赞叹不已。

里根 5 岁就上了小学。那时他喜欢画漫画，这个爱好到了成年也没有改变。内莉总是在背后默默地支持着孩子们的爱好和兴趣。里根的聪明让她感到很骄傲，什么东西只要告诉他一遍，他就能牢牢地记住。他有一种类似于摄影机一样的神奇记忆力，在以后他做演员和政治家时，这种天分就表现得更加明显了。

里根还擅长写作，他青少年时期的作品大部分都没有发表，这有点让人感到遗憾，但也在情理之中。里根从未把自己看成一个作家，也没有当作家的愿望，但他确实擅长写作，直到他就任总统以后，仍然坚持自己撰写演讲稿，这件事也让他感到十分自豪。由于他后来成为总统，原始手稿变得非常值钱，所以每次打印出来之后，助手们都阻止他毁掉原件。他还撰写过一本有关他中年生活的书《我的未来在哪里》，虽然书中不可避免地出现了说教口气和谄媚奉承的迹象，但人们仍可以感到他的文笔十分流畅，而且语气坦率，和其他的美国总统相比，里根的写作水平不能不说是一流的。有人说，如果里根不是一个总统，而是一个普通的小人物，那么他在青少年时代的所有作品——散文、幻想小说或是其他题材的文字，都只会是一堆没人过问的废纸。当里根成为总统之后，这些他亲自执笔的文字就成了稀世珍品。在里根总统图书馆，有专门的档案保管员为他整理这些早年的手稿，甚至还找到了当年他曾使用过的午餐券。

里根青少年时期的作品处处洋溢着热情的风采，那时他确实是一位充满理想和抱负的青年，比同龄人幸运的是，里根凭借不断的努力，最终走向了成功。

从里根早期作品的笔迹中可以看出他是一个循规蹈矩的学生。整篇文字没有缩写，没有擦痕，简直是近乎完美。里根还有一个特点——用左手写字，可由于当时美国中西部学校统一要求学生用右手写字，他便强迫自己用右手写字，这可以从他字迹里的字母“d”看出来，这个字母是不由自主地直立起来的。

虽然里根天资聪颖，但他在学习上却并不用功，他把全部的热情都投在了球场和其他活动上。尽管如此，他的学业并没有落在别人后面。里根有着惊人的记忆力，能很快记住书本的内容，这让他的大学生活轻松了不少。哥哥尼尔却正好相反，学校的课程经常把他搞得焦头烂额。

里根对付考试有一套自己的办法。在考试的前一天晚上，他把要考的课本匆匆翻上一小时，于是大部分内容就被他记了下来。等到第二天考试的时候，他准能写出一份令自己满意的答案，这让任课老师实在对他无可奈何。在任课老师的课堂上，里根极少出现，但里根在试卷中的回答确实不错，老师不得不给分。当时美国实行 10 分制，6 分是及格线，里根的成绩大多是 7～8 分，他自己对这个成绩完全满意。因为他的志向从来不在书本上，他也不想像其他成绩好的同学一样，想毕业后留在学校教书，他向往的是更大、更宽广的人生舞台。

里根不但记忆力好、成绩好，还有表演天赋。迪克森是个文化气息很浓的小镇。这里的居民非常喜欢表演，还常常从著名的诗篇、剧作或书籍中摘录出一部分，自编、自导、自演。里根的母亲内莉擅长表演，她对这类事情总是积极参加，还常常鼓励两个儿子登台演出。

里根的哥哥尼尔似乎对表演更为在行，在内莉的带动下，他很早就开始登台表演，并很快熟悉了这个行当，在当时还颇为走红。迪克森小镇里的人都说尼尔比弟弟里根更适合表演，人们只是不知道他的这个才能一直还没有被挖掘出来。里根很长时间都不能与哥哥相比，尼尔能歌善舞，且胆子比较大，而此时的里根还比较害羞。即使有想表演的念头，也不敢上台。但有一点里根和哥哥是不相上下的，那就是语言和模仿技巧。在内莉心中，尼尔和里根都是很优秀的，每次有活动，内莉都鼓励里根学着哥哥的样，到台上实地演出。但很多时候，里根由于害羞还是不敢上台。有一次，为了鼓起里根的勇气，内莉让里根熟记了一段简短的演说词，并夸奖他背得好，然后鼓励他到舞台上面去朗诵。可里根却怎么也不肯上去，事实上，里根心里还是很渴望能够一展风采的。在内莉的再三鼓励下，里根终于答应她上台。在台上，他先清了清嗓子，然后开始了首次表演。由于太紧张，他甚至不记得自己说了些什么，但当他走下台的时候，观众都报以雷鸣般的掌声。

里根的第一次表演效果不错，那些鼓掌喝彩的声音在他听来简直比音乐还要悦耳。于是里根对表演更有信心了。正是这次上台演出的经历，让里根越来越喜欢演说和表演了，特别是歌剧表演。

上中学时，里根的英文教师弗雷泽对里根的创作才能和表演方式的启发很大。弗雷泽个头不高，带着一副和里根一样厚的眼镜。当时，弗雷泽在教学上与其他的教师不同，比如给学生的作文打分时，他不单凭拼写和语法，还要考虑作文内容。他总是引导学生写作文时要有自己的主见，不要生搬硬套。弗雷泽经常挑一些好的作文，让学生当堂朗读，学生因此受到了很大的鼓舞。弗雷泽的教学方式，无形中激发了里根的想象力。一次，弗雷泽让里根在班里当众朗读作文。因为里根的作文有很多自己的创作成分，写得很好。这次朗诵得到了同学们的好评，也激发了里根创作的激情。以后写作文时，他就会不自觉地写些让人兴奋的句子。

除此之外，弗雷泽跟里根一样，对表演尤其是歌剧很感兴趣。两人有很多共同语言和爱好，因此结下了深厚的情谊。弗雷泽不但教里根如何去理解角色，还教里根怎样把台词说得又自然又流利。他告诉里根要想把角色演好，就得深入角色内心，理解角色的内心世界，再试着表现出来。一段时间后，当里根拿到剧本时，他就能很快使自己进入角色了。

弗雷泽还告诉里根什么是表演中的移情作用，即要设身处地地站在角色的角度上来考虑问题，思考他为什么要这样做，这样做的动机是什么。里根后来不仅把这个经验用在舞台上，还用于政界。步入政坛后，他用这个方法和别人交流，发现能够更容易地和别人处好关系，有时他甚至能迅速且准确地理解那些自己从不熟悉、有着迥然不同背景的人们的心理。

大学时期的里根开始成为活跃分子，他不但担当了学生自治会的主席、戏剧社社长，还担任学生组织中的一些职位。有一次，里根看了伦敦一个巡回剧团演出的《旅途终点》之后，由于他对歌剧本来就很感兴趣，于是慢慢地与饰演剧中主角的演员成了朋友。他们一起探讨了有关歌剧的话题，交谈过程十分愉快。这让里根下定决心，一定要踏上艺术舞台。从此，他开始努力寻找上台的机会。

不久，里根想登台表演的愿望成真了。在尤里加学院，里根遇见了一位出色的歌剧女教师——约翰逊小姐。她经常联系学生去演出，还组织了一个歌剧社，吸纳了许多对歌剧感兴趣的学生，里根就是其中之一。只要是这位女教师导演的歌剧，不论主角还是配角，里根都积极参加。

在里根大学三年级时，约翰逊老师组织尤里加学院的学生参加了西北大学举行的一年一度的独幕剧比赛。他们参演的剧目是艾德娜·圣文森特·米雷写的《阿利亚·达·卡波》。当时，美国中西部地区的人都反对政府参加第二次世界大战，里根也是如此。而《阿利亚·达·卡波》是一部反战题材的戏剧，里根在剧中扮演了最后一个被绞死的牧羊人，虽然这只是一个小角色，但是在整个演出中，他仍然十分投入地去表演，仿佛真的身临其境，赢得了观众的一致好评。因此，里根荣获了个人演出奖。在这次表演中，里根充分展示了他非凡的表演才能。该剧最终荣获二等奖。

在回忆这段大学生活时，里根很欣慰地说："我是一个和平主义者，我认为二战的发生是有人故意操纵的阴谋……"

西北大学戏剧系主任是这次比赛的倡导者，当看到里根表演得那么投入，就很欣赏他的演出才能。表演结束后，他把里根叫到他的办公室，试探性地问了问里根将来的打算，而后建议里根去当演员。

对里根来说，大学生活丰富多彩，橄榄球、戏剧、表演、学生会主席的角色都在他的生活中留下了很深的印记。这些经历都为他以后走上政坛，成为出色的演讲家奠定了生活基础，积累了丰富的社会知识。

5 尤里加学院的罢课运动

RONALD REAGAN

在 20 世纪 20 年代，上大学要比往年困难得多。当时美国的高中毕业生中只有一小部分能上大学。很多穷苦人家的孩子都因花销太大而上不起大学，还有一些人认为上大学没有用处，还不如用四年的大好时光去赚钱。因此，那个时候的大学生是极少见的。

里根家境贫寒，但他还是决定想方设法去上大学。当时，杰克的杂货店十分需要人手，当杰克听到里根的决定时并没有生气，甚至为儿子有远大的理想而感到由衷的欣慰。杰克在经济上给不了里根多少帮助，为此，杰克总是感到很内疚。

在上哪所大学这件事上，里根有自己的选择标准。他当时十分崇拜一位叫加兰·瓦格纳的橄榄球明星。这个人是迪克森人，是镇里的英雄人物之一。他身材高大、强健，曾在里根所在的球队打过后卫，后来进入尤里加学院读大学，变得更加声名显赫。他的父亲是个退休牧师，是镇里现任牧师的前一个。里根希望追随偶像的足迹，也到尤里加学院上学。

除此之外，里根去尤里加还有一个原因——他的女友玛格丽特·克里弗也将在那里读书。玛格丽特是一位牧师的女儿，长得很漂亮，性格活泼开朗，里根简直对她着了迷。在中学的时候，他俩在话剧《你和我》中扮演相互爱恋的男女主角。玛格丽特家里一共姐妹 3 个，她的两个姐姐都在尤里加念书，于是，她也决定去那里读书。玛格丽特的父亲十分喜欢里根，他也希望里根和女儿一起进入尤里加学院。因此，里根虽然还没有去过尤里加学院，可心里已经坚定不移地决定要去了。

随着中学毕业的临近，里根对尤里加学院更加向往，甚至有时会不自觉地默念学院的名字，他已经开始憧憬起美好的大学生活了，因为那里有他喜欢的人和事。

尤里加学院是一所文科学院，位于迪克森东南约 110 英里处，主要依靠教会的资助，以维持正常运转。那一年，学院一共招了 220 名学生，里根和玛格丽特名列其中。它也是伊利诺伊州第一所允许男女学生同校上学的学院。这所学院的大部分人员都是基督教徒，无论是教授、职工，还是学生。这些人普遍思想保守，因循守旧，因此人们经常称尤里加学院为“清教徒学府”。这所学院内设独立的商店，但店里却不卖烟酒；校园广播里也从不播放流行歌曲。学院还有一项严格的规定：“学生不准吸烟、喝酒。违者将给予严肃处理，严重者将开除学籍。”还要求学生全部住校，如果有事离校，必须请假，晚上 21 时 30 分前必须及时返校；还严令禁止学生在校外看色情电影。在 20 世纪 20 年代后期，美国的流行文化——从爵士音乐，到电影、话剧、歌剧，所有的娱乐载体都充斥着色情故事，连报刊上也满是桃色新闻。但在一片污浊的社会氛围中，尤里加却一直保持着相对淳朴的风貌。

尤里加虽是个小学院，但却培养出了许多优秀的毕业生。有三分之一的学生毕业后成为大夫、律师或牧师，这一点十分具有吸引力。有的还成为大人物，比如除了里根成为美国总统外，另外还有 2 名州长、26 名大学校长，以及在其他岗位上做出过杰出贡献的人。

尤里加一词来源于古希腊，意思是“我发现了它”，用这句话来形容里根刚进大学时的感觉是再恰当不过的了。

那年 9 月，里根开着车和玛格丽特一起去尤里加学院报到。一进入校园，里根便大吃一惊，这所学校要比他想象中的漂亮得多。校园里的建筑十分别致，有 5 座乔治时期风格的砖瓦建筑物，整齐地排列成半圆形，有的房屋顶上长满长青藤，有的窗户上镶着白边。草坪上绿油油的草四处延伸着，偶尔有一两棵郁郁葱葱的小树长在草坪上。

里根上大学时，身材高大魁梧，留着水手一样的发型，从中间分开、向两边垂下，样子看起来有些滑稽。最让里根不满意的就是那副厚眼镜，因为这副眼镜，里根曾经被同学们戏称为“四只眼”，他希望在大学里能留给同学们一个阳光健康的形象。

正是因为尤里加是个小学院，这里的每个同学才有足够的机会来展现自己。如果它是一所大规模的学院，那里根的才华可能很快就会被埋没在众人之中，他也许永远不会了解到自己在某些方面的潜质。

里根在这里一共学习和生活了四年，他积极投身于学校的各项活动中：体育广播，演戏，公众讲演等等，但让里根被所有人熟知的事情，还是由他领导的那次罢课。那也是他人生中的第一个政治成果，而且让他第一次体验到另外一种战斗——政治斗争，为此他还推掉了几场橄榄球比赛。

以前里根比较害羞，可自从上大学后，他开始积极参加各种课外活动，不过还没有达到出类拔萃、一鸣惊人的地步。但这次罢课运动，使他一下子成为学院里的名人。

由于经济大萧条的影响，里根在尤里加的第二年，学院也爆发了一场小型的经济危机。经济危机的风波影响到迪克森，小镇上的人们日益穷困，学院得到的捐款也越来越少，财政收入几乎降到历史最低点，虽然院长要不断地向资助它的教会发起募捐运动，但学院还是随时面临着破产的危险。

为了使学院安然度过经济难关，院长作出了一个不明智的决定，削减一些他认为次要的课程，并辞掉这些课程的教员，以保证学校收支平衡。这个计划确实对校董会的预算很有实用价值，但学生和教员却成了受害者。老师们担心失业，也怕降低学院的学术水平，而且学生能学到的东西少了。院长也知道老师和学生会有意见，于是便作出了这样的打算：如果在学生回家过感恩节时，校董会表决通过，然后在假期后把消息公布于众，那时一切成为事实，学生和教员们即使有不同意见，也没有时间反对了。

谁知一些消息灵通的学生和教师首先听到了风声，愤怒的情绪立刻像燎原之火一样迅速蔓延了整个校园。对于院长的做法，师生们展开了热烈的讨论，大家各抒己见，最终决定以罢课来对抗院长的决定，并以签名方式对院长施加压力。最后，有 143 名学生和教员在请愿书上签了名。学生和教员们还事先商定，如果学院不保留这些课程，就把罢课进行到底，或者干脆上街游行示威。

面对学生和教员们的抵触情绪，院长决定不予理睬。他把自己的提议交给校董会，要求通过这一决议。一时间全校震动，师生们在教堂里举行会议，商量对策。有人提出继续罢课的建议，大家都表示赞同。

里根以前从来没搞过这种活动，但因为他口才极好，就被推举为新生班的代表。他还时不时地将一些学生的请愿要求加以归纳总结，及时递交给校董会。

感恩节是在周五下午，往年，学生们早就在此时准备外出过节了，但这次却没有一个人离开学院。大家在静观校董会的决定，看院长的削减计划是否能够得逞。

师生们商定，以钟声为信号，如果校董会的结果是大家所期望的——没有削减课程，那么大家就此作罢；否则，大家就用钟声联络，一起到教堂集会，商讨进一步的对策。一部分学生待在宿舍里等待校董会讨论的最终结果；另一部分学生则在教堂里等待。由于等待时间过长，教堂里的学生开始没有耐心了，便由罢课委员会的一个人开始敲钟。听到钟声后，师生们纷纷涌向小教堂，很快教堂里就挤满了人。

集会开始时，学生联谊会主席莱斯·皮尔斯企图安抚紧张愤怒的师生："大家不要心急，校董会商讨的结果还没出来，大家稍安毋躁。罢课也不是解决问题的好办法，联谊会从来不主张罢课，就是现在也没有这样的打算。"师生都认为，他的讲话是在替院长作辩护，于是变得更加愤怒，反对的声音越来越高，男生们怒吼着，女生们则用尖叫声表达着她们的不满。

学院里有一个叫塔比·穆勒的学生，他的情况比较特殊，因为他有一半的学费是基督教会为他支付的，因此他说他不能参加罢课，但他的声音立刻被一片怒吼声淹没了。

由于里根是个新生，不像教师和高年级学生那样同削减计划有着激烈的矛盾冲突，所以他被选出来向校董会提出罢课倡议。在所有的发言者中，里根年龄最小，也是最后一个发言代表，里根走到前面，开始他的演讲。里根有一个终生都没有改变的习惯，那就是一遇到紧张和激动的事，嘴唇就会不由自主地向右边扭曲。这同他优雅的形象有点不协调，但却一点都不妨碍他那扣人心弦的演讲。

在演讲中，里根反复说明这些削减不仅使高年级学生的学业受到严重影响，而且尤里加学院的学术声誉也会因此遭到质疑。他还阐述了院长如何不理睬师生们提出的其他节约办法，而一意孤行地打算趁学生离校时实行其错误计划的危害性。

里根的演讲很有感染力，赢得了在场师生的热烈响应。当他说到"我们大家一定要联合起来，达到我们的目的"的时候，全场都沸腾了。他们大声叫喊着站了起来，热烈鼓掌表示拥护。里根对当时的情景十分陶醉，台下热烈的掌声让他热血沸腾。这是里根的第一次演说，且大获全胜。

感恩节的假期一过，全体师生一致行动，开始以罢课对抗学院当局。到了上课时间，大多数教授只是到教室里去一趟，记下缺课学生的名字，然后打道回府。罢课的学生连教室都不去，就在自己的房间里呆着。

面对师生们施加的压力，院长威尔逊以辞职的方式表示抗议。校董会拒绝了他的辞职。同时校董会也在紧张地商讨，怎样有效地解决师生同院长之间的矛盾。经过 6 天紧张的讨论，最后决定以全校投票的方式来解决问题。投票结果是反对削减课程的人占多数，罢课运动继续进行。不到一星期，院长威尔逊就在师生的压力下辞职了。新任院长是一位比较通达开明的人，学院的课程又恢复了原来的样子，教员也没有遭到解雇，尤里加学院开始恢复正常秩序。

里根在这次罢课活动中表现突出，他的演讲协助全校师生赢得了罢课的彻底胜利。这件事给他留下了深刻的印象，就是从这个时候，他开始注意起演讲时听众的“感受”。这次演讲让里根明白，政治和舞台息息相关，都是以公众的情绪反映为评价标准的。

后来，里根又经历了几次学校里的演讲，慢慢地积累了丰富的演说经验。他认为作为演说者，最重要的一点就是：要与听众融为一体，因为演讲也是一种艺术。后来，里根来到爱荷华的首府得梅因做电台播音员。他就常常借用以前积累的经验和知识，与听众建立起亲密的关系。比如，当他与观众交流时，他就会借用一些富有戏剧性的故事，把自己看成里面的主人公，这样听众也仿佛身临其境。演讲对于里根来讲，就是另一种形式的演出，这种思想让他最终成为了一名演员。

6 艰难求职路

RONALD REAGAN

1932 年，里根大学毕业了，那时他刚满 21 岁。四年的大学时光对里根来说是十分美好的，家境的贫寒丝毫没有影响到他在尤里加学院的愉快生活。毕业后，他依依不舍地告别母校，踏上新的征程。

虽然里根雄心壮志，却一时找不到出人头地的门路。当时，正值大萧条的最高峰，全国失业率居高不下。在迪克森，为了度过危机，许多人甚至卖掉了土地，镇上效益最好的水泥厂也倒闭了，抵挡不住经济风暴的小型商店纷纷关门，城里的街道上总是乱糟糟地挤满了失业的人群。当时的一首流行歌曲《兄弟，你能匀出一角钱吗?》最能反映出人们的窘迫。

迪克森的经济支柱是奶牛饲养业，自大萧条爆发以来，奶价一天比一天低，最后竟跌到还不够付给工人的工钱，只好停止生产。

上世纪 30 年代，经济大萧条是美国人最阴暗惨淡的岁月，没有亲身经历过的人无法理解当时人们的困境。美国第32任总统富兰克林·罗斯福曾充满忧患地说："国家正一步步走向死亡。"在广播中，电台每天都在高声警告人们别离开家去外地找工作，因为每个地方都没有工作的机会，成千上万的失业者对政府感到绝望。

面对迪克森严重的经济萧条，市长安东·塞尔马克向联邦政府申请一笔高达1.5亿美元的救济基金，同时警告联邦政府，要是不给拨款，那就等着派军队来镇压人民的造反吧！但此时的联邦军队也忙得很，他们正驻扎在华盛顿，准备对付一批一战时期的退伍老兵。这些老兵要求政府给他们发放服役期间的抚恤金。游行的队伍浩浩荡荡，示威者的腰带上都挂着空空如也的罐头盒，以表示他们正遭受严重的经济困境，要求政府给予一定的拨款。最后，联邦政府批准了这笔款项，却被参议院否决了。愤怒的示威者开始围攻政府部门，最终被军队驱散，但这件事的恶劣影响一直延伸到迪克森，人们变得更加恐惧和绝望。

面对大萧条的惨状，里根急切地想找到一份好工作，以摆脱经济困境。他怀着一线希望，每天开着杰克的旧汽车四处活动，结果却让他大失所望，到处都找不到工作。在迫不得已的情况下，里根只好又回到洛维尔公园当夏季救生员，这样他还能有一些收入。他目前急需做的两件事就是：偿还拖欠的学费，积极为找工作做准备。

洛维尔公园有一家旅馆，里面的住客大都是比较有钱的芝加哥人。在这里，里根经常教他们的孩子学习游泳，慢慢地就和他们熟悉了。当初，这些有钱人对里根说，等他大学毕业后就帮他找份工作，现在里根真的大学毕业了，却没有人愿意帮助他。经济大萧条影响了太多的人，他们自己的状况都已经岌岌可危了，哪还有能力帮助里根？

眼看夏天就要过去了，救生员的工作也将结束，里根必须抓紧时间找到工作，尽管希望十分渺茫，但他不能放弃。

一天，里根的高中英文老师弗雷泽来公园游泳，他认为里根很有口才，建议里根应该往通讯行业试一下。

当时美国还没有电视，通讯业的载体只是广播，人们的主要娱乐就是听收音机广播节目。每天晚上，大多数美国家庭都会聚集在起居室里，收听各种各样的广播节目。孩子们最喜欢冒险节目，为了不错过时间，通常放了学就急急忙忙地往家赶。《超人》和《纯粹美国男儿杰克·阿姆斯特朗》，这两个节目在当时的美国孩子中最受欢迎。当这两个节目播放的时候，几乎所有的美国人都会暂时放下手里的工作来收听。如果当时一家电影院正在放映电影，影院人员会暂时先关掉放映机，亮起灯，把一台收音机打开放在戏台上，大家便静静地坐在那里收听这些节目。

广播产业的兴隆也慢慢带动了一个行业的产生——体育广播。当时，美国人耳熟能详的体育播音员主要有格雷姆·麦克纳米和特德·胡辛，他们的名字丝毫不比那些好莱坞明星逊色，而且往往他们报道的一些运动员让美国人更加熟悉。里根也十分崇拜这两个体育播音员，他还在上大学时，就已经开始很认真地收听他们的广播了。有时，他甚至用一根扫帚柄当麦克风，模仿他们的腔调对在场的同学进行现场采访，他的举动经常逗得同学们哈哈大笑。与此同时，电影业也迅速发展起来，诞生了一大批优秀的影片和电影演员。像电影《赢家独吞》、《马的羽毛》、《红发女郎》、《大饭店》等都曾轰动一时，其主要演员詹姆斯·马克斯三兄弟、琼·哈罗也迅速蹿红。

有一个堪萨斯的商人阿尔茨舒勒，同里根关系不错，他的妻子是迪克森人，所以他每年夏天都要回迪克森度假。阿尔茨舒勒的两个女儿曾跟里根学过游泳，因此他想给里根一点酬谢，却一直没有找到合适的机会。当他得知里根毕业后找不到工作时，便想在里根工作的事情上帮点忙。阿尔茨舒勒问里根毕业后准备在哪一行业发展。里根当时最想做演员，但他觉得自己的这个想法似乎有些荒唐可笑，便迟疑着没有说话。阿尔茨舒勒见里根犹豫不决，就敦促他说：“你不告诉我你的真实想法，我怎么帮你呢?”这时，里根想起自己在大学里打橄榄球时，为队友解说过球赛，大家都说他讲得不错，于是就说：“我很想做一名广播电台的体育播音员。”其实，里根还有一个打算，他认识几个做过播音员的演员，心想这个职业也许可以把他带进电影界。阿尔茨舒勒本人没有接触过播音这一行，在这个圈子里也没什么朋友。于是，他建议里根先在电台找个工作，等在这个行业有了立足之地后，再想办法转为播音员。

里根认为阿尔茨舒勒说得很有道理，也很符合实际，电台的任何工作机会都不能错过，这样才有利于他进一步实现自己做播音主持的愿望。阿尔茨舒勒还给了他一个忠告：找工作的过程可能会十分不顺利，但不要怕被人拒之门外，一个推销员有时要走很多家才能做成一笔生意。里根记住了他的话。

游泳季节结束了，里根带着当电台广播员的梦想，以及做救生员攒下的一点钱，沿途搭便车去了芝加哥。芝加哥是美国中西部地区的广播中心，而且离迪克森不远，所以里根想先来这里碰碰运气。晚上，他寄住在尤里加学院一位昔日同窗的宿舍里，那个同学现在正在医学院学医。白天，里根四处奔波，到各家电台推销自己。正如阿尔茨舒勒忠告的那样，他处处碰壁：有些电台把里根哄出门，有些电台甚至连个见面的机会都不给他。对很多公司来说，都不希望要一个没有任何经验的毕业生，况且现在正面临经济大萧条的冲击，除非万不得已，电台是不会考虑招人的。

在找工作的过程中，里根得到的唯一的一次鼓励来自芝加哥 NBC 电台的一个女节目编导。这个编导非常和蔼可亲，当她听完里根的请求后，就对他说："到芝加哥来找工作并不明智，因为大型广播电台不会要没有经验的人。要想进入广播界，必须先到那些小电台去，他们的雇佣条件比较宽松，会为你积累播音经验提供机会。等你在广播界有了一定成就时，再到芝加哥找工作就容易多了。"里根觉得她说得很有道理，就打算先返回家乡。

就这样，里根只得搭便车回到迪克森。回迪克森的那天晚上，天下着大雨，里根疲劳不堪、心情沮丧，口袋里空空如也。从小里根受母亲内莉的影响，凡事都会积极乐观地对待，但那次的事情对他打击太大，令他有了一种从没有过的挫败感。

里根一回到家，杰克就给他带来了一个好消息：蒙哥马利·瓦德公司要新开一家百货商店，他们正想为体育用品部找一个管理员，条件是必须在当地的体育运动中有过出类拔萃的表现。蒙哥马利·瓦德公司是一家享有盛誉的大型公司，即使是在经济大萧条这样动荡不安的情况下，这家公司仍然让人信赖，而且它的薪金比较丰厚，如果每周工作六个白天加两到三个晚上，就可以拿到 12.5 美元。

听到这个消息后，里根振奋起来，一个当管理员的新梦想在他心里诞生了。这个梦想虽然没有播音员和演员的行当诱人，却是一个扎实可靠的工作。体育是里根最大的爱好，而管理员这份工作不仅跟他的爱好有关，并使他在经济上得到保障，而且还能获得一个可以终身依靠的职业。里根是个努力上进的青年，他相信自己会出色地经营好这个部门，不久之后一定会得到提升。面试结束后，里根待在家里耐心地等待结果。过了几天，他得到了确切的消息：店经理把这份工作机会给了当地另外一名体育健将。这个人是里根上高中时学校里很有名的一位棒球手。里根认为这是他继芝加哥找工作失败后，最失败的一次，而且结果令人心寒。

打击接二连三，但里根并没有彻底放弃希望。从小内莉就告诉他：要相信上帝对每个人的安排，命运不会是一帆风顺的，偶然的挫折也是上帝对我们的恩赐。当我们战胜困难之后，就会发现一个更宽广的世界。内莉的乐观主义精神强烈地感染着里根，在这些信念的支撑下，里根决定再出去找工作，他相信，总有属于自己的那一份工作。

7 播音经历

RONALD REAGAN

这次找工作失败后，里根决定再出去碰碰运气。可他没有意识到好运即将来临，一个新的人生旅程正在等着他，他将会通过这个机会，走上一条精彩灿烂的大路。

当里根从芝加哥回来时，杰克就问他那里的情况怎样，里根把他遇到的事情一五一十都说给杰克听。杰克也很想让里根找到一份电台的工作，就问他："除了芝加哥的那些大型广播电台外，附近还有什么其他的广播电台？可以去小电台试试"。杰克觉得里根应该听从芝加哥 NBC 电台节目编导的劝告，先到小电台谋个职位，等有了一定的经验后，再求更高的发展。

那时的广播行业还是一个比较新鲜的事物，很多小地方都没有自己的电台，虽然迪克森能收听到一些电台，但也只限于芝加哥广播电台等极少数电台的节目。经过详细打听，得知在沿伊利诺伊与爱荷华交界的一些城市有两三家电台，再往西还有几家不知名的小电台。父亲了解完情况后，同意把家里的汽车先让里根用。杰克认为，尽管自家的汽车有点破旧，但毕竟是一个代步工具，一天也能跑几个地方。

几天后，里根开着父亲那辆有些破旧的小汽车，前往伊利诺伊州西部地区的几个小电台。那几家电台离迪克森并不近，最近的电台，里根开着车大概也要行驶75英里左右。里根先去了位于伊利诺伊州的一些电台寻找工作，情况依然不好，碰了钉子。看来在伊利诺伊州找到电台工作是没希望了。于是，里根开车来到爱荷华州境内。

在爱荷华州，里根打听到爱荷华州的首府得梅因市的WOC广播电台比较有名，打算到那里试一试。这家电台的创始人B·J. 帕尔玛原来是一位上校。后来，他开了很多家公司和各种服务机构，位于附近的一所按摩学校也是他的一桩产业。帕尔玛是一个具有远见卓识的人，预感到无线电广播事业会有一个美好的未来，所以他创办了WOC广播电台，同时还买下了位于得梅因市的WHO电台。

不料，里根来的不是时候，WOC广播电台曾在一个月前登报招聘一名播音员，最近刚刚在无数个求职者中选中了一个，人员基本上够了。电台经理皮特·麦克阿瑟告诉里根他来晚了，已经没有职位了。

里根对自己的消息闭塞非常生气，但他仍不想放弃，他反复给电台经理讲自己是“多么想成为一名播音员”，而且自己口才极佳，希望经理能给他一次机会。可皮特认为人员已经够了，便拒绝了里根的请求。里根看到皮特很坚决，觉得没有什么希望了，于是带着沮丧的心情离开了。当离开皮特的办公室时，里根自言自语地说：“一个人要是进不了电台，怎么能成为一个体育播音员呢?”当他走到电梯前，按下电梯开关，准备进去的时候，突然听到身后有人喊道：“停下来，傻瓜!”

里根急忙回头，看见皮特拄着拐杖朝他急急地走来，他于是在电梯旁站住了，满脸疑惑地看着皮特。“我刚才好像听你说要当体育播音员，你是这么说的吗?”皮特瞪着眼睛问里根。

里根回答说，他眼下的志向是在电台找一份工作，最终目标是做一名出色的体育播音员。皮特又问他懂不懂橄榄球。里根脸上呈现出愉悦的表情，赶忙说道：“在中学和大学，我有8年都是橄榄球队员，在这方面，我有丰富的经验。”皮特这时面露喜色地问：“如果我让你试播一场球赛的实况转播，你愿意吗?”里根马上答应了下来。里根被皮特带进一间播音室，让他在一个麦克风前坐下。皮特让里根把他当成一名观众，只要红灯一亮，里根就开始解说，并叮嘱里根一定要讲得跟在现场一样。说完之后，皮特去了另一个房间，假装是一名听众，去收听里根的解说效果。

里根打过很多场印象深刻的比赛。最后，他决定得让讲解过程充满戏剧性，并有一个意想不到的结果。里根讲解的那场比赛是他在尤里加打过的印象最深刻的一场比赛，他们队在最后20秒内夺得了胜利。为了增加解说的趣味性，他为队员起了一些特别好记的名字。他想了想比赛的场景，开始即席解说起来："现在为您转播的是本赛季最后一节赛程的实况，参赛队分别是西伊利诺伊大学队和尤里加学院队，现在西伊利诺伊队以6 0的比分遥遥领先……"

在解说过程中，里根不时描述一下现场气氛和天气情况，以增加真实感。他介绍说天气很冷，大片阴云笼罩着球场，呼啸的狂风不时从球场上没有看台的一面刮过来。接着，里根用精彩的语言解说起双方最后比赛关头的激烈局面，他用想象的语言解说道，队员们都在奋力厮杀，一名叫巴德的尤里加队员在最后关头冲到得分区，改写了伊利诺伊大学队的优势局面，为尤里加队扳回了至关重要的一分。结束讲解后，里根还做了个委婉的转折："此次转播结束，下面请听本台的其他节目……"

皮特出现在里根的播音室内，脸上带着满意的微笑，并夸奖他说："你讲得很不错，下星期我们将转播爱荷华队与明尼苏达队的一场比赛，就由你负责讲解。你的工资是5美元，外加车费补贴。"他还对里根作了一个承诺：如果里根这次表现得好，就把另外的三场比赛也交给里根转播。

里根高兴地接受了这份工作，回家后，他把这件事告诉了家人，大家都替他感到高兴。

那天爱荷华队与明尼苏达队比赛的时候，天正下着大雨，球员们个个满身是泥，几乎分不清谁是谁。但里根却把整个比赛解说得既清楚又流利，刺激又有趣，就像事先精心准备过一样。皮特在听完这次实况传播后立即决定聘用里根来讲解接下来的几场比赛，并把报酬提高了一倍。

当赛季快要结束时，里根向皮特提出了在WOC广播电台获得一个稳定职位的申请。当时，皮特没有正面回答。比赛结束后，皮特说因电台暂时没有空缺，让里根先回家等消息。他同时告诉里根，如果电台有需要，他一定会第一个给里根打电话。

里根知道回去后再到这里来工作的希望不大了，就又变得沮丧起来。回去后的两个月里，里根急得就像热锅上的蚂蚁，他十分渴望能成为一名正式的播音员。皮特非常看重里根这个很有潜力的体育播音员，所以在这两个月里，他经常与里根通电话。过圣诞节时，皮特还不忘给里根送去问候，同时鼓励他要有耐心。

到了第二年年初，皮特再次给里根打电话。这次他不是简单送来问候和鼓励，而是聘请里根到 WOC 电台正式上班，月薪为 100 美元。里根立即接受了这个职位。这份工作的薪水对里根而言已经非常高了，因为在当时，一个普通机械工人的工资是一小时 63 美分；通讯技工的周薪才 16.36 美元；农民的收入则更少，每月才 16.5 美元。家里人都为里根能找到这份工作而高兴。

在爱荷华州的首府得梅因，里根花 18 美元租了一个环境优美的公寓套间，公寓位于 WOC 电台附近，一日三餐就在一家学校的小吃部解决。这家小吃部里的饭菜相当便宜，3.63 美元可以吃一周。他把挣的大部分钱都攒了下来，帮助因为失业而陷入困境的父母。他每月还给哥哥寄去 10 美元，帮助尼尔完成尤里加的全部课程学习。

里根现在春风得意了，22 岁的他成了 WOC 电台的一名正式播音员。虽然里根初涉播音这一行，对这一行了解得不是很深，但他开朗随和、十分好学，再加上他那迷人的嗓音，很快就赢得了同事和听众的喜爱。里根的声音总能让人感到温暖，也能爆发出激情。皮特最开始就是因为里根的嗓音而给他机会的。有人夸赞里根的嗓音，说："低沉的时候温暖，高昂的时候浑厚，语气柔和，就像说悄悄话一样。就算内容平淡无奇，他的解说也足以吸引人……"

播音员的工作使里根在迪克森出了一点小名，而且经济上也比同时期的美国人富足得多，形象也逐渐清晰起来，风度也出来了。WOC 的姐妹台 WHO 电台的一位节目主持人马尔图·曼因后来回忆起里根时说，无论在什么地方，里根总是仪表堂堂，有一种演讲家和大人物的派头。即便他站在一群人里，也可以立刻认出他来。

在里根到 WOC 第一天上班时，他并不是非常顺利，因为皮特给他来了一个"突然袭击"，让他有点措手不及。那天，电台正要转播爱荷华大学的一场橄榄球赛。里根认为刚开始电台肯定会派一位老播音员来解说，让他先跟着学习，等试用一段时间后，才会让他独自担任重要的讲解工作。谁知一到现场，皮特先简短地介绍了一下要转播的节目，然后就让里根马上进行实况报道。里根一听，让他自己作讲解，顿时有点紧张，心都快跳到嗓子眼了。幸好前段时间他试播过几次，有了一点这方面的经验。

里根镇静地走到麦克风旁，开始了他第一天的工作。起初，里根还是有些紧张，因为这是他正式成为播音员的第一次主播，但他还是很快就平静了下来。演播结束之后，里根才发现这并不是真正的直播，而是要经过编辑部的加工剪辑后才会播放出去。皮特之所以说是直播解说，只不过是想考验一下里根的临场应变能力。

尽管里根有良好的口才和优美的嗓音，但他工作中还是遇到了其他的一些障碍。他没有受过广播员的专业训练，解说体育节目时他能做到得心应手，但让他照着文稿念时反倒不那么流利了，他甚至觉得自己的播音相当呆板，根本没有吸引力。里根在回忆当时的情况时曾说过："广播的秘诀在于要把文稿读得像聊天一样。"可是里根起初根本做不到这一点，这让他觉得有些羞愧。

里根的这一毛病不但他本人明白，节目编导人员也很清楚这一点。更糟糕的是，听众也心中有数。由于朗读不流利，里根不能保证自己在主播节目时轻松自如，让节目富有吸引力。为了改正这一缺点，里根反复地听自己的播音，找出其中的不足，以此来提高他的朗读能力。多年以后，他在做政治演讲时，也使用了同样的方法。

里根逐渐发现，如果能在播音前熟练地记住稿子，并反复进行大声朗读，那么到正式播音的时候就能使播音达到自然、明快的程度。如果说优美的嗓音是里根的天赋，那么他自然流畅的朗读技巧则是他勤学苦练的结果。就这样，里根的播音能力很快就得到了加强，凭借流利的语言，几十年后，他还成为一名具有说服力的通用电气公司推销员。

除了播音的工作外，里根还负责播放唱片，读电台里规定要播的商业广告。里根对在节目中插播广告的内涵不太懂，因此不喜欢读商业广告。有一次干脆就没读，这可为他招来了不小的麻烦，还差点丢掉了来之不易的电台工作。当时，电台要求里根负责播放当地殡仪馆提供的半小时管风琴音乐，这个节目的风琴手是由那家殡仪馆提供的，希望电台再为它插入一则宣传广告。里根不明白广播电台与殡仪馆之间的微妙关系，他认为把殡仪馆与名曲联系在一起让人很反感。一天晚上，里根决定不再读那条令人讨厌的广告，在播完一首浪漫歌曲《我真的爱你》之后，就直接结束了节目。第二天，殡仪馆对里根的做法提出抗议，加上电台里的同事对里根这段时间的表现也颇有微词，电台经理皮特迫于压力，最后只好请里根另谋高就。

没有办法，里根只好等着有人来接替他的工作之后卷铺盖走人。一位年轻的教师赶来接替里根的工作，因为这名教师没有接触过电台，所以皮特让里根先教会他一些最基本的工作。里根指点这位新同事的时候，不免提起自己被解雇的经过和原因。于是，这名教师害怕重蹈里根的覆辙，便决定与 WOC 电台签一份合同，以免被电台轻易解雇。与此同时，这位教师还不想放弃原来那份相对稳定的教师职业。但 WOC 从不与任何员工签订合同，于是皮特拒绝了这名教师的要求。最终，这位年轻教师决定回学校继续教书，里根才又得以继续留在电台工作。

后来，里根又对电台提了一个要求：希望电台派个人来帮助他提高演播水平和读商业广告的本领。电台答应了他的请求，派来一个老播音员辅导里根。在老播音员的帮助下，里根开始慢慢地适应了在播音前反复朗读商业广告。逐渐地，他能把握好正确的朗读节奏，让广告听起来更加流畅自然。由于他的工作开始符合电台的要求，也没有再触动一些团体利益，电台不再催他辞职了，也没有来新的播音员接替他的工作。

里根在 WOC 工作不到三个月，他的生活再次出现了一次重大转折。一天，里根被皮特叫到办公室。皮特问他懂不懂田径赛。里根回答："懂"，因为他曾在中学时跑过 400 米接力赛。皮特告诉他，WOC 在得梅因的姐妹台 WHO 电台要转播一场德雷克接力赛，这支队伍在全国非常有名，电台决定找一个熟悉体育的人解说这场比赛，于是皮特推荐了里根。里根欣然接受了这个任务。这场解说让里根再次展现了他流利的口才。接下来的日子里，里根好事连连。

几星期后，帕尔玛公司重新进行扩建，将在得梅因建造一座新电台。届时 WOC 电台将关闭，所有的员工都要搬到 WHO 工作。新建电台的播音室非常宽敞明亮，使用的都是最先进的设备。里根对他的新工作环境十分满意，觉得这才是他理想中的工作环境。由于里根在转播德雷克接力赛时表现得非常出色，他这时也正式取得了体育播音员的资格。

最让里根出彩的还是在播音室里转播的一场芝加哥新手棒球赛。从此，里根的名字和声音也开始在广大的美国中西部地区有了一些影响力。

里根在转播比赛的时候并不一定每场都亲临现场，而那时也没有电视机，里根只是根据一些简练的电报文字，然后加入自己大量的描绘，再给观众呈现出一场内容精彩的比赛。电台的播音员队伍中只有里根非常擅长构想比赛的细节与场景，因此他的节目总是能使听众产生身临其境的感觉。“真不敢相信你并不在现场。”一位听众在听了里根的解说后，曾这样由衷地赞叹道。

后来，里根的工作逐渐发展到不仅仅限于体育广播，也经常做一些采访报道。让里根记忆深刻的一次是对洛杉矶著名传教士艾米·西姆浦·麦菲逊的采访。采访过程十分顺利，但比原定的时间提前了几分钟，为了防止冷场，里根急中生智，打出播放音乐的讯号，以填补空余的时间。播放唱片的工程师当时正昏昏欲睡，看到里根发出的信号后，懒洋洋地从一堆唱片里取出一张，里根随之宣布：“现在请听唱片。”于是优美的音乐响了起来，里根长出了一口气。

里根认为，在 WHO 工作的 4 年时间是他最轻松自由的一段时间。那段时间，他的经济收入也越来越高，最多每周可以领到 75 美元的薪水，是杰克的两倍多。

里根的想象力总是很丰富，加上实战经验，里根越来越能适应各种情况了。他转播过无数场棒球比赛，但令他印象最深的是芝加哥熊仔队和圣路易斯主教队之间的一场比赛。像大多数时候一样，里根没有到比赛现场转播，而是凭借从现场发来的电报做全程报道。这种做法并不仅仅发生在 WHO 电台，当时很多电台都采用这种方式。里根报道的程序是这样的：比赛现场的报务员用莫尔斯电码把现场实况逐条拍发给在 WHO 的另一名报务员，里根隔着一块大玻璃接过报务员翻译过来的电文，再根据电文上简单的几句话描绘出一场生动的比赛。

那场芝加哥熊仔队和圣路易斯主教队之间的比赛，打得难解难分，难分胜负。球已经打到了第九局，双方还是没有得分。比赛继续进行，迪齐·迪安为主教队投球，熊仔队的游击手比尔·朱杰恩走到了本垒的位置。里根绘声绘色地描绘着迪齐抡臂投球的动作，他说“球像炮弹一样朝击球员飞来……”球落在了什么地方呢？大家等着公布这一局的结果。这时，报务员向他摇摇头，并递给他一张纸条。里根以为是结果，可他打开纸条时傻了眼，原来纸条上写的是：“电报机无法取得联系。”这可怎么办？里根已经说过球向击球队员飞来，总不能又飞回去了吧？更不能说电报机坏了。幸好里根反应快，他接着说，朱杰恩这时打了个坏球，违例失分。因为他了解朱杰恩的技术不怎么样，于是就编了这么一个情节。之后，里根充满期待地看着报务员，报务员则无奈地耸耸肩表示毫无办法。里根还是不能让听众知道报务机出了故障，因为当时并非只有他们一家转播这场比赛，其他几家广播公司也在同时报道。如果听众知道出故障的话，他们就会马上调到别的台，这样就会失去听众。于是，里根开始充分利用他丰富的想象力，让比赛解说继续下去。他急中生智地说，朱杰恩又打了一个坏球，没想到球飞到看台的包厢里去了。包厢里的两个男孩为了抢这个球争吵了起来，里根开始详细描述两个男孩争球的情景。

里根说了一些无关紧要的题外话之后，抬头看了看那名报务员，想在他脸上寻找到鼓舞人的消息，但报务员还是摇了摇头。

转播比赛还得进行下去呀！里根又开始编了，说朱杰恩又打了个坏球，这次是飞到三垒边上去了。紧接着的赛况是朱杰恩又打了个坏球，球打到看台高层上去了。之后又说，一个球差点打成本垒击，可有人把这个球接住了。里根已经记不住他说过多少次把球击出界外了，多年后里根回忆起这件事时说，那天他创下了连续播报打坏球的世界纪录。

里根有点编不下去了，身上也开始出汗，他也觉得实在对不起朱杰恩。这时他再看报务员，发现报务员突然挺直身子开始打字。里根知道报务机修好了，长达 7 分钟之久的苦刑终于熬到头了。

报务员把纸条递过来，里根一看内容，差点哈哈大笑起来。原来纸条上写着：朱杰恩在第一球投出后，又因打了一个高飞球被接住，而被罚下场了。他的胡编乱造抓瞎了。接下来的好多天里，当里根走在街上时经常会被人拦住问："朱杰恩是不是创下了击球出界的纪录啊？"里根只好说："是啊，他击球击了好长时间。"在里根所处的年代，广播播出并不像现在这样严格，节目的转换是比较随便的。对于擅长应变的里根来说，这样的工作方式十分适合他，因此电台也没有怎么处分里根。

在里根毕业一年后，他的哥哥尼尔也从尤里加学院毕业了。尼尔经常来得梅因看望里根。一个星期五晚上，尼尔来到 WOC，当时里根正在直播节目，于是尼尔就坐在播音室里等着。里根一共负责半个小时的广播时间，期间他安排了一些歌曲唱片，并对第二天的橄榄球赛做了些预测。这个节目一直很受听众欢迎，后来电台的几位领导人共同决定把这个节目改在每周星期五的黄金时段播出。

当里根对第二天的球赛作出预测时，坐在旁边的尼尔频频摇头，表示不同意他的看法。里根干脆把话筒递给哥哥，请他说出不同的看法，尼尔就说出了自己的判断。于是节目就变成了两个人的讨论。有时他们意见相同，有时又激烈地争论一番。在节目快结束的时候，里根告诉听众在下一周的这个节目中他们会宣布谁的预测更准确一些。因为这样的临时变更得到了听众的好评，从此，这个节目就变成了兄弟两人共同主持了。尼尔熟悉了电台工作之后，他又开始独当一面。当里根去其他地方作体育实况报道时，尼尔就接替他主持电台的体育节目。后来，尼尔被这家电台聘用为正式播音员并一路高升，先是成为节目指导，进而成为广播网的节目主持人，后来成为一家大型广告公司的经理。

里根做播音员的时候，美国还没有走出大萧条的阴影，但经济的不景气对里根的工作并没有产生太大影响。他的事业一帆风顺，并且收入颇丰，成了家里的顶梁柱。到 1936 年，里根的薪水已涨到每周 90 美元，这在当时可是极其可观的数目。另外，他还经常赚些额外收入，比如在宴会上讲话或是为地方的报纸撰写体育文章。这时杰克的心脏病发作了，已经不能像从前那样工作了。因此里根经常给家里寄钱，好让母亲辞去缝纫店的工作，全身心照顾父亲。里根自己则尽量省吃俭用，以便多攒些钱接济家里。

里根很久以前就想要一辆纳西牌敞篷车，他常在汽车展销厅里对这款汽车赞赏不已。里根在电台工作了一段时间后，终于凑足了钱，一次付清现款，买下了这辆车。里根坐在车里，更加显得意气风发，英俊潇洒。那段时期，确实是里根最得意的时候——年轻、有一份好工作，还有着不可限量的前途，举止又温和优雅。

里根在得梅因的 WHO 电台一共工作了 4 年，在那里，他实现了他的第一个梦想：成为一名体育播音员。他非常热爱这个职业，以至于曾想要一直做下去。里根曾坦言："如果我一生只做体育播音员的工作，我也会十分幸福的。因为这个职业让生活的每一分钟都变成了享受。"但他知道还有更长的路在等着他，他还要继续向前发展。

RONALD REAGAN

第二章

进军好莱坞

一天早晨，26 岁的里根带着他的所有行装，告别得梅因的朋友和同事，开着他的纳西牌敞篷汽车向西部出发了。一路上，灼热的大沙漠，连绵不断的广阔森林，在他的眼里都分外迷人。微风吹拂着他的头发，阳光暖洋洋地照在身上。他心里有一个愉快的声音在回响：“我终于要去好莱坞啦！”

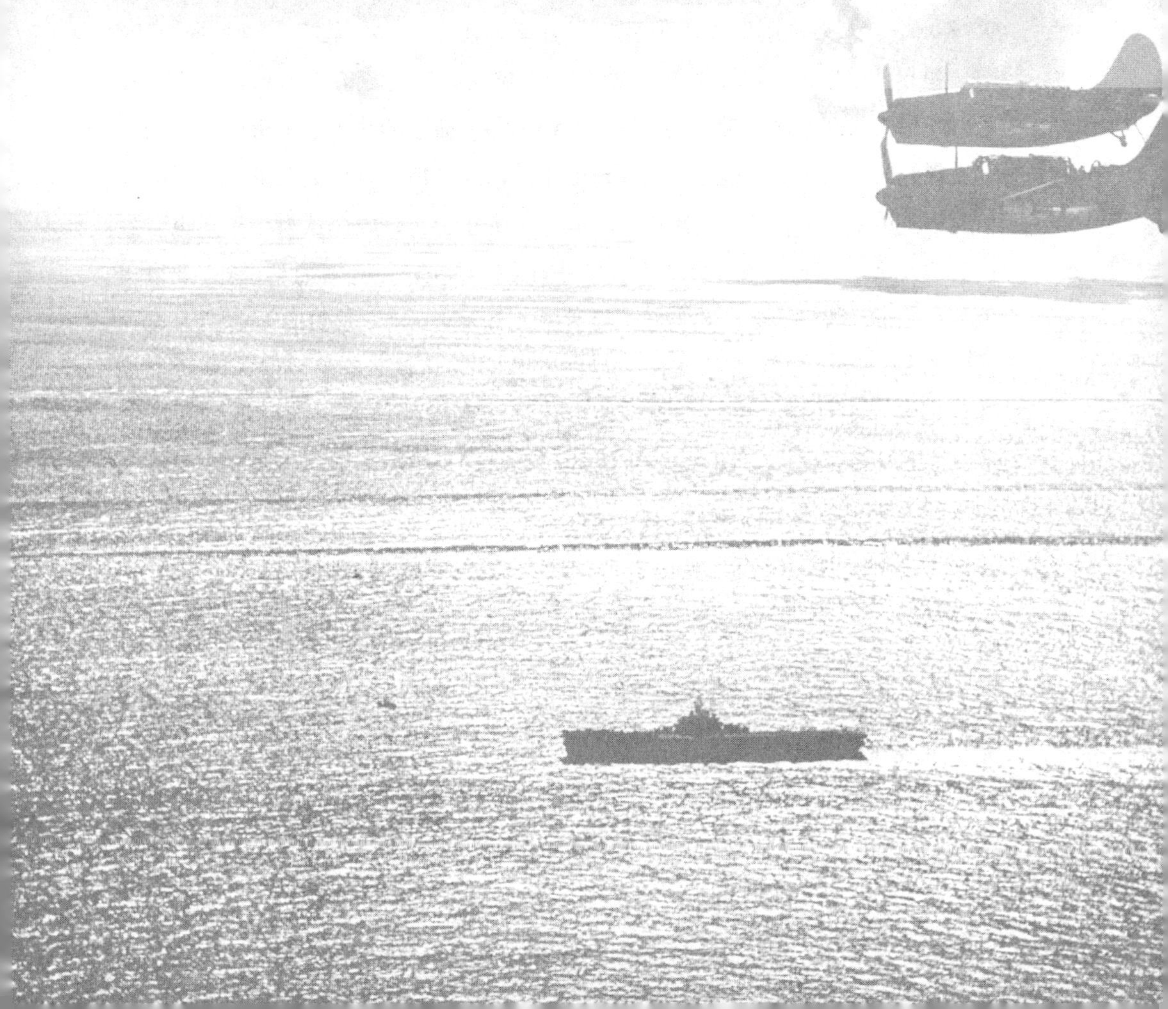

1 加州第一站
RONALD REAGAN

虽然在电台有了一份固定的工作，收入也不错，可里根从未放弃当演员的梦想。他要确定人生的大好时光都用来做哪些工作。经过左思右想、精挑细选，他得出的答案是：我想当演员。他始终感觉到有一种模糊不清的思想时刻在萦绕着他，那就是总有一天，他会成为一名好演员。

早在儿时，里根在母亲内莉的启蒙下就迷上了电影。在镇上唯一的一家电影院，里根度过了美好的童年时光。里根记得，他当时最喜欢的电影片段是：威廉·哈特和汤姆·米克斯骑马飞驰在草原上，广阔的草原给他一种自由自在的感觉。有时，里根看到伤感的影片后，眼泪就会止不住地流下来。一次，在影片中，他看到玛丽·皮克福德和珀尔·怀特遇到巨大灾难，却又无力逃脱时，不但替他们着急，还差点大哭起来。

里根清楚地记得：在他 11 岁那年，一位姨妈来迪克森看望他们。为了表示对姨妈的欢迎，内莉带着大家去看电影。那天播放的片子是里根最喜欢的一部。影片的主角是一个脸上长满雀斑的少年，故事情节则以那个少年的冒险经历为主。后来，里根的姨妈跟内莉谈起那个少年影星，姨妈认为小里根也有做演员的天赋，说不定将来会是一个很有前途的演员。她还对内莉说："如果里根是我儿子，我一定会让他去好莱坞发展，因为那儿才是演员的天堂。"

当时，对于去好莱坞发展，内莉和里根连想都不敢想，但姨妈的这番话使里根很受鼓舞。以后每看一部少年片，里根就会不自觉地把自己幻想成其中的一个角色。这种想法让他觉得很有趣。

在里根读大学一年级时，他真正想成为一名演员了。一次正赶上感恩节那天放假，他和女友一起去看一个巡回剧团的演出。那次演出的剧目是《旅途终点》。故事背景是第一次世界大战，影片主要刻画了一位意志消沉、多愁善感的斯坦厄普上尉的情感悲剧。里根被这场演出深深地迷住了，他认为演员能达到这种高度，实在太了不起了，因为当时在场的观众完全沉浸在剧情中。

看完此剧后，里根就想方设法接近剧中的主角。后来，他与那个主角成了好朋友。就在那时，里根作出了当演员的决定。但长久以来，他把当演员的想法一直深埋心底。他不敢把自己内心的想法讲出来，总是担心别人会嘲笑他，甚至认为自己有点异想天开。好莱坞虽然是演员的天堂，但那里不是一般人可以企及的地方。对于里根这样一个迪克森小镇的男生来说，要想去好莱坞发展，就好比从地球到月球那么遥远。

里根在爱荷华州首府得梅因的 WHO 电台取得了一定的成功，名气也大了，这一点是毋庸置疑的。但他并不满于现状，他还想见识一下得梅因以外的世界。当时，他并没有想到要涉足政治，更没有登上美利坚合众国总统宝座的远大理想。他的理想是去好莱坞，去那个五光十色、充满电影梦幻色彩的地方。

里根最不喜欢爱荷华州的冬天，因为它的冬天持续时间长且特别寒冷，春天却极为短暂，转瞬即逝。后来，里根想出了一个不用在爱荷华州过冬的办法。每到春天，一支名叫幼狐队的球队都会去南加州海岸的卡塔利娜岛训练，为即将来临的棒球比赛做准备。卡塔利娜岛是个海岛，属于赖利口香糖家族的财产，而幼狐队的经营权也属于这个家族，因此每年幼狐队都会来这里集训。里根正好负责做幼狐队的报道，于是他向电台提出，让他跟幼狐队一起去卡塔利娜岛，好深入了解这个队的情况，这对来年赛季的解说也十分有利。电台同意了里根的提议。里根十分高兴，因为那时刚好要转播棒球比赛，但这时休假却可以让他享受到加州和煦的阳光，同时还有机会写点文章挣些外快。

卡塔利娜岛距离好莱坞特别近，对里根这样热切地想当演员的人来说，好莱坞就像磁石一样强烈地吸引着他。好莱坞位于美国有“天使之城”之称的洛杉矶的郊外。一座雕刻物巍然耸立在山丘上，上面醒目地刻着 9 个巨大英文字母——HOLLYWOOD，这个雕刻物宽达 150 米，似乎在骄傲地告诉人们：这里是世界上最大的电影梦工厂。

好莱坞曾涌现出了数不胜数的超级电影明星，一些大型电影公司都把总部设在这里。好莱坞最热闹的时候是在圣诞节的那天晚上，好莱坞大道上挤满了从全国各地赶来的年轻人。大家从四面八方赶到这里，是源于一个传说：在好莱坞大道的十字路口中央，埋着一颗银星。谁要是在午夜 12 点整有幸踩到这颗星星，将来一定会成为大明星。所以那些想成为明星的人争先恐后地赶来，都想准时踩到这颗星。

里根也像其他年轻人一样，想要踩到这颗星，因为一旦能在好莱坞走红，不但可以获得高额的薪水，还能名扬四海。

不过想进好莱坞谈何容易，每天都有成千上万来自美国各个地区的年轻人涌到这里。这些人都怀着与里根一样的明星梦，却没有几个能走进这里的大门。

然而，在里根到达加州前发生的一些事，使他与好莱坞的距离拉近了一些。WHO 电台举办的周末晚上的谷仓舞节目，很受欢迎。这个节目的表演者中，有一个名叫“俄克拉荷马的盗匪”的音乐团。这个乐团在中西部颇受欢迎。为了扩大电影的影响力，好莱坞制片人吉恩·奥特找到了这个乐团，雇用他们在一部西部片中担任角色。里根非常了解这个乐团，还逐渐和其中的一些人取得了联系，并逐渐发展成为朋友。

一次，里根从幼狐队中溜了出来，驱车来到一个叫里帕布利克的电影制片厂。“俄克拉荷马的盗匪”乐团在那里拍片，里根就是去看望他们的。他问朋友有没有临时性的角色可供像他这样的人演出，朋友说暂时没有。当天晚上，里根原打算返回卡塔利娜岛，但天气突变，狂风骤起，接着是倾盆大雨。车辆在如此恶劣的环境下不能通行，他只能暂时待在那里。

里根在市区的巴尔的摩饭店住下，幼狐队在洛杉矶打比赛时也经常住在这家饭店。在好莱坞，里根还有一个朋友，叫乔伊，曾在 WHO 电台工作，现在成了一名歌手，专门为电影唱歌。在她唱歌时，有一个庞大的乐队负责为她伴奏。当晚，里根去找乔伊。在后台，他托人给乔伊递过去一张便条，希望能同她见上一面。不一会儿，乔伊就出来了。乔伊表示能与里根见面非常高兴，并邀里根一起共进晚餐。

乔伊是个漂亮的女士，高挑的个子，乌黑的长发，大大的眼睛，笑的时候很可爱。里根原本打算给乔伊讲讲得梅因小城的最新新闻，再聊些有趣的话题。但他的脑子里满是当演员的念头。于是，他直截了当地告诉乔伊，他想成为一名演员，想请乔伊帮忙。乔伊听到他的这个想法，表示很乐意帮他。她说她认识一位很有经验的演员经纪人比尔·迈克尔·约翰逊。这个人挑演员很在行，建议里根去他那里试试。她还给里根一个忠告，如果里根连比尔那一关都过不去，那就放弃当演员的梦想吧！乔伊还说她会为里根引荐那位经纪人，同时叮嘱里根见比尔时不要戴眼镜，因为没有一家制片厂会要戴着眼镜的演员。

同比尔·迈克尔·约翰逊的见面安排在第二天上午10点整。那天，里根没有戴眼镜，看什么东西都模糊不清。里根进入办公室后，只见比尔坐在一张大写字桌后面，穿着一件花里胡哨的衬衫。至于他到底长什么样，里根根本没看清。当比尔问里根有关他想当演员的问题时，由于内心紧张，里根激动地连说话声都显得有点走调了。他介绍自己时，还夸大了一番。当比尔提及工资问题时，里根说出了比自己目前高出了一倍的工资。他们还讨论了一些其他问题，谈得还算投机。

由于里根相貌堂堂，声音动听，气质出众，且有丰富的演出经验，比尔对里根的印象不错，面试完后，就立刻给华纳兄弟公司的制片人马克思·阿尔诺打了个电话。在电话里，他表扬里根说："现在，又有一位影坛明星罗伯特·泰勒要诞生了。"阿尔诺对这类话早就听腻了，不过比尔也并不是完全在吹牛，他确实推荐过一些优秀的表演人才。比尔在阿尔诺面前说了里根不少好话，阿尔诺最终决定先让里根试试镜头。

当里根从比尔那里回到饭店时，已经是半夜了。等他再返回卡塔利娜海岛，已是第二天中午了。由于他擅自外出，而且一去就是好几天，且音讯全无，幼狐队的经理狠狠地批评了他一顿。但里根还沉浸在前一天的谈话中，心里充满了狂喜，对那个经理的批评不屑一顾。他甚至还冲动地想对那个经理说：我的心已不在这里，我就要去好莱坞啦。

没过几天，比尔通知里根说，华纳兄弟公司的制片人马克思·阿尔诺要见他，让他来一趟。里根满口答应，并与当天就去见了制片人阿尔诺。见到里根后，阿尔诺先把他从头到脚打量了一遍又一遍，然后就和比尔毫无顾忌地谈论起了里根的脸、肩和身高，好像这时里根已不在场了。里根觉得很不舒服，他觉得自己像一件正在待价而沽的货物。

这次会面，里根动听的声音帮了他的大忙。阿尔诺对里根的声音感到非常满意，因为他的声音与华纳兄弟公司的一位签约演员十分相似，但这个演员给公司惹了不少麻烦，阿尔诺想用里根替代这个演员。阿尔诺马上决定让里根试试镜头，并交给里根几页《费城故事》的剧本手稿，告诉里根要牢记台词，说不久就会通知里根试镜的时间。

几天后，阿尔诺让里根来试镜。在试镜的时候，阿尔诺给里根找了一个比较适合他的角色——让里根扮演一个来自美国中西部、意气风发的青年。里根只试演了几分钟，阿尔诺就让停下来，欣喜地对里根说："你演得真是太棒了!”

试镜后的第二天，阿尔诺告诉比尔，说他已经把里根的片段送给了华纳公司的决策者之一的杰克·华纳，由杰克·华纳决定里根的去留。比尔立刻通知里根：“几天后，公司会打电话通知你的去留。你先耐心地在巴尔的摩饭店等着吧。”里根马上回绝了这个提议，说他得马上回到得梅因去转播球赛，否则就要失去体育播音员的工作了。对里根来说，在没有得到确切的消息之前，他还不能丢掉播音员的工作。里根的态度让阿尔诺和比尔感到吃惊，因为他们早已习惯了别人听他们的调遣，更没有哪个想当演员的人会像里根那样做。

虽然里根不敢完全放弃播音员的工作，但他也不甘心就这样失去一次当演员的机会。当他坐上火车往回赶时，狠狠地骂了自己一句：“你真是愚蠢!”

也许因为里根试镜时的突出表现吸引了阿尔诺，他不愿就这么放弃一个人才，于是决定把他追回来。正好这时，杰克·华纳也决定聘用里根。因而，里根回到得梅因市不到两天，便收到比尔发来的电报，说华纳兄弟公司愿意和他签订 7 年的合同，试用期为 1 年，试用期的薪水是每周 200 美元，让里根尽快给出答复。里根看完电报后，高兴得手舞足蹈。他立刻开车快速地赶到邮电局，给比尔回了一封电报，说他愿意立即签约。

在离开 WHO 电台之前，里根又为幼狐队解说了几场比赛，但此时的他已经是“身在曹营心在汉”，他的心早就飞到好莱坞去了。

1937 年 6 月第一个星期的一天早晨，26 岁的里根带着他的所有行装，告别得梅因的朋友和同事，开着他的纳西牌敞篷汽车向西部出发了。如果说里根大学毕业后，最初四处碰壁的日子是他人生中最低谷的话，那么这次穿越西部的旅行则是他人生中最得意的时刻之一。一路上，灼热的大沙漠、连绵不断的广阔森林，在他的眼里都分外迷人。微风吹拂着他的头发，阳光暖洋洋地照在他身上。他心里有一个愉快的声音在回响：“我终于去好莱坞啦!”

2 第一部电影

RONALD REAGAN

多年的梦想终于变成了现实，里根兴奋的心情溢于言表。可是，当他开着敞篷车进入华纳兄弟电影制片厂时，愉快的心情立刻被一种不可名状的紧张感取代了。因为他对当演员一点谱都没有，置身于这个陌生的环境里，他觉得自己就像一名学校里的新生，对一切都手足无措。

由于里根在这里没有住所，他只得暂时住进巴尔的摩饭店。比尔的一名助手曾告诉过他，好莱坞是一个竞争十分激烈的地方，新演员通常要经过几周甚至几个月才会得到一个角色。但里根的运气非常好，几天后，他就接拍了他的第一部电影。

好莱坞的明星非常讲究包装，在正式拍片之前，里根就被精心地做了一番形象设计。最先被揪出来的问题是他的头发。制片人阿尔诺对发型师说："改改他的发型。"发型师盯着里根问："你在哪里理的发？"还没等里根回答，他就接着说，"这个样式实在是太老土了。"

里根的发型确实有些老土，中分的短发，自从在得梅因上班后他就一直留着这种发型。随后形象设计师们又发现了一个问题：里根的头太小，所以必须梳理起一种让头看起来大一些的发型。

发型设计好后，接下来要做的事是：置办合适的服装行头。阿尔诺又看了一眼里根的衣服："你在哪儿买的这件运动衫？"里根平时并不经常穿运动衫，但为了给制片人留下一个好印象，他特地挑选了一件新运动衫。"你不能穿那套衣服，"阿尔诺继续说，"你的肩太宽，穿这套服装会让你的头看起来更小。"里根必须重新换衣服了。

现在的里根，身材魁梧，身高 5 英尺 10 英寸，体重约 160 磅。可形体并不十分匀称，腿有些过细，胸部也不够厚。最要命的是，他的肩膀太宽了。服装师说："他穿的衣服必须掩盖他肩宽的毛病，这样的话，还能掩盖一下他头小的缺陷。"

一名裁缝让里根把外套脱下来，他要修改一番。裁缝先在里根外套的肩膀位置开了一条长缝，再把缝隙重新缝上。里根再穿起这件外套，肩膀果然就不会显得那么宽了。可是效果还是不太好，阿尔诺仍不满意，他皱着眉头对里根说道："你的肩太宽，脖子太短。"还说里根如果以这样的形象登上银幕，从整体上看，就失去了美感。

里根被阿尔诺如此直白的评价弄得有点泄气。所有为里根设计造型的人也开始都面露难色，不知道该怎么解决这个难题。忽然有人想起了华纳兄弟公司的另外一个影星——吉米·卡格尼，他和里根的情况差不多，也是小脑袋，不同的是卡格尼的脖子短了些。不过，卡格尼自己想办法解决了这个问题，他专门找了一个衬衫制造商，让这个衬衫制造商根据他的情况，对衬衫的领子进行了一些特别的设计。自从穿上这些经过特别设计的衬衫，他的脖子显得长了些，头也不显得那么小了。

阿尔诺急忙说："赶快去查那个制造商，查到后，给里根定做一批那种款式的衬衫。"这件事的负责人很快就把事情办妥了。当里根穿上这种样式的衣服后，阿尔诺和服装师们顿时眼前一亮。从此以后，他就一直穿那家制衣厂生产的衬衫。好莱坞设计师的技术"真是一流"，此话一点不假，经过一番包装之后，里根显得更加英俊潇洒、气度不凡了。

形象问题解决了，华纳兄弟公司还要为新演员们做宣传。于是，剧组的人还要为里根想一个他当演员时用的艺名。几乎所有的好莱坞影星用的都不是自己原来的名字，有的还以此来隐瞒自己的真实身份。电影厂在推出新星的时候，一定会先想出一个吸引人的名字。

制片人阿尔诺和华纳兄弟公司的新闻专员围坐在一张圆桌前，不断打量着里根，就像在看一个人体模特儿。所有人都在想同一个问题：他这么朝气蓬勃、富有魅力，适合取个什么样的名字呢？新闻专员们想出了不少名字，但最终都被否决了。

里根小时候的外号叫"荷兰人"，这个名字一直叫到他当播音员。在美国中西部的播音界中，里根是有点知名度的。因此他建议继续用这个名字，这样那些听过他广播的人，就会马上知道是他。可电影制片厂的官员们却认为这个名字并不适合一个电影演员。其实，里根心里也并不十分想用这个叫了二十几年的外号作为艺名。于是，他又鼓起勇气建议："罗纳德·里根怎么样？就用我本来的名字。"

听到他的话，人们停止讨论，盯着他看了半天，好像他做了错事。接着，会议桌边的人不断重复着"罗纳德·里根"这个名字。最后，挑选角色的总导演拍板定案，说："这个想法不错，就是它了。"其他的人也都表示赞同。这对好莱坞来说，是一件很有趣的事情，因为大多数演员在好莱坞会失去自己本来的名字，而里根却在这里恢复了 26 年前他在出生地坦皮科所用的名字。

里根刚进好莱坞时，正赶上电影业最繁荣昌盛的时期。大萧条的影响已经渐渐消失，电影厂度过这段艰难的岁月之后，开始迅猛发展起来。由于大萧条时期失去了大量的观众群，所以现在的电影制片厂开始连续不断地生产出大量反映现实生活的新影片，如反映监狱生活、犯罪帮伙的片子。冒险片和歌舞剧在当时也深受人们的欢迎。

在 20 世纪 30 年代末，美国电影院的收费制度是这样的：12 岁以下的儿童，每人每次 1 角银币，成年人每人每次 2.5 角银币，而且一张门票可以一次看多部片子。当时，好莱坞的片子分为两种：A 级片和 B 级片。其中 A 级片是主打片，中间云集了许多大牌的当红电影明星，耗资巨大；B 级片则是由一些不出名的新手或知名度不高的演员主演，耗资也较少。

华纳兄弟电影公司在当时具有很大的影响力，生产影片的效率也特别高，编剧们在短时间内就可以写出一个剧本。不过，剧本的内容十分简单，只有对话及简短的分镜头提示。剧本一经完成，立刻会被送到制片人手里，制片人负责做出预算，并选出主要演员。一切准备就绪，导演就开始影片的摄制工作。华纳兄弟公司拍摄的电影，上市速度极快，影片质量更是上乘，因而上座率很高。诸如《人民公敌》、《铁血船长》等影片都曾经轰动一时。

像许多新演员一样，里根被分到了制片厂的 B 级剧组。B 级片也是制片厂培养人才的方式，让新演员们在 B 级影片中饰演一些角色，看观众对他们的表现有何反应。如果一个新演员能在一部 B 级片中吸引观众的话，那么制片厂很快就会让他出演一些主要角色。而后，如果他的表现一直让人满意的话，就会获得在 A 级片中出现的机会，由此慢慢攀升，直至在 A 级片中出演主角，成为一线明星。

虽然里根从小就接触表演，在大学里更是多次登台演出，但那些都是作为业余爱好来演的。他从未以一名职业演员的身份演过戏，所以第一次进摄影棚时，他紧张了好一阵子。一进摄制组，就有人把里根引见给当时的著名导演爱德华。爱德华友好地同里根打招呼：“见到你很高兴，里根。希望你能一直留在这儿。”里根听了这句话，心里十分高兴。

华纳兄弟公司有自己独特的经营方式，制度非常严格。在新演员的合同里有这么一项条款：演员的表现如果不能让制片厂满意，那么公司有权在 6 个月后解雇这名演员。这个条款对于选拔演员来说非常有效，但却给那些新来的演员增加了巨大压力。

里根拍摄的第一部电影叫《爱在空中飘》，他在里面饰演一个年轻而活泼的电台播音员，一个典型的“好小子”形象。电影内容是：这名播音员想方设法要揭露一群同当地商人勾结在一起的诈骗犯。商人们担心这名播音员会阻挡他们发财，便联合起来对其施加压力，迫使其辞职。聪明的播音员假装辞职，并运用智慧，把那些诈骗犯哄骗到正在广播的话筒前，诱导他们说出阴谋。那些罪犯并不知道他们说的话正通过广播传出去，于是毫无顾忌地说出了他们的罪行。公众由此知道了他们的诡计，这段广播也为法院提供了有力的犯罪证据。最后，商人和诈骗犯们被绳之以法，播音员又重新回到了原来的岗位。

里根曾是一名电台播音员，所以这一角色对他来说应该比较容易。不过，为了演得惟妙惟肖，里根还是用了整整一天的时间做了准备。一名制片厂的对话辅导员陪他一起练习台词和表演中的言行举止。里根做了 4 年的播音员，而这次演电影是他准备得最充分的一次，也是最紧张的一次。

里根从小还是比较勇敢的，不管什么时候都会显得沉着冷静，他觉得几乎没有什么事是他害怕的。但现在，他一踏进制片厂的摄影棚，立刻有一种前所未有的紧张感将他包围。由于他太紧张了，以致产生这样的想法：赶快溜出摄影棚，开着车回到爱荷华原来工作的地方吧！里根脸上的表情完全可以显现出他内心的紧张。和他一同演戏的一位演员见他这样，连忙微笑着给他打气：“朋友，别担心！你一定会演得很出色的。”

影片快要开拍了，不容里根多想，工作人员开始给他化妆。一切准备就绪后，里根坐在指定的位置上，灯光突然亮了，导演爱德华下令：“开拍！”谁知就在这一瞬间，里根的紧张感突然消失了。里根有这样一种能力——只要工作一开始，他就能立刻进入角色。他入戏很快，一旦上台成了剧中人就会全身心投入，台词记得也是准确无误。第一组镜头拍了两分钟，导演对这个新来的小伙子非常满意。紧接着就开始拍下一个镜头，里根经过前一个镜头的试验，开始对自己有了信心，并认为也许有那么一天，自己真的会一举成名。那天的拍摄还算比较成功，导演对他夸奖了一番。但整个拍摄过程非常艰苦。

在没有正式成为演员时，里根一心想跻身好莱坞。等他梦想成真了，却发现这是一个极其辛苦的职业。为此，他甚至有过打退堂鼓的想法。一天晚上，里根和制片厂的朋友一起去体育馆看车赛。在体育馆内，他一眼就看见了离赛场最近的记者席，那是他以前经常坐的位置。现在，当他看到那些谈笑风生的记者，心中突然有些伤感起来。在做播音员的时候，他从没像现在这么辛苦过，而且播音员的职业一直充满乐趣。那一刻，他真想回到得梅因重新当体育播音员。

几个月后，里根的第一部影片《爱在空中飘》正式上映了。该片一经上映，就立刻获得了各方面的好评，甚至在加利福尼亚轰动一时。一向苛刻的电影评论家们一致赞扬里根是所有新人中最优秀的一位，并预言他在好莱坞将会前途无量。娱乐报也给予了很高的评价，说里根是一位天才演员，是好莱坞近年来推出的最出色的新人之一。观众们也都十分喜欢这位举止优雅的新演员。里根淳朴的气质令所有人耳目一新。

影评家们的评价是中肯的，里根在这部影片中的表现确实不错，精湛的演技更为他增加了不少魅力。于是，制片厂开始重点培养里根，让他接更多的影片。他开始一部部、源源不断地拍片子。最重要的是，第一部影片的成功不但让里根获得了大量拍片的机会，而且制片厂还和他续签了半年的合同，并给他加了工资。

紧接着，里根拍摄的第二部影片叫《墨菲中士》，他在里面扮演一个骑兵。像演播音员一样，他这次饰演的骑兵角色，也有他自己的影子，因为他酷爱骑马。影片中，他骑马的镜头完全没有用替身，全都是他自己承担，而且演得帅极了。

在拍完第二部影片后，里根在报纸上发表了一篇文章，描述了他在好莱坞最初拍片的经历和心情。无论拍片的过程有多辛苦，他的心情却一直是愉快的。里根终于实现了当演员的梦想，不管将来会不会飞黄腾达，他至少曾经是一名演员。

在他所拍摄的影片中，大部分角色都是以标准的“好人”形象出现。每当影片中需要一名人品高尚的播音员或记者时，里根总是责无旁贷地客串这一角色。

里根早期拍的影片大都是B级片，有的制作精良，有的粗制滥造。让里根比较满意的一部片子叫《九条命也不够》。这次他扮演了一个脾气暴躁的人，这个角色的经典动作和台词是——气急败坏地拿起电话：“给我接采访部，我得到了一个轰动全城的消息。”里根认为这种感觉很好，很有气度。

后来，里根自己分析，他最初能在好莱坞站稳脚跟，并在华纳兄弟公司这样的大制作厂拍片，主要得益于他摄影机般的记忆力与随和的性格。华纳的B级影片采取流水线式的生产方式，主要目的是挣钱。因而，它旨在快速生产，快速发片，快速回收利润，并不十分注重影片的质量。里根记台词的速度十分了得，不会耽误拍片的时间，所以导演十分愿意和他这样的演员合作。里根也不会像其他的演员那样力争出演A级片，他认为在小片子里锻炼一番后，再出演大片会更好一些。因此，尽管好莱坞明星济济，但里根还是找到了属于自己的一席之地。

从某个角度上来看，里根天生就是一位演员，他能把人生的各个阶段当做一个个背景不同的舞台。不管扮演什么角色，小青年、州长抑或美国总统，他总是演得惟妙惟肖，知道自己什么时候该到场，什么时候该出场。当他出场时，他清楚地知道自己要做的事情，并会全力以赴；当他退场时，就像结束一组拍摄镜头一样，迅速地进入下一个舞台。

尽管拍的都是B级片，里根还是被人们评为是一个才华横溢的影星，任何角色他都能应付自如。他最惹人喜爱的角色一般都是那种热情、勇敢但欠缺机灵的小伙子形象。里根每部片子大概需要拍三四个星期左右。每天，他从早上8点一直工作到晚上7点，有时还要加班赶活，十分辛苦。一次他拍摄一个士兵从车上跳下来受伤呕吐的镜头。为了取得逼真的效果，这组镜头拍了整整一天。拍摄前，他喝下足够的糖浆，然后在心理作用和运动的刺激下，把胃里的食物再吐出来。由于这个镜头老是拍不好，他不得不反复做这样的动作。最后，他整个人被折腾得跟真的生了大病一样。这样艰苦的场景对演员来说，就像家常便饭。辛苦的工作透支了里根的青春，他的脸上过早地出现了皱纹。可是，里根拿青春换来了成功。电影院里的观众对里根的形象越来越熟悉，也越来越喜欢他了。

无论在什么环境中，里根总是一个讨人喜欢的小伙子——英俊而随和，制片厂的同事中有许多是里根的知交。在B级影片中，不管里根扮演的是主要角色还是配角，他都能认真对待。

尽管里根演出时很卖力，但他的光辉却常常被一些新星淹没。好莱坞永远不会缺少新人，这里充满了残酷的竞争。后来，他终于接了一个A级影片《莱特兄弟》，在这部片子里，尽管里根也出了很多彩，而新人埃迪·阿尔伯特却大占风头；在另一部影片《急脾气的哈特》里，里根完全成了配角，主角理查德·托德凭借此片一举成名。

里根随和的个性让他对任何角色都来者不拒，但一部影片却改变了他的这种做法。在《空中谋杀案》一片中，他扮演一位立下丰功伟绩的特工。影片获得了成功，但里根饰演的特工角色却削弱了他在银幕上的形象。于是，他开始下决心争取一个适合他的角色，借机脱离B级影片。

3 跻身一流影星
RONALD REAGAN

在出演了大量B级影片后，里根终于等到了一个他梦寐以求的好剧本——《真正的美国人克努特·罗克尼》。这部影片是根据圣母玛利亚大学的橄榄球教练罗克尼的真实事迹改编而成。这位改革了赛场制度的橄榄球教练，在1931年的一场空难中逝世。里根被克努特·罗克尼的故事深深吸引了。

里根很想得到剧中乔治·吉普这一角色。吉普是一位橄榄球手，在罗克尼去世前的半个月辞世了。吉普是一个意志顽强的橄榄球员，在一场具有决定意义的比赛中，他在身患重病的情况下仍然坚持上场比赛。这场比赛还没完，吉普就因剧烈的运动导致病情加重，在球场上去世了，年仅25岁。吉普的去世，令罗克尼悲伤万分。他在球场的更衣室里请求队友为了死去的吉普赢得这场比赛，并说这是吉普的临终遗愿。最终，他们的球队获胜了。吉普和里根有许多共同点：同样热爱橄榄球、同样无忧无虑、同样乐观、同样具有顽强的意志，他们都是运动场上的英雄，都在球场上不顾一切地拼搏。吉普在病入膏肓的时候，依然惦记着赛场，他对教练罗克尼说："如果有一天，世道变得艰难，我请求他们为一个名叫吉普的人赢上一场。那样无论我到哪里，都会感到幸福的。"

里根被吉普的精神深深感动了，他立刻去找制片人，请求担任这一角色。制片人却拒绝了他，原因是他不像一个健壮的橄榄球员。在里根之前，华纳公司也曾为这一角色物色过多个演员，结果都不理想。

为达到目的，里根开始四处游说，他的朋友也尽量给他帮忙。其中影片《真正的美国人克努特·罗克尼》的主角罗克尼由里根的好友帕特·奥布赖恩扮演，帕特曾经多次和里根同台演出，经过几年的打拼，他已经成为一个大明星。帕特非常喜欢里根，了解里根对橄榄球的热爱，他极力向制片人推荐里根。里根在力争吉普这一角色时，还曾解释说，可能会有人比他更适合吉普这个角色，但他保证，肯定没人像他这样热爱这个角色。里根还开车回家找到他大学时打橄榄球的照片，又迅速回到制片厂把照片交给制片人。制片人把那堆照片仔细地研究了一番，留下了其中的一张，并让里根回家等消息。里根回家还不到一个小时，就接到了制片人的电话，通知他第二天来为吉普这个角色试镜。最后，试镜成功，里根终于获得了这个角色的扮演权。

在《真正的美国人克努特·罗克尼》这部片子中，吉普的戏份并不多，而且形象也比较单调，里根却把这个角色演活了。影片里有一句台词在当时广为流传：为吉普赢上一场。当里根走上政治舞台以后，这句话还经常出现在他的演说之中，甚至成为里根的标志性语言。

《真正的美国人克努特·罗克尼》对于华纳公司来讲，只不过是一部普通的片子罢了，但对里根来说意义重大。里根有种预感，他极有可能凭借此片摆脱二流影星的地位，跻身一流影星。因为在好莱坞的众多影星里，爱好体育的人并不多，像里根那样爱好橄榄球的人更是难找。里根曾戏言：这些演员没有一个能分清橄榄球和甜瓜。话虽然夸张了点，但他也说出了一些事实。

影片中，里根只有几分钟的戏份，却是十分精彩的一段，对白十分煽情。里根在片中出场很晚，但他的表现却值得称赞。他在影片中的一个场景是，吉普在圣母玛利亚队首次练习，教练罗克尼问他能不能带球走。吉普以漫不经心的口气问："多远?"尤其是在比赛中，吉普在身患重病的情况下仍然坚持上场比赛，比赛没结束，吉普病情加重，在球场上去世了。

影片上映后，里根和制片厂的人来到影院了解观众对这部片子的反应。当里根出现在银幕上时，观众们深受感动，纷纷掏出手绢擦眼泪，影院里一片啜泣之声。里根对自己的这次表演感到非常满意。后来，在回忆往事时，他认为，在他的演员生涯中，塑造的最成功的角色就是吉普。

不久以后，该片便在全国引起了轰动。全美国有 18 个州宣布把 1940 年 10 月的第一个星期定为克努特·罗克尼周。罗克尼生前所在的大学圣母玛利亚大学还为该片举行了盛大的首映式。"吉普"这个角色对里根影响很深。41年后，已是美国总统的里根，在圣母玛利亚大学发表演讲时，就用吉普和罗克尼的事迹鼓舞在场的学生。

随着里根在电影《真正的美国人克努特·罗克尼》中成功的表现，他的演员生涯进入了一个转折点。正像他自己预料的那样，他终于摆脱了B级影片，开始在A级片中担当角色，并在一部A级片中扮演了主角。

自从确定里根在A级片中担任角色后，制片厂的人一下子对他重视起来。他们通知里根向服装部汇报他全套服装的尺寸，为他订制服装。第二天，他去服装部试衣服，衣服是服装师熬了一晚为他赶制出来的，上面写有他的名字。他试完后，看到保管员从衣架上取下一套印有"卡斯特"字样的服装，把它们像扔垃圾一样扔在角落里，之后把里根的衣服挂了上去。看到此情此景，里根暗中对自己说：总有一天，我也会是同样的命运。

里根开始连续不断地出演A级片，《圣菲幽径》和《坏蛋》是他最早拍的两部A级片。《圣菲幽径》是一部反映美国灰暗历史的影片，里根在里面饰演乔治·阿姆斯特朗·古斯特尔，一位赫赫有名的大将军。《坏蛋》则是一部闹剧，里根在拍这部片子时吃了点苦头。在片中，他被瘫痪的牧场主打得青一块紫一块的。但他出演的A级片博得了人们的一致好评。

至此，里根完成了从二流影星到一流影星的蜕变，收入也节节攀升，每周收入上千美元。同时，他也开始受到影迷们的推崇。在好莱坞的所有影星中，里根收到影迷们的来信最多，甚至超过了比他名气大、片酬高的一线明星。

里根在好莱坞终于有了稳定的收入和事业，接下来要考虑的问题是把住在迪克森的父母接到加利福尼亚来。现在，他完全有能力照顾父母了，而且父亲杰克的心脏病越来越严重，这让他放心不下。里根先为父母买了一套大房子，为了照顾父母的尊严，他还想了一个办法。他对父亲说他处理不完热情影迷们的来信，这让他很头疼，所以他想请父亲过来帮他的忙。父亲欣然接受了里根的邀请。里根还为父亲办了一张制片厂的出入证，这样杰克就可以在这里正式上班，跟其他工作人员一样有薪水可领。

每到星期天晚上，里根就去一家名叫"拉鲁"的好莱坞饭馆，他不是同某个红粉佳人约会，而是陪父母一起共进晚餐。里根的孝顺在好莱坞很少见，因为一个英俊的男演员一般不会花那么多时间去陪父母的。这令演艺界的人对他大加赞赏。

加利福尼亚州是个美丽的地方，这里有温和的气候和明媚的阳光，里根的父母很快就喜欢上了这个地方。后来，里根的哥哥尼尔被调到洛杉矶电台工作。于是，里根一家人又团聚了。

里根在好莱坞已经待了好几年了，可是他丝毫没有被好莱坞那种纸醉金迷的生活同化，他还是那个带着迪克森乡土气息的小伙子。好莱坞的新闻记者们总喜欢给他们旗下的明星弄些花边新闻，这样既可以让明星们提高知名度，也可以为他们的报纸杂志提供内容。作为一线明星，里根理所当然地成了记者们关注的中心人物之一。里根在休息的时候喜欢骑马。每次外出，公司都会派一个摄影师跟着他，把拍的照片寄给影迷杂志，并给他们透露一些新闻——这是公司与影迷杂志商量好的。为此，公司付给里根一些额外的报酬，里根也乐意接受。

刚进入好莱坞时，里根都是化好妆才出镜。一次，一位摄影师建议他说："你不化妆更好一些，这样你的气质更完美。"不久，一位新来的演员要试镜头，里根给他当搭档，摄影师这时又提出让里根不化妆就上镜的建议。于是，里根便不化妆试镜，效果果然不错。以后拍片时，他就不化妆了。

英俊的里根非常注重外表，他是重度近视，却不喜欢戴眼镜。在隐形眼镜刚出现的时候，他就设法弄到了一副。那副隐形眼镜使他戴着很不舒服，而且眼睛看上去有点凸出。因此里根为了保持自己的美男形象，一般不戴这副隐形眼镜，除非拍远景或特技。

4 巅峰之作
RONALD REAGAN

在《真正的美国人克努特·罗克尼》中出演吉普后，里根便跨入了一流影星的行列。紧接着，他出演的《金石盟》，堪称是他的巅峰之作。

在《金石盟》中，里根扮演的角色名叫德拉克·麦克休，如果说吉普是里根最喜欢的角色的话，那么麦克休则是里根演过的最成功的角色。这部影片是根据著名作家亨利·贝拉曼的同名小说改编的。影片以一个比迪克森还悲惨的南方小镇为背景，影片里充满了虐待、贪欲、乱伦和精神病等多种情节。麦克休是片中的男主角，一位来自贫民区的浪子，也是一名运动员。在影片中，麦克休爱上了一位医生的女儿。这位医生名叫高登，心理有点变态，他非常仇恨女儿和麦克休的交往。后来，麦克休在一次车祸中双腿受伤，住进了医院，恰巧高登也在那所医院上班。为了阻止女儿的婚姻，高登趁麦克休昏迷时，以“保护麦克休的生命”为借口，残忍地截去了麦克休的双腿。当麦克休从昏迷中醒来时，发现自己的双腿不见了，立刻失声喊道：“我身上的其余部分在哪儿?”观众看到这个场面，都为剧中的麦克休流下同情的泪水。“我身上的其余部分在哪儿?”也成了美国人人皆知的名言。几十年后，当里根写自传时，这句话成了他自传的题目。

麦克休这个角色对于里根来说是个不小的考验，因为他通常是扮演勇敢而欠机灵的莽撞小伙儿，而麦克休却比以往任何人物都要风流浪漫。为了演好那段被锯掉腿的情节，里根专心准备了好几天。里根没有在病床上被麻醉的经历，为了演出逼真的效果，他专门向大夫询问了病人在被麻醉的情况下有何表现。拍摄截腿那一段时，里根来到摄影场地，那张道具床在中间的位置挖出一个洞，里根把腿放进那个洞里，再盖上被子，完全像被截断了双腿的样子。现场工作人员在布置的时候，对里根说他可以先起来，里根没有听，他仍躺在那儿，酝酿着。看着自己大腿以下空空的被子，里根的恐惧感油然而生，他觉得找到剧中人的感觉了。等一切就绪时，里根对导演说：不用排演，可以直接拍了。导演同意了，喊道：开拍！于是，里根在床上抓着被子，绝望地大喊：我身上的其余部分在哪儿？里根歇斯底里的尖叫声充满了感染力，连正在进行拍摄的工作人员都流下了动情的眼泪。

影片出来了，效果十分完美，这个难度极大的表演，里根只拍了一次。当时，他意识到他的演技又有了新的突破，他把这一场景视为演员生涯中最伟大的一幕。《金石盟》一经上映便大获成功，成为当时最叫座的影片。里根饰演的麦克休更是无可挑剔，一些批评家也说里根这次的表现十分出色。

因为这部片子，里根的影迷队伍扩大了。当他走在街上时，热情的影迷会涌上来，跟他打招呼。作为当年轰动一时的片子，《金石盟》理应在奥斯卡庆典上获得一个奖项，不过遗憾的是这部获得世人口碑的电影却没能如愿地捧到奖杯。原来在那一年，华纳一共制作了两部优秀影片，一部是《金石盟》，另一部是《花花公子美国歌》。在推荐影片时，公司经过再三考虑选择了后者。里根虽然有些遗憾，却并没有因此心生妒忌。他觉得演到这种程度，自己已经很满足了。而且他也敬佩《花花公子美国歌》中的男主角——吉米·卡格尼，一位舞蹈演员出身的影星。里根十分欣赏他的硬汉形象和高超的演技。

继《金石盟》之后，华纳兄弟公司再次给里根加薪，由每周 1 000 美元增加到 3 500 美元。里根原来的合同还剩两年，他现在有两种选择：等旧合同到期之后恢复自由身；或是和公司谈判，留在华纳，并在新合同上争取更多的有利条件。里根选择了后者。

至此，里根的演艺事业达到了巅峰。他名利双收，既有无数影迷的支持，又有高额的薪水可拿，而且他出色的演技备受肯定。在里根塑造的形形色色的角色中，他演得最好的就是那种朴实无华的乡巴佬，富有坦荡气质的男子汉。里根的这种气质使他赢得了影迷们的爱戴，也为他以后从政帮了不少忙。在 1980 年的总统竞选中，里根的朴实坦荡同吉米·卡特的恭顺形成了鲜明的对比。与卡特相比，大多数美国人更喜欢里根。

5 服兵役

RONALD REAGAN

1941 年 12 月 7 日清晨，日本的轰炸机袭击了珍珠港。战争惊醒了所有的美国人，第二天，美国人向日本、德国和意大利宣战。

当时，里根正忙着和公司谈续签合同的事。后来，当他从哥哥尼尔那里得到这个震惊的消息时，不禁难过起来。里根在得梅因做电台播音员时，为了使用部队里的马而申请过加入预备役部队。眼下战争已经爆发，他很有可能被征召入伍。如果是这样，那么他在好莱坞的事业将不得不暂时停止了。于是签不签合同成了里根的一个难题。他的经纪人卢·瓦塞尔曼劝他签合同，因为一旦他签了合同，即使征召入伍，还可以继续拿华纳的薪水，何乐而不为呢？于是，里根按照他经纪人的建议与华纳续约了。

里根预料的没错，3 个月后，部队的信件寄来了，内容清晰又简洁："限里根 14 天内赶到梅森要塞报到。"梅森要塞是一个位于旧金山的货运港。

当时，里根正在拍摄《穷途末路》，为了完整地拍完里根的戏，剧组决定将剧本大量删改，而且还找了替身来完成一些里根没法完成的远镜头和背部镜头。

拍完《穷途末路》，里根准时赶到了梅森要塞。在那里，里根接受了体格检查。里根身体强壮，但视力很差。一位给他体检的医生开玩笑地说："如果把你派到海上作战，你极有可能会射杀一位美国将军。"于是，医生在里根的体检报告上写道："只适合军管区勤务管理工作，工作范围限大陆之内。"

里根的上司菲利普·布克上校给他分派了一个联络员的工作，即为一支开往澳大利亚的部队做装运货物的联络员。因为美军要在那儿做些部署，以防止日本攻占澳大利亚，对美国西海岸构成威胁。

里根装卸货物的工作只维持了几个月的时间。后来，部队根据里根的特殊情况，把他调到陆军航空兵第一电影小组。这个电影小组专门为空军拍摄训练电影和纪录片，用来培养未来的飞行人员。他们接管了华纳旗下的一个制片厂，还借用了附近一所刚关闭的学校，在那里拍摄用于培训空军的军事电影。里根是一名影星，这个差事当然责无旁贷地落到了他的身上。对里根来讲这个工作比做联络员轻松多了，而且电影厂的位置离他家非常近，他可以经常往返于家中。里根还负责为电影小组招募技术人员和艺术家，在这些人的帮助下，军事电影厂很快就开始正常运营了。

在那里，里根又开始重新拍摄电影了，他一共拍了 3 部片子：《加登尼亚·琼斯先生》、《后炮手》和《为了上帝与祖国》。这 3 部影片中质量比较高的是《为了上帝与祖国》，在此片中他扮演一个随军牧师。里根在二战中还拍了一部军事片《这就是军队》，华纳兄弟公司担任制片，里根在里面出演主角。不过这部片子并不是一部严肃的战争片，里面充满了插科打诨的片断。里根饰演的将军嘴里经常叼着一支大雪茄，发表完慷慨激昂的简短训话后，便卷起作战地图走了。更滑稽的是，作战中心的墙壁上挂着的不是军事地图，而是一幅美人画。虽说这个片子没有什么艺术价值，但上座率还不错。华纳公司把这部片子所得的收入全都捐给了"军队紧急救援署”。

在这个军事摄影基地里，里根发现了纳粹主义一些令人恐怖的真相。由于工作需要，他和其他的电影工作人员可以看到一些不对外公映的机密影片，这些片子都是由派往世界各地的美国战地记者拍摄的。最恐怖的影片来自希特勒的死亡集中营，那些血腥的镜头给里根留下了终生难以磨灭的印象。其中有一部片子拍摄于一幢废弃的大楼，当时那座废楼被用于看押战俘。一进入那幢大楼，就会发现墙壁上到处都是窟窿，好像一个破仓库一样。房间里的地板上堆满了尸体，有的已经皮肉腐烂，形状十分可怕。有时还能看到没有死去的人从死人堆中撑起身来，艰难地伸出一只手，仿佛海难中的遇难者在寻求救助。那些幸存者个个极度消瘦、憔悴，在那样艰苦的环境下，他们还能存活下来，不得不说是一个奇迹。郊外的壕沟里，同样也填满了尸体，那些尸体是用推土机推到沟里的。

纳粹分子不但残忍地杀害战俘，还对附近无辜平民进行精神恐吓。每次杀人，纳粹分子就强迫一些居民前来观看。这些血腥场面给居民们带来了难以驱除的恐惧。

有一组镜头描述了这样的情形：一群人离开村庄出去郊游，每个人都怀着欢快的心情，一路上谈笑风生。可是，他们到达目的地要经过一个死亡集中营，村民们看到这个集中营时，情绪彻底改变了——男人们的脸色变得灰白，一个个都低下了头，妇女们有的低声啜泣、有的哭出了声、有的开始呕吐起来。这些人的脸都不愿对着摄像机，镜头里的场面十分悲惨。

有些战争片被里根保留了下来。几年以后，里根的一位同事带着妻子到里根家吃饭。在无意中他们开始谈论起这场战争，那位同事对媒体报道的关于法西斯的罪行半信半疑，里根对他说：“我有一部短片，你看过后就知道了。”于是拿出自己的放映机，给同事看了这部片子。片子里有这样一个镜头，被关押的犹太人想乘人不备从集中营里逃走。集中营的四周布满了带刺的铁丝电网，人们不顾一切地从电网里往外爬。但很快被纳粹官兵发现了，喷着火舌的机关枪把这些求生者击倒在地，人们的尸体在铁丝网附近迅速堆积起来。他们的死相十分可怕，有些人的手还牢牢地攥着铁丝网，抓着铁丝网的手满是鲜血。电影放映完后，里根的同事坐在那里惊得目瞪口呆，同事妻子的眼中满是泪水。

战争是残酷的，误打误伤的情况比比皆是。一次，在观看训练片时，里根发现了这样一个秘密，不久前被击落的一架美国飞机原来并不是被日本人打下来的，而是被自己人的飞机击落的。因为从远处看，美国的飞机和日本的飞机几乎没什么区别。这个发现引起了美国军事总部的高度重视，他们立刻就这件事进行研究，精确地为飞行员们展示了怎样识别这两种飞机的方法，以免类似的事件再次发生。

在电影小组里，里根的播音能力也派上了用场。以前，他在WHO作为一名体育播音员解说球赛，现在他作为一名军官解说所有的训练片。他音质纯正、口才过人，人们在他身上又找到了几年前他做播音员时的风采。

里根的新工作极其轻松，大多数的时候，他都百无聊赖、没事可做。不忙的时候，他就待在加州的家里。同前线上奋勇拼搏的广大官兵相比，里根仿佛没有参过军似的。不过有一件事让里根很苦恼。在《金石盟》之后，他终于成为一名光彩夺目的好莱坞明星，可他的演员之路很可能因为服兵役而受到严重的影响。好莱坞新人辈出，如果他不采取任何行动，很快就会被层出不穷的新人淘汰下去，最后被观众遗忘。可现在他根本没有巩固自己名望的机会和时间。

在服役期间，里根还加入了好莱坞的电影演员工会组织，并负责管理一些事务。有很多演员并不喜欢涉足这个工作，因为他们认为那些带有政治色彩的活动会对他们的演艺事业产生负面影响。里根却不这样认为，他为自己能对同行们有所帮助而感到高兴。

里根开始越来越多地参与工会的事务，即使他忙于拍片，也会抽出时间来管理工会。里根是个很有能力的谈判家，每次工会遇到棘手的问题，都由他出面解决。工会的经历为他以后从政，积累了不少经验。

6 自由拍片

RONALD REAGAN

战争结束后，1945年12月9日，里根接到了退伍通知，随之军事电影制片厂也关闭了。里根在离开军事电影厂时保留了一部复制片，里面记载了很多战争史实。第二次世界大战后，有很多传闻说美国受到了敌人的愚弄，而且大多数传闻与事实相去甚远，里根想让这部片子告诉人们一些关于战争的真相。

退伍后，里根立即返回华纳兄弟电影公司，这时他已经35岁了。他重新开始了演员生活。现在，他面临的第一个问题就是和公司重新签订合同。

华纳兄弟电影公司有这样一个规定，如果合同演员因服兵役而停职，那么制片厂就要把他服兵役的时间在合同上补回来。里根一共服了4年兵役，这就意味着，当他重新回到华纳兄弟电影公司时，他原来的合同终止时间又推后了4年。当时一位女演员奥莉维亚·哈维兰对这项条款提出了异议，并在法庭上为她的提法赢得了胜利，从而与电影公司解除了续约。哈维兰为那些老演员创下了一个先例，里根也从中获益不少，他与华纳兄弟制片厂的合同时间整整减少了4年。这样一来，用不了多久，他就可以摆脱公司的束缚，在开放的电影市场中自由拍片了。

战后，里根的演艺事业并不十分顺利，新演员比比皆是。拍片时，他大都是给别人当配角。观众们也淡忘了里根的面孔。里根又拍了10年的片子，薪水虽然很高，但始终名气不大，他没能成功地找回昔日的辉煌。

最开始，里根决定先演一部叫座的影片，让观众重新熟悉自己。他看上了一部不错的影片《斯塔里昂大道》，这部片子本来是由另一个好莱坞巨星波加特主演，但波加特在最后的关头撂了挑子。于是，这部原本打算斥巨资拍摄的彩色片便改成了廉价的黑白片。里根在这部片子中扮演一个倍受瘫痪折磨的英雄兽医。他演得相当不错，片子也受到了观众和影评人的认可，但票房收入却不太理想。里根另一部失败的影片是《哈根姑娘》。这部片子是一个B级片，在艺术上没什么出彩的地方。最要命的是，片中饰演里根情人的名角莎莉·谭波儿当时刚刚成年，表现得一团稚气。美国观众对于这样的搭档不太容易接受，因为一个成年人却有一个孩子般的情人，这看起来并不十分般配。里根在拍片之前也想到了这个问题，但由于当时他的影视地位日趋下滑，为了有戏可拍，他只好接了该片。

里根在战后拍摄的所有片子中，最让他满意的一部是《急切的心》。该片以二战为主要背景，在英国摄制完成。当时，英国在二战期间经受重创，为恢复经济繁荣，英国政府规定不允许别国随意转移在英国的资金。

为了运用在英国的存款，一些好莱坞制片厂不得已选择了在英国拍片。《急切的心》这部片子获得了很大成功，好评如潮，票房收入也十分可观。华纳公司决定趁热打铁，又接连让里根出演了几部影片，但反应一般。从此，公司对里根的票房价值失去了信心，开始重点培养别的影星，把里根撂在了一边。公司原本答应里根让他在一部西部片中扮演一名擅长骑马打枪的“牛仔”，结果没有通知里根就换了另外一名走红的明星埃洛·弗林。里根对公司的做法十分恼火，但华纳丝毫没有让步。

里根和华纳兄弟公司的矛盾越来越深，在他丢掉以往的人气之后，华纳就一直让他在那些粗制滥造的B级影片中出演角色。也许这是华纳的一个失误，因为里根是个有前途的演员，如果能再拍到像《金石盟》一类的片子，就一定会重新回到一线明星的位置。

里根开始同华纳兄弟公司就合同问题展开新的谈判，华纳兄弟公司同意给里根自由拍片的权利，但前提是他的薪水要减少一半，而且在三年之内，里根必须保证每年为华纳拍摄一部新片。里根欣然接受了这个提议，这正是他长期以来所追求的。

里根一生一共演了53部片子，有31部拍摄于战前，另外22部完成于战后。虽然战后的片子没有像《金石盟》和《真正的美国人克努特·罗克尼》那样出彩，但里根对其中的几部还是比较满意的，比如《海龟之声》、《约翰爱玛丽》和《冠军队》。在《冠军队》中，里根又一次扮演了一位运动员。

现在回过头来看里根战后所拍的片子，这些片子的质量还是相当高的。战后，他还尝试拍了一些喜剧片，《海龟之声》、《琼斯海滨的少女》、《约翰爱玛利》和《急脾气的哈特》是其中比较成功的4部。尤其是影片《海龟之声》，这部片子上映后，赢得了一致好评。里根在里面扮演一位陆军上士，影片主要表现了他和一个年轻女明星的爆笑爱情故事。华纳对这部片子的评价很高，对里根的表现也相当满意。

里根离开华纳后，开始和一些其他的电影制片厂合作，诸如派拉蒙、米高梅、雷电华以及环球等影业公司都曾经和里根有过愉快的合作。作为自由演员，里根还实现了他拍摄西部片的愿望。其中有两部影片是他十分钟爱的，分别是《最后的前哨》和《蒙大拿的牧牛皇后》。在影片《最后的前哨》中，里根扮演的牛仔和良马“贝贝”配合得相当默契。

里根十分喜欢这匹叫做“贝贝”的马，它给里根帮了不少的忙。里根刚拍西部片时，由于战争的影响，他骑马的技术变得有点生疏。电影快开拍的时候，里根必须想办法使他的骑马技术变得娴熟起来。于是，他给好朋友丹·戴利打电话，丹也是一名骑兵后备役军官。里根告诉丹眼下他面临的困难，希望丹能够找到一个人帮他尽快恢复骑术。丹给里根介绍了一个有名的骑马教练——尼诺·佩庇托恩，这个教练还有另外一个头衔。意大利伯爵。在丹的引荐下，里根拜访了这位教练。在同尼诺的交往中，里根得知，原来尼诺也曾在电影中演过一些角色。里根还发现他有一匹十分优秀的黑色纯种母马，名叫贝贝。里根对这匹马爱不释手，于是在实际拍片的时候，里根就选择贝贝来扮演他的搭档。

《最后的前哨》还没有拍完，里根就买下了贝贝。没过多久，里根就有了足够的经济实力来购买自己的牧场。这是他多年前的一个梦想，现在终于实现了。他的牧场位于圣费尔南多河畔，占地 8 英亩。在尼诺的帮助下，里根还干起了繁殖种马的生意，每过一两年就出售一次种马，赚钱虽然不多，可里根乐在其中。

里根在电影中出现的次数越来越少了。1952 年，他为华纳兄弟拍了最后一部影片《自己挣钱念大学》，此后又零零散散地为其他电影公司拍了些片子，不过都是低预算的 B 级片。这其中最让里根不顺心的片子是《从黑夜到黑夜》。最开始，该片曾因种种问题而停止拍摄。恢复拍摄后，里根发现他拍片时，已经不像以前那样得心应手了。

里根和这部影片的其他演员相处得也很不愉快。和里根演对手戏的女演员维韦卡·林德福是个瑞典人，她是第一次拍美国片。她跟里根非常合不来，曾尖刻地讥讽里根不是个好演员。林德福对这部片子的导演唐·西格尔很有好感，而里根同这位导演先生曾发生过许多矛盾。在这样一种不愉快的情况下，里根没有赢得有分量的角色，他被分派扮演一位患病的生物化学家。在具体的拍摄过程中，里根没有完全按照西格尔的意思去做，而是按照自己的理解行事。这部影片放映时，一位精明的电影评论员发现了这个问题，但他搞不清其中的具体原因。这位评论员在电影报刊上这样写道：在这部影片中，里根扮演的角色经常带着一种迷离恍惚的神情，好像在思考着什么难题一样。影评人对这部片子的批评还可以找到很多，但随着新影片的出现，人们很快就忘掉了这部片子。里根就是在这样的状态下，又接连拍了几部片子。

在里根看来，战争对整个好莱坞造成了不小的影响，好莱坞在很多方面出现了滑坡现象。战前的好莱坞十分繁华。当年，里根刚来到洛杉矶时，这里一共有7家大型电影制片厂，每个制片厂都有非常大的拍摄基地。基地里几乎什么都有，纽约街区、乡村小镇，各式各样的酒吧和商店。总之，这里几乎汇聚了所有的风土人情。在这里，还有几个广阔的大牧场，美国的西部片很受人们欢迎，所以在牧场里总能看到摄像机。当时，好莱坞的经营体制也十分成熟，每个电影制片厂都有大量的合同演员、编剧等工作人员。这些制片厂还在全国范围内经营着无数家电影院。一旦影片制作完成，就在自己公司的电影院上映。就这样，好莱坞形成了流水作业线，一部部片子像流水一样涌进了电影院。每个电影制片厂都是一个独立的竞争体系，这种经营模式有很多好处，而且更容易生产出一些高质量的片子。制片厂之间的竞争十分激烈，有时制片厂的内部也会发生一些冲突，但总有电影院可供放映新片。总体上讲，这样的模式适合好莱坞，因此好莱坞的电影业在战前一直处于平稳向前发展的状态。

战后，电影业的经营体制发生了变化，一家私人连锁电影院向法院提出了诉讼，状告那些大型制片厂垄断片子的放映权。于是，司法部发布了新的判决，规定电影制片厂不能经营电影院，只能负责影片的制作。这样一来，好莱坞彻底变了样，制片厂由于少了影院的收入而陷入了资金匮乏的窘境。他们没法很快付清演员和其他工作人员的工资，同时还要受到电影院的牵制。他们拍片不能再像以前那样无所顾忌了，而是要考虑这部片子是否能被电影院的老板接受。如果制片厂对某部片子估计失误，那么他们就要承担投资失败的风险。

里根一直认为政府禁止电影制片厂自己经营影院的决定是错误的。客观事实也表明，战后电影业的经营体制让好莱坞用了很长时间才适应过来。

伴随着好莱坞电影业的滑坡，演员的税务问题也显得日益突出。由于每个合同演员要把收入的大部分上交给税务部门，因此有很多影星放弃了与制片厂的合同而选择自由拍片，这样就可以避开高达94%的税额，里根也这样做了。政府对演员的税收确实有些不公，演员是个事业生命期很短暂的职业，大多数影星就像流星一样，发出短暂的光亮，很快就在银幕上被淹没了。在事业的巅峰时期，他们会获得极高的收入，可除去上交政府的税收，影星本人已经所剩无几了。

虽然电影制片厂推出了一批批的影星，但得到公众的认可才是一个演员成为影星的决定性因素，而制片厂只不过是为演员做些包装而已。如果明星有独特的才能，制片厂就给提供施展的舞台。在影片中，制片厂还专门安排一些资质普通的演员作为那些大明星的陪衬。每个大明星的后面都有一个团队，他们负责调查这个明星在报纸、电影杂志中的影响，以及这些媒体对他的评价和人们对他的喜爱程度。因为这一切，直接关系到电影的票房收入。

制片厂还要不断地挖掘一些有明星潜质的演员。所有的好莱坞影星都并非生下来就光芒四射。星探们负责在普通人中寻找那些他们认为有才能、有抱负的人。找到这些人后，制片厂先和他们签一份合同，然后支付一部分薪水。由于他们都是新人，所以支付的薪水很少。之后，制片厂再把他们送到学校接受表演、演唱、舞蹈等方面的训练。通过这些训练，他们很快就会成为让人瞩目的大牌明星。而里根当时进好莱坞时，就没有走这样的过程。

电影制度的改革使好莱坞面临着极大的考验，同时电视的出现也给好莱坞造成了极大的压力。制片厂陷入前所未有的恐慌之中。为了确保经济收入，绝大部分制片厂开始降低投资成本，用一些低质量的影片来对付这次考验，结果导致整个电影业的影片质量每况愈下。不过，里根并没有随波逐流，而是谨慎地选择片子。有一年，他接连拒绝了好几部劣等影片，损失了近 50 万美元。里根认为赚钱不是最要紧的，重要的是要保证片子的质量，这样才能抓住观众。

拍片机会减少了，里根开始寻找新的赚钱之路。机会来了，一位夜总会的经纪人问里根是否有兴趣参加他们举办的演出。虽然里根对夜总会的演出不感兴趣，但经纪人给出的酬金相当可观。当时里根的经济状况开始陷入窘迫状态。于是，他答应了夜总会经纪人的提议。

虽然里根不会唱也不会跳，但他有良好的口才。他负责给这家夜总会读开场白和解说。里根的表现很好，甚至还带着一些喜剧的风格，他的解说获得了观众的好评。每次夜总会举办演出，门票都会被抢购一空。

两个月后，全国各地的大型夜总会都给里根发来请帖，希望能与里根合作。但被里根一一拒绝了，因为他的性格不太适合夜总会，他打算寻找其他的赚钱机会。

纽约的百老汇是里根考虑的工作地之一，以他演员的经历在那里找个事干是毫不费力的，但里根放心不下加利福尼亚的父母和妻子，于是就没有继续这个计划。

在电视剧刚刚兴起的时候，里根也可以选择拍电视剧的工作。在崭新的电视圈里，里根算得上是一颗耀眼的明星。但里根更喜欢拍摄篇幅较短的电影，所以他也放弃了电视拍摄工作。

在没有固定工作的这段日子里，里根把大量时间投入到电影工会的事务中去了。当时，好莱坞演员面临的最大问题就是劳资问题。只有那些当红的大明星拥有可观的收入，那些没名气的小演员和幕后的工作人员都是很低廉的劳动力。里根作为工会的代表之一，不断地同制片厂谈判，要求增加普通演员和工作人员的工资。

而此时的里根并没有意识到，他的生活正在由银幕转向政治。在好莱坞光鲜亮丽的外表下，实际上充满了欺骗和破坏活动。里根在工会里不断地与外界周旋，自身素质得到不断提高。

作为一个好莱坞影星，里根还常常对他的影迷们说：他是个平庸之辈，不会装腔作势，喜好也和别人差不多。他最喜欢的休闲方式是游泳、郊游和睡眠。里根对睡眠的质量要求很高，每晚要睡足 8 个小时，否则就会没精打采。里根是个体育健将，除网球外，什么运动都很在行。里根还是个美食家，酷爱葱头牛肉和草莓酥饼。里根非常爱看书，他最爱看的书有《大转折》、《巴比德》及《汤姆·索亚历险记》等。他喜欢的颜色是绿色，喜欢的花是东方紫丁香。里根还有童心未泯的一面，喜欢收藏枪支，还喜欢和亲朋好友们大吹大擂。里根很爱家庭，有些“老好人”的气质，还因此得到了一个“规矩先生”的外号。他关心政治和政府问题，但并没有想到有一天，他也会成为政府中的一员。里根没有任何超脱常人之外的东西。他认为做人只要普普通通就可以了，不能好高骛远。他的这一人生信条使他在从政之后能站在民众的立场上讲话，并且能够和民众打成一片。里根给他的影迷们的忠告是：一是要热爱你的工作；二是要相信你的工作有重要的意义，哪怕是一些看起来微不足道的工作。

里根由于在工会各种活动中的出色表现，而越来越受到人们的欢迎，但他却并不想去从事公职。相反，他更喜欢自由的生活方式。

RONALD REAGAN

第二章 进军好莱坞

第三章
两届平民州长

如果说上世纪40年代的美国，是一个打破迷茫的时代，那么50年代的美国就是一个进步的时代，用通用汽车公司的一句口号来形容，就是：“我们最重要的产品就是进步。”对里根来说，这一时期更是一个全新的开始。有评论家说：“正是因为有了通用电气公司和南希·戴维斯，里根50年代的生活才重新稳定和充实起来。”这时，里根还发现了自己生活中的更大目标——进入政坛。

1 转变

RONALD REAGAN

对于好莱坞来说，20 世纪 50 年代是形势发生巨大变革的 10 年。电视的力量越来越不可忽视，电影院的观众日渐减少，票房收入严重下降。电影业开始想方设法同那个在起居室里带着小屏幕的玩意儿作斗争。

这时，里根也清醒地意识到，他在电影业已经没有什么前途了。但他曾极力反对电视，认为一个电影演员如果经常在电视上出现的话，人们就不会再有兴趣去电影院观看这个熟悉的面孔了；而且制作电视短片的收入远远赶不上拍摄电影的收入，因此花大量的时间去拍摄电视短片，很容易使演员陷入经济困境。所以，在很长一段时间内，里根没有考虑向电视方面发展。

然而什么事都不可能一成不变，因为里根当时的名声在外，而且很会演讲。1954 年末，大型娱乐联合企业 MCA 的核心人物塔夫特·斯克瑞伯找到里根，邀请他到一个新办的电视节目中做主持人。这个节目的资助企业是通用电气公司。通用电气公司是美国的大型著名企业之一，主要生产生活电器和工业电器设备，同时，它还经营一些军火生意。它规模巨大，共有 125 家分厂，职工多达 25 万人，年销售额达 200 亿美元以上。在同行的 500 家大型工矿企业中排名第 9，公司的主要财团支柱是摩根财团。

通用电气公司为里根提供高达 2.5 万美元的年薪，但里根坚决拒演电视系列片。于是，通用电气公司提出了更高的薪水，最后增加到 5 万美元的年薪。里根经过一番考虑后接受了这个工作。

里根主持的节目叫《奇异剧院》，播出时间是每周日晚 9 点，主要播放一些剧情简短的话剧。里根的工作主要是为剧中的人物做出场介绍，有时他也在剧中客串一两个角色。这个节目深受人们欢迎，是当时电视系列节目中最好的一个，曾连续 8 年获得最佳电视节目。娱乐界的老前辈们经常把这个节目的播出时间称为“电视的黄金时间”，这个节目也经常有大明星出现。实际上，所有的好莱坞大腕都曾在这里演出过。

作为通用电气公司的雇员，里根不仅在电视节目中担当主持人以及客串一些角色，每年还要花10个星期到全国各地为通用电气公司的产品做宣传，推销一些烤面包机、电视机等产品，并会晤公司的一些领导人和基层职员。

让里根做宣传员的提议是通用电气公司董事长拉尔夫·柯迪纳想出来的。柯迪纳是一个非常有魄力的领导者，为了使公司能更快地发展，他把庞大的公司分散为一个个小公司。没有过多久，柯迪纳的企业便成了这一行业里最具竞争实力的企业之一。现在柯迪纳又瞄准了电视这个产业，他不但想办好电视节目，还要让电视节目为公司的发展做宣传，成为他们公司形象资产的一部分。

不论是做主持人还是产品宣传员，里根都能十分出色地完成任务，并远远地超出柯迪纳对他的期望。在为公司做产品宣传时，里根还获得了另外一种锻炼——在听众面前提高并完善他的演讲技巧。里根的演讲本来就十分出色，经过一段时间的锻炼，水平又提升了不少。他的知名度随着演讲也逐渐提高，并开始慢慢地塑造出一种成功而干练的政治家形象。

里根做产品宣传时很有办法，他并不只是对产品做枯燥无味的介绍，而是先讲些好莱坞的趣闻轶事吸引顾客的注意，然后才进入主题。他的演讲总能营造出一种愉悦的气氛，所以公司的领导们常常带里根到公司所属的工厂或商会午餐的场合中去，因为里根的演讲既可以营造出和谐的气氛，又可以为大家助兴。

当里根的演讲取得良好的效果时，公司便鼓励他经常发表演说，为公司赢得更高的知名度。由于通用电气公司采取的是分散经营的模式，这种分散经营虽然更有利于企业的发展，却产生了一个弊端——那些分公司都位于远离纽约总部的全国各地。这些分公司经常会产生一种二等公民的想法，甚至担心会被总公司遗弃。

在这种情况下，里根成了公司总部的使者，按照柯迪纳的要求下到各大分厂进行走访慰问，好让那些分公司的雇员感觉到纽约总部一直在关心着他们，重视着他们。

里根在通用电气公司工作了8年。在这8年中，他有两年时间用来周游位于全国各地的分公司，并发表演讲。里根工作十分卖力，且任劳任怨。他到分公司慰问时，职工们向他索要签名照片，他毫不含糊，两天之内把全部照片都签了名发给职工。

大多数时候，里根每天做三到四次演讲。为了牢牢记住演讲稿，里根开始发明出一些速记方法。他习惯于在卡片上记下一些关键词，通常是用三四个单词提示出一个要讲的故事或笑话。他把故事梗概熟记脑中，具体细节则全凭临场发挥。在做演讲时，里根也十分配合公司的安排。有一次，他在一天之内竟做了14次演讲。

里根演说时还喜欢运用异常事例来吸引观众和阐述自己的观点。为了加强真实性，他还喜欢用数据加以佐证。例如，他做过这样的演讲："公司每年都会成倍地增加收入，而发给工人的薪水仅增加了25%，也就是说，公司利润的增长是工人薪水增长的4倍。同时，政府部门还不断提高物价。这样无形中就侵吞了工人增长的那些工资。"

里根每天东奔西跑地做演讲，需要有代步工具。但他最害怕乘坐飞机，因为在那个年代里，飞机坠毁的事件层出不穷。里根觉得飞机是个危险的交通工具，万一赶上一架有故障隐患的飞机，那一切就都完了。因此，他向公司提出所有的旅行必须乘坐火车，他认为这样还能利用在火车上的时间准备一下演讲稿。里根每次去演讲都是自己撰写演讲稿，即便是当了总统以后也不例外。他从《星期六晚邮报》和《读者文摘》等杂志上搜集材料，然后再整理成自己的文字。

在做电视节目主持人的同时，里根还抽时间拍摄了两部影片——《海军母夜叉》和《杀人者》。在《海军母夜叉》这部影片中，他扮演一位同海军护士订了婚的船长。由于大量海军观众的捧场，影片获得了极大成功。在《杀人者》中，里根第一次出演反面角色，饰演一个坏蛋。等他拍完这部影片之后，他就意识到华纳公司坚持让他扮演谦谦君子的决定是对的。他的反面角色没有成功，卖座率也不乐观。这部失败的影片也是里根拍的最后一部电影。从此以后，他就再也没有接拍过任何电影。

起初，里根的演讲只局限于介绍公司产品及好莱坞的逸闻趣事，没过多久，他开始在演讲中越来越多地加入了个人观点。他把好莱坞的衰落当成对其他人的告诫，他告诉那些想当演员的人，如果他们对政府问题漠不关心，那么也许会像好莱坞一样陷入困境。里根还指出，政府在好莱坞遭遇麻烦时拒绝帮忙，如果群众不齐心协力的话，总有一天，同样的麻烦会降临到自己头上。

里根的这些观点得到了大家的认可，每次他演讲结束后，都有观众同他热情地讨论起来。他们告诉里根在别的行业里也存在着很多类似好莱坞遇到的那些麻烦。里根认真听取了这些观众的意见。他意识到，政府的干预不仅发生在好莱坞，各个行业都深受其害。

在演讲中，里根真正了解到了到底是谁在操纵人们的生活，人们口中控诉的事实跟学校里教授所说的完全不是一回事。演讲和主持人的工作也改变了里根的气质，他身上的那种好莱坞影星的痕迹越来越淡，政治性的一面日益突出。有时，里根的演讲还会涉及政府的裁员问题。他说，没有一个政府自愿裁员，于是导致政府机构越来越臃肿，开支越来越庞大。

因为演讲非常辛苦，于是里根还学会了如何保养自己的嗓子。在一些大型宴会上，他尽量避免过多饮酒，他的办法就是在乘人不备的时候在烈性酒中加些水。里根在演讲的同时，很注重每位现场观众的意见，仔细观察他们的反应，还记住了人们喜欢听哪些笑话，对哪些统计资料表示赞同。

政治家和表演者有一些共通之处，那就是都喜欢说那些听众爱听的话。里根在通用电气公司做演讲时，由于听众都是公司里的人，所以里根的演讲内容全都是有关公司员工利益的。于是，里根的演讲赢得了广大员工的喜欢，反而使他成为公司的保卫者和政府的批评者，公司也乐于让里根担当他们的代言人。

演讲的经历还使里根明白，好莱坞只是一个华而不实的制造厂。它编织出了各种各样美丽的故事，却和现实大大脱节。在周游各地的过程中，里根与现实接触多了，便开始考虑最底层人们的生活状况，关注那些住在贫民区里为养家糊口而辛勤劳作的人们。有些报纸经常把里根称为保守派发言人，里根同意这种说法，他十分热爱自己的祖国，现在他正在努力提醒人们注意一个重要的问题——如果政府部门的问题长期得不到解决，那么整个国家都会深受其害。

虽然里根不再为好莱坞拍片，但他仍然担任电影工会的职务，并连续5次连任主席。他还领导了影视行业历史上的第一次大罢工。这次罢工是由好莱坞电影演员同制片厂之间的矛盾引起的。由于制片厂对大部分演员的待遇极其苛刻，引起演员们的强烈反对。里根站在演员这一边，号召演员们以罢工来对抗制片厂的不公平待遇。虽然这次罢工取得了胜利，但对里根却产生了一些不利影响。有些制片人对里根的行为非常不满，扬言不会让里根在他们的影片中担任任何角色。

由于里根在演说中涉及了太多的政治内容，最终使他丢掉了在通用电气公司的工作。因为在演说中，他列举了大量有关华盛顿官僚主义的事例，并严厉斥责民主党人的自由主义；对于政府权力的膨胀和高税政策，里根也进行了彻底的揭露和抨击。这些演说赢得了观众的响应，却引起了上流社会的反感，里根成了一个有争议的人物，一家报纸还给他戴上“右翼极端主义者”的帽子。后来发展到里根每到一处做演讲，总有一位当地政府的高级官员同他唱反调，做与他的演讲内容完全相反的演讲。电视里通常把这两种观点截然不同的演说放在一起播放。这种“对台戏”一样的演讲受到人们的热烈关注。也就是在这时，里根学会了用演说作为政治竞争的武器。

在里根被通用电气公司辞退之前，一位负责人给里根打电话，提醒他说，以后他的演说只能为公司推销产品，禁止再发表涉及政治内容的演讲。为此，里根同这位公司负责人展开了激烈的争辩。他对那位负责人说，他不能直接走到听众面前，突然向他们兜售烤面包机等产品，这怎么能吸引人呢？他说，在下次演讲时，他还会以原来的方式演讲。这位负责人坚持不让里根演讲别的内容。最后，里根摊牌说，他已经收到了来自全国各地要请他去演讲的邀请函，如果公司限制他的演讲内容，那他就不能再为公司做任何演讲，请公司另请高明。公司对此事丝毫没有妥协，董事长拉尔夫·柯迪纳担心里根的激进观点影响到公司的前程，两天以后，公司毫不留情地把里根解雇了。

当里根从通用电气公司离职后，他所主持的节目《奇异剧院》也停播了，另一档名为《财源》的电视节目取代了它的位置。《财源》的节目投入比《奇异剧场》大得多，竞争力更强，主要播放一些让人啼笑皆非的戏剧。

里根主持的节目停播了，但里根的主持人工作并没有随之停下来。当时，他的哥哥尼尔已经成为所在公司的广告部副部长了，他帮里根重新找了一份新工作——在电视片《死亡谷里的日子》担任临时演员，里根在这个节目里又干了两年。

里根的这段电视主持人经历对他的影响十分巨大，使他完成了从一个好莱坞明星到政治家的转变。他学会了怎样同大企业主和政府议员们打交道，最重要的是，他开始以一个政治家的眼光来发表演说。在不断的政治摸索中，他形成了保守主义的政治哲学，这为他日后从政奠定了坚实的基础。

2 涉足政治

RONALD REAGAN

如果说20世纪40年代的美国，是一个打破迷茫的时代，那么50年代的美国就是一个进步的时代，用通用汽车公司的一句口号来形容，就是："我们最重要的产品就是进步。"对里根来说，这一时期更是一个全新的开始。因为在这个十年里，他进了通用汽车公司，拥有了高额的薪水，而且还遇见了他一生的爱人南希·戴维斯。有评论家说："正是因为有了通用电气公司和南希·戴维斯，里根50年代的生活才重新稳定和充实起来。"这时，里根还发现了自己生活中的更大目标——进入政坛。

这一时期确实是里根人生中的一个关键的转变期。起初，里根显得有些莽撞，对哺育他成长的电影事业，开始了无情的抨击。他攻击制片人没有慧眼识才的能力，不能真正发现战前影星的天才能力；他还揭露，好莱坞的新闻界根本不负责任，以故意大肆渲染电影界的丑行为能事。作为一个电视节目主持人，里根经常在录制完节目之后，利用闲暇时间参加各项社会政治活动。

里根从小受父亲影响，十分拥护民主党，他曾加入民主党的各种组织，例如"美国民主行动协会"，该组织的宗旨是"增加社会平等和民权"。在里根成为好莱坞影星后，民主党自由派还曾经动员他去竞选联邦众议员或州议员。在好莱坞，里根的各种活动也都是围绕着民主党进行的，他参加了"好莱坞艺术、科学和专长独立委员会"、"美国退伍军人委员会"等等这些民主党自由派组织。

美国民主党的创始人是托马斯·杰斐逊，他提出的观点很能激励人：民主主义者把权力交托给人民，他们珍爱人民，所做的一切都是为了人民的平等和幸福。民主党在杰斐逊的带领下曾创下了不少辉煌的业绩，可是到了20世纪30年代却发生了剧烈的变化，违背了杰斐逊的初衷。杰斐逊曾说：一个好的政府应该有俭朴的机构，卓有成效的办事效率，而且不应凌驾于人民的头上，而是要成为人民的忠实仆人。亚伯拉罕·林肯十分赞同杰斐逊的说法，认为杰斐逊的原则符合自由社会的定义和公理。可是当“大萧条”降临美国后，民主党的原则开始悄悄地发生了变化，政府人员越来越多，机构越来越臃肿，并开始不断干涉各行各业的经济活动，导致一些繁荣的行业受到严重干扰，好莱坞就是其中的一个例子。

美国民主党的自由派有两种形态——传统的“自由派”和新兴的“自由派”。传统“自由派”坚持了创始人杰斐逊的观点：宣扬自由，相信每一个人都应该成为命运的主人；坚决拥护政府的精简和高效；信奉美国最为传统的关于自由与自信的信仰。而新兴“自由派”则认为政府比个人更可靠，政府完全能够决定什么样的事情才适合于个人，并且能够根据预测来设计人民的经济生活。

一位民主党人曾这样说，美国人获得自由的方式，就是限制政府权力而不是使之膨胀，但这个观点被一些民主党人彻底改变了颜色。在民主党人的一系列做法中，里根形成了自己对政府的一些观点：联邦政府并非确保国家安全的良药，在美国这样一个自由主义的国家里，私营企业的力量有时比政府显得更加直接有效。他曾经错误地认为是那些贪婪的联合企业破坏了工人的独立，后来他才意识到真正使工人命运艰难的主要根源是“政府”。不管原因是哪一个，最终的结果都一样——公民失去了自由和平等。

里根认为自由竞争的机制能使企业更加完善地发展，并且提出了美国应达到的最高生活标准：不断发展新的科学技术，领导世界科技潮流；社会为勤恳的美国人提供发展机会，使每个人能够通过自身的努力获得成功的事业和更高的社会地位。

里根的政治观点还带着浓重的实用主义味道，这些都是从他自身的经历，以及与底层人民的接触中形成的。里根曾颇有感触地说道：“如果知识不能够用来解决生活中的问题，那要知识又有何用?”他认为只有能解决生活问题的知识才是真正的智慧。只有在生活经验中不断积累，并作出正确的判断和选择，这样得来的知识才是可靠的。

里根在好莱坞的那段时间，共产主义盛行，里根在内心深处有些对抗共产主义。在政治活动中，里根觉得只有共和党才能真正对抗当时的共产主义，所以他的政治观点逐渐开始接近共和党而远离民主党。

1960年是个大选之年。竞选总统的主角是共和党人理查德·尼克松和民主党人约翰·肯尼迪。也正是这一年，里根决定脱离民主党，转而参加共和党，同时决定支持尼克松当选总统。由于在演讲过程中，里根的表现很精彩，他逐渐与尼克松有了些交情。里根对尼克松说，他想参加共和党。尼克松告诉里根，如果里根以民主党人身份支持他当选总统，会对他竞选总统更有利。里根答应尼克松，等竞选结束后，再改变自己的党派身份。此后，里根开始不遗余力地为尼克松竞选总统而效力。

事实上，在里根帮尼克松进行总统竞选之前，他曾在前几次的大选之年为几位总统候选人投过票。21岁时，里根第一次参加了总统竞选的投票活动，他把选票投给了富兰克林·罗斯福。当时，罗斯福的竞选纲领是大量削减联邦政府的财政支出，并把联邦政府的决策权交给各州和基层的人民代表。对于各大企业，他采取了完全不干涉的政策，不限制经营，也不会在企业面临困境时给予救助，一切都将依靠企业自己的力量。罗斯福认为政府如果给予过多的救助，将会使企业产生依赖性，最终导致信仰和道德的崩溃，从根本上破坏美国人不畏艰辛的品格。在经济大萧条时期，罗斯福提出一些救助经济的决策，但只是为了应付当时的紧急情况。罗斯福不会让一些家庭永远依赖政府的捐赠，他的计划是让人民做他们能够做而且应该做的事——即依靠劳动来维持自己的正常生活。

1948年，里根又参加了总统竞选的投票活动。当时竞选的中心人物是民主党人哈里·杜鲁门，那时的里根十分钦佩杜鲁门的能力，认为杜鲁门是最杰出的总统人选之一。即使在里根自己当了总统之后，他仍然这样认为。杜鲁门政治手腕强硬，行事果断，对任何问题都力求追根究源，彻底解决。在任期内，杜鲁门勇敢地抵制了官僚主义，也因此触动了一些人的利益，受到了指责。有人说他任意挥霍纳税人的钱，才导致政府财政问题日益严重，杜鲁门却把通货膨胀和经济停滞不前归罪于国会，为自己做了辩护。

除了杜鲁门，里根也非常钦佩艾森豪威尔总统。艾森豪威尔是个共和党人，继杜鲁门之后成为美国第34任总统。里根和艾森豪威尔关系不错，在艾森豪威尔参加总统竞选时，里根还给他写过一封信，希望他能以一名民主党人的身份参加竞选，这样里根就可以推举他，给他投上支持的一票。艾森豪威尔当时没有听取里根的提议，不过里根还是投票给他，那是里根第一次跨党投票。

里根第二次，也是最后一次的跨党投票，并且深入参加总统竞选的活动，就是尼克松参加大选的这一次。他支持尼克松竞选总统，并到处为尼克松做竞选演讲，以使更多的选民支持尼克松，可是这次尼克松竞选总统失败了。

总统选举结束后，共和党人便不断邀请里根到共和党举行的宴会和募捐集会上发表演讲，当时里根还没有完全脱离民主党，但共和党已经把他当成了自己人。在支持共和党的同时，里根也开始针对一些问题对民主党进行抨击。当一些小有名气的民主党人号召实施公费医疗制度时，里根在演说中公开表示反对。里根对一些他认为不合理的现象及时发表看法，他不想看到有那么一天，美国人这样对子孙们说：自由的好时光只存在于过去。

1962年，理查德·尼克松与民主党自由派的帕特·布朗竞选加利福尼亚州州长失败后，里根开始明确自己的态度。一次，他在家乡为共和党的募捐集会做了演讲。当时，一位妇女在演讲结束后问他："你是共和党人吗?"里根摇摇头说："我目前还不是，不过我很快就会去登记注册。"没想到这位妇女说："我是共和党的登记员，现在你就可以登记。"说完，从听众席中走了出来，把一份注册登记表递给里根。里根立刻登记注册，就这样，里根变成一个富有前途的真正的共和党人。

里根转党的消息很快传开了，他的哥哥尼尔热情地欢迎这个新加入的共和党人，当时尼尔已经是共和党人了。多年来，尼尔一直劝说里根退出民主党，加入共和党。有时他和里根甚至还为此事发生激烈的争吵。尼尔经常在里根面前把民主党说得一无是处，里根则极力反驳他，两人的争论很快升级到声嘶力竭。这时，旁边的家人会赶快想办法转移话题，以平息他们的争吵。里根一直是个态度温和的人，只有在碰到政治事件的时候，他才同别人大叫大嚷。现在，里根加入了共和党，再也不会和尼尔为党派的事而争吵了，他终于和哥哥站到了同一条战线上。

1964年，里根再次为别人的竞选活动效力。这次他要帮助巴里·戈德华竞选美国总统。他的这次竞选任务是帮助巴里在加利福尼亚州拉选票，对于这个差事，里根没有丝毫犹豫。他和巴里曾有过一面之缘，对巴里的印象还不错。他曾经仔细地阅读了巴里的著作《一个保守主义者的内心世界》，书中的观点和他非常相似，他确信巴里会对美国社会作出贡献。

在这次竞选活动中，里根多次在竞选资金的募集大会上发表演讲。让他印象最深的一次是在洛杉矶大使旅馆的那次演讲。当时到场的听众有800多人，都是共和党人。在发表这个演说时，里根的精神处于最佳状态，语言流利自然、语气严肃。但当说到政府问题时，他的言辞就不免有些激烈了。里根这次演讲的开场白和他以往演说的开头基本相同，他慢慢地将主题转到巴里竞选这件事上来。他抨击联邦政府不断增加公务员，官僚们经常对美国商业和个人生活加以刁难；政府人员铺张浪费成风，一些职员的培训费高得惊人，他说这些花费甚至比哈佛大学的学费还要多。

演讲结束后，听众中有五六个人走过来和里根就这次演讲进行了讨论。大家就政府问题交换了各自的看法。讨论持续了很长时间，当大使旅馆内的其他听众都已经离开时，他们仍谈得津津有味。最后，他们商量要把这次演讲在电视上播出来，时间就安排在总统大选的前一周。

可是，巴里的顾问建议取消里根这次演讲的播放，因为演讲中涉及一些敏感性话题。里根得到消息后，马上给巴里打电话，问他是否看过这次演讲。巴里表示他本人没有看过，但助手们告诉他，说里根的讲话中加进了有关社会安全的内容。里根说他确实这么做了，但这个说法观众十分赞同，并没有引起异议。他建议巴里自己听一遍演讲录音，再决定是否播出。巴里听完录音后，决定播放里根的演讲。于是，这段精彩的演讲才得以在国家电台与全国观众见面。

在竞选的最后时期，巴里的排名并不让人乐观。不过，里根的演说为他帮了不少忙。当时，面对巴里的不利局势，很多曾支持他的人纷纷打起了退堂鼓。但里根的话让他们又恢复了信心，里根说："命运已经把我们联系在了一起。我们现在所做的就是为后代子孙保留最后一点美好的希望，我们同时也面临着4年黑暗深渊的到来。如果我们失败了，我们也要让我们的孩子在谈论起这件事的时候说，我们没有坐以待毙，在整个过程中，我们都已经尽了全力。"里根的这次演讲播出之后，又为巴里赢得了几百万美元的竞选资金。遗憾的是，里根精彩的演说虽然为巴里赢得了不少支持，但始终没能帮助巴里扭转局势。巴里最后败在民主党总统候选人林登·约翰逊的手上。

里根的演讲虽然没有使巴里转败为胜，却使自己的知名度因此提高了许多。里根帮助巴里竞选总统的活动一共持续了6个星期。这段时间，他几乎走遍了整个加利福尼亚州，每天都要发表几次演说。人们对这个口若悬河的支持者记忆深刻，但对竞选的主角巴里反而不太在意。此后，里根在政界名声大振，被誉为加利福尼亚州“最有口才的政治家”。

里根之所以受到广大选民的爱戴和拥护，他的演讲技巧功不可没。巴里与里根持同样的观点，但巴里那种直率与毫不妥协的态度把选民们吓得不轻。里根则给自己的观点裹上了一层华丽的包装，人们对他的演说感到安心，甚至可以说是陶醉。在各种演说中，里根力图唤起人们的爱国主义精神。他的竞争对手察觉到了这一点，他们说里根是一个极端的保守派，但他激进的观点被平和的语气盖住了锋芒，使人们感觉不到他观点中的凌厉。

3 竞选州长

RONALD REAGAN

巴里竞选失败后，共和党开始陷入一种十分艰难的境地，党内就竞选失败的责任产生了争执和分歧。温和派与保守派的共和党人开始互相攻击，许多自由派的共和党人甚至公开反对保守派的巴里。共和党因此四分五裂，这种情况在加利福尼亚州最为严重。

由于在支持巴里竞选时的精彩表现，人们开始把希望寄托在里根身上。那些后台老板也十分相信里根的能力，一些大企业主纷纷走访里根，要求他出面竞选加利福尼亚州州长。

除了那些大财团外，许多普通民众也开始纷纷要求里根出面竞选加利福尼亚州州长。对于这些提议，里根总是笑着回答说：“我是一个演员，不是一个政治家，你们应该推举一个真正适合当州长的人。”

但是呼吁里根竞选州长的声音越来越高，人们都希望里根可以击败现在的民主党候选人帕特·布朗。

其实，里根一直深受人们爱戴，要求他竞选政治职务的呼声很早就有了。最开始是要求他竞选众议员，那时他还是一个民主党人。后来，又要求他竞选参议员，这时他的身份已经是共和党人了。

起初，里根还怀疑这些人是在故作姿态，但他很快就意识到这些呼声是出于真心的。于是，里根开始对这件事犹豫起来。

大财团们继续锲而不舍地拜访他，每次里根送走了这一批请他竞选的人，不久又会有另一批人赶到。里根不得不一遍又一遍地告诉他们：他对政治不感兴趣，娱乐演艺事业才是他所热爱的。

里根一直认为自己更适合当一名演说家，而不是实际政治职务的候选人。他对演讲轻车熟路，但对实际政治职务候选人的角色却一无所知。现在共和党内存在分裂，他最想做的就是与巴里同舟共济，一起扭转这个局面。

在里根看来，他已经实现童年时的梦想：他第一次谋求职位是在WOC广播电台，在这里他得到了向往已久的工作——体育解说员；然后是在好莱坞，他努力争取当个有名的演员，最终也如愿以偿。自从他从好莱坞退出后，好运接连不断，在通用电气公司里工作，他十分开心，马不停蹄地演讲对里根而言也是一种乐趣。里根的收入也比好莱坞的时候大大增加，现在他几乎什么都不缺。更何况里根并不想改变当下的生活。如今，他有4个可爱的儿女、一大群在好莱坞结识的朋友，家庭生活温暖而幸福。闲暇时，他可以去自己的大牧场骑马，生活得安逸又富足。

其实里根不去竞选州长，还是因为他有顾虑。他担心如果他竞选州长，别人也许因为他是演员而对他产生偏见。这样的话，他很有可能会一败涂地，甚至贻笑大方。

可是后来发生的一件事却使里根改变了这个想法。当时里根的一位老朋友乔治·墨菲被共和党推举出来竞选联邦参议员，他也是一名演员，曾和里根一起在好莱坞工会做事。乔治·墨菲在影坛的经历不仅没有成为他的障碍，反而成了他在竞选中的有利条件。人们每天都能从影院和电视上看到墨菲曾经主演的一些片子，对他的形象十分熟悉，很容易就接受了他。而且身为演员的墨菲无论从表演还是演说方面，都远远超过拙于言辞的竞争对手皮埃尔·塞林格，并最终击败皮埃尔·塞林格。塞林格曾任约翰·肯尼迪总统和林登·约翰逊总统的新闻秘书。从墨菲成功竞选参议员这件事来看，对于演员担任政府要职，公众还是很放心的。

机会对每个人来说都是平等的，有些人之所以没有成功，就是因为没有抓住机会的缘故，里根可不是这样的人。当越来越多的人要求他竞选州长时，他开始认真考虑这件事了。他想支持者说的也许是正确的，如果他拒绝了这次竞选，也许他日后回忆起来会后悔的。

对于竞选州长一事，里根的妻子南希并不十分赞同，甚至对这个提议感到惊慌失措。南希喜欢他们现在这样的生活——经济富足、职业稳定。她并不想让这种生活有什么变化。一想到要跟随丈夫一起发表演讲，她就感到浑身不自在。虽说她也是一位演员，在好莱坞摸爬滚打了多年，但还是无法避免地会产生那种惊慌的感觉。因为演员和演说家是有区别的，演员一上了舞台，就不再是自己了，而是剧中的虚构角色；但政治演说却是另外一回事，在这个舞台上，没有虚构的角色可以模仿。南希是个很不善于表达自己的人，在台上夸夸其谈对她来讲确实有些困难。

南希的父亲格雅尔·戴维斯也十分反对里根参加竞选。事实上，他对任何政府都没有好感。他曾接触过一些政府职员，亲眼目睹了政治舞台上的阴暗面。当里根就是否参加加利福尼亚州州长竞选而左右为难时，格雅尔坚决阻止里根进行这个活动。他说里根是头脑发热，才想到要去参加竞选；还说政界会毁掉里根的诚实和荣誉，因为政治家最容易被现实所压迫，在现实面前妥协、退让。

家里唯一支持里根的声音来自他的大女儿莫琳，她曾就竞选一事给里根写信，建议父亲答应那些人的请求，竞选加利福尼亚州州长。里根在回信中说："如果我们谈论我能够胜任的事，莫琳，我还可以说我能当美国总统。"当时里根这样说完全是在开玩笑，但莫琳没有放弃对父亲的鼓励。受莫琳的影响，南希也转变立场，开始支持里根参加加利福尼亚州州长竞选的活动，里根的哥哥尼尔也鼓动他去竞选。面对这种情形，里根仍是犹豫不决，因为他对未来政治生活到底是什么样子，心里一点底也没有。可是财团和党内人士一直不断地请他参选，这让他忧虑不安。最后，他决定先在几个州发表演讲，看看选民们的反应如何，如果大部分人支持他，那他就出面参加竞选。

里根把他的这个想法告诉了他的财团支持者们，让这些人为他安排旅行和演讲邀请。他说，他用半年时间进行演讲，每次演讲完后，财团们必须负责调查民众对他的反应。如果民众支持他，他就正式提出竞选州长，否则他就不参加竞选。里根还提出，在演讲期内，如果可以找到另外一个更合适的人选来参加竞选，他就退出。而且他会竭尽全力支持这个候选人，就像他当初帮助巴里竞选时一样。

里根终于同意参加加利福尼亚州州长竞选了，幕后的支持者们当然很高兴，立刻按照里根所说的，就竞选的有关事宜开始了紧锣密鼓的安排。他们还为里根组织了一个资金雄厚的“里根之友社”，基地设在洛杉矶。

在美国，加利福尼亚州的竞选程序同其他州有些不同，参加竞选州长的事不用征求共和党内部的意见，而是仅凭几个富豪和一些政治顾问的支持就可以作出决定。但要真正成为提名人，还是必须经过党内选举的。加利福尼亚竞选的这种超党派的特色，是早年革新派人物海拉姆·约翰逊留下的政治产物。约翰逊鄙视党派之分，因为他发现这些党派都是受制于南太平洋铁路公司。约翰逊最大的成就就是成功地实行了一种独特的“交叉登记制”，这种制度的不同之处在于，候选人不但可以争取在自己党内的提名，同时还可以争取在其他党内的提名。在加利福尼亚州，这种制度已经实施了数十年，大多数在职州议员在初选中都会得到共和党和民主党的同时提名。由于政党内部没有竞选基金，所以党内的竞选资金全部是由那些腰缠万贯的企业家来提供。于是，幕后的企业家就成了竞选的最终决定力量。这种改革产物使里根在众多的共和党人中脱颖而出，最终登上权力宝座。

加利福尼亚州的竞选还有一个特色，早在电视问世之前，就形成了一种“超越党派，注重人品”的政治风潮。曾经有一段时间，当其他州的人支持一个预测中的候选人时，加利福尼亚州却推举出另外一个有神秘号召力的候选人。这种情况下产生的候选人，最值得称道的是以检察官身份起家的加利福尼亚州州长厄尔·沃伦，他曾三度当选州长。1946 年，他还创下了一个新业绩——民主党和共和党都提名他竞选州长。沃伦一直坚持其无党派的立场，很少出席各党的内部集会。在一次竞选活动中，他竟忙里偷闲，跑去参加加利福尼亚州的大学橄榄球赛，让支持他的幕后人物一度深感不安。

同海拉姆·约翰逊一样，沃伦也是一个积极改革的政治家。在任期内，他为民众做了不少实事，为法人争取税赋、为公众争取更多的权益，加强公共卫生和公民保险等等。里根竞选州长时，共和党前州长沃伦在民主党的初选中大力为里根拉选票，这就使加利福尼亚州的选民更加淡薄了党派之分。这个情况给里根带来了极大的方便。因为他加入共和党的时间并不长，才刚满三年。如果换成其他州，选民会对里根产生一种不信任感，里根的竞选就会面临巨大的压力。但在加利福尼亚州则完全不同，党派成为一个无关紧要的问题，人们有这样一种说法：关键在人，不在党派。

这种不成文的制度，对里根是极为有利的，这使他从一个远离政府的门外汉，一步步地被人们推举出来，随后一而再、再而三地当选要职。

从 1965 年 7 月份开始，里根的参选预演开始了。他在半年之内几乎走遍了加利福尼亚的各个地方。从位于南部边界的圣地亚哥，一直到靠近俄罗斯边境的海岸渔村。里根的交际宴会一个接一个，除了参加宴会外，他的大部分时间都用于发表演讲、乘车旅行。他还要会见各行各业的要员，像扶轮社、商业公会、联合行会等组织的重要负责人。

里根竞选州长所做的演讲与几年前在通用电气公司所做的演讲一样，带有浓厚的趣味性。每次演讲完，里根都可以从观众那里得到一些反馈信息，这些反馈信息同他在通用电气公司做演讲时得到的大同小异——民众反对政府大肆浪费，讨厌社会公共福利被贪污，而且尤其反对政府无限制地增加税收。

在演讲的过程中，里根希望民众能多和他谈论一些有关他们切身利益的事情，但有一个问题让里根感到很吃惊：无论他走到哪里，听完他的演讲后，人们总会问他一个相同的问题“为什么你不参加加利福尼亚州州长竞选呢?”因为之前里根还没有正式宣布自己参加竞选州长。但民众的这句问话让里根明白“民众对他还是信任和感兴趣的，他可以参加竞选。”

里根在演习参加竞选活动的过程中，得到了民众的支持，他的支持者也随时为他做民意测验，测验结果显示“民众的支持率还是很高的”。于是，里根在 1966 年 1 月正式宣布他将竞选加利福尼亚州州长。但在他同民主党人帕特·布朗竞争前，他得先通过共和党内的初选。美国的竞选制度是先在本政党的内部进行初选，初选中的优胜者再同其他党的竞选代表共同角逐要竞选的政府职位。

里根的演员身份虽然没有受到民众的非议，却在政府内引起了一些偏见。有些政治家把里根看成是一个失业的演员，他政治上的成就不过是以演员的声誉换来的。甚至在他当上州长以后，仍有一些议员还是把他看成一个二流影星，而不是政治家。不管是在竞选州长时，还是在当上州长后，里根对这种误解都没有做过多的解释，他说他只是一个履行公职的平民政治家，他的谈吐依然保留着好莱坞的风格，并不刻意地把自己装扮成一个成熟的政治人物。

起初，里根参加加利福尼亚州州长竞选的活动时，他的一些幕后老板还心存疑虑。因为里根被人传说成一个极端的右翼分子，这些支持者认为一位右翼候选人很难在竞选中获得成功。还有一些别的传闻也让他们产生了顾虑，有人说里根是个很严峻的人，不好相处。他们为了确定里根的为人，便要与里根见面。当里根同这些支持者们见面后，这些支持者的一切疑虑都烟消云散了。里根给人的印象非常好，坦率正直、善于倾听，而且容易合作。经过几次会晤后，这些支持者对里根很满意，于是便极力邀请他参加竞选州长的活动。

经过演讲后，里根在民众心目中已经很有地位了。但还是有人对他不放心，这个人就是共和党中央委员会的比尔·罗伯茨。在共和党内，里根初选中遇到的最有竞争力的对手是旧金山市前任市长乔治·克里斯托弗。本来罗伯茨对里根的竞选不是很有把握，但他对克里斯托弗更是十分反感，他曾鄙夷地评价克里斯托弗说："看来两次失败并没有使他对竞选倒胃口。"罗伯茨知道克里斯托弗在当时的竞选中有很多不利因素，因而当他听说里根要与克里斯托弗竞争后，心里非常高兴。

同高大英俊的里根相比，克里斯托弗是个皮肤黝黑，身材矮小的候选人。有人将他的举止言谈刻薄地描述为"一个失败的电视角斗士"。他的竞选策略也十分不恰当，采取的是全力攻击里根的方式。他把里根的"右翼极端主义分子"头衔重新提了出来，并大肆攻击。共和党在党内竞选时曾有过规定：禁止中伤任何党内同伴。这位候选人把这条规定抛诸脑后，表现得十分糟糕。后来，在一位产科医生盖洛德·帕金森的指责下，克里斯托弗的攻击行动才有所收敛，但他在党内已经失去了大部分的支持者。

虽然里根擅长演讲，但在政治上他却是个新手，对于政治斗争他没有任何经验。在一次黑人共和党人的集会上，里根和克里斯托弗同时出席了。先做演讲的是里根，克里斯托弗排在后面。谁知克里斯托弗做演讲时，竟然含沙射影地说里根是个顽固的种族主义者，这让里根勃然大怒。

克里斯托弗的讲话结束后，里根与他就种族问题进行了激烈的争论，并咆哮着告诉克里斯托弗：他从来就不是一个种族主义者。一番激烈的争论后，里根抛下一群惊魂未定的听众，大步离开会场，径直驱车回家。

里根本是个态度温和的人，一般是不会发脾气的。在好莱坞的近30年里，他对来自各方面的批评，早已习以为常。因为每次他的影片放映出来，总有一些刻薄的评论家毫无边际地肆意攻击，里根对这种情况已经不太在乎了。但里根从小生长在一个不容忍有种族主义偏见的家庭里，所以他对于这个罪名十分恼火，因而大发脾气。

里根刚到家，他的竞选团的两位成员就追随而至。他们劝里根回去参加集会，中途退场对州长候选人来说，不是很得体的行为。这时，里根已经冷静下来了，他听从这两个人的劝告，赶在集会结束前返回了会场。回到会场后，里根重新做了一次演讲，并解释了刚才突然离席的原因。大多数观众对里根的这次动怒表示理解，可里根自己记下了这个教训。从此以后，无论是多么不愉快的场面，里根都强忍着坚持到最后，而这次经历也让里根认识到了什么是政治。

在竞选时，里根还想为争取到民主党的选票而努力。但他也很清楚，当务之急是把共和党从巴里的失败中恢复过来。他采取的第一步方案就是密切自己同罗伯茨的关系。罗伯茨是共和党内极具影响力的人物，里根得到他的支持，就可以使党内团结起来。第二步措施是同罗伯茨一起同党内的各个派别加强联系和对话，尽量减少一些不必要的分歧。里根按部就班，他的努力没有白费。共和党经过一段时间的重整，终于重新获得了凝聚力。党内团结为里根的州长竞选活动提供了一个坚实的后盾。

在里根的竞选过程中，罗伯茨很快就发现里根比他们想象中的更有号召力，然而他也意识到里根的竞选还存在着一个大问题：里根对州事务缺乏了解。为了避免这件事产生麻烦，罗伯茨组织了一个心理学家小组，由斯坦利·普洛格和肯尼斯·霍尔登担任其中的成员。普洛格和霍尔登曾在南加利福尼亚州的一些大学任教，并在范奈斯这个地方建立了自己的公司。他们都是很有才能的人，罗伯茨便雇用他们解决里根目前面临的这一困境。普洛格和霍尔登仔细研究了里根的演讲并同他会谈之后，根据里根的具体情况，他们列出了17个问题，并逐个归纳总结成资料。这些资料为里根的竞选演讲丰富了内容，并成为里根第一次试图制订的立法纲要的基础。

普洛格和霍尔登对里根的政治见解提出了不少好建议，但里根的演讲风格并没有发生多大的改变。他的措辞还是那样朴实无华，深受人们的喜爱。曾经追随巴里的那些民主党人现在改为支持里根了。

在与克里斯托弗的竞争中，里根打出的口号是“清除存在于共和党内的肮脏腐败的现象”，他的演讲一针见血地指出了共和党所面临的困难，赢得了很多共和党人的共鸣。相比之下，克里斯托弗的演说就显得苍白无力了。最终的结果是里根获得了140多万张共和党人的投票，支持率高达65%。由于里根获得了大多数共和党人的支持，党内的凝聚力大大增强了。而这次初选，使得里根的能力进一步得到了后台财团和共和党人的认可。

里根在预选中击败了克里斯托弗，获得共和党人的提名后，便与竞争对手民主党人也是现任州长的帕特·布朗进入了最后的对决。罗伯茨首先对竞选进行了大量的民意测验，这让里根掌握了对手最为关键的材料和民众的呼声。里根根据民意测验迅速列出了竞选主题，他把民主党“领导失败”这一主题放到了最关键的位置上。里根还列举了一系列布朗政府的弊病，诸如大学“混乱”、高税收、福利费用的增长等等，里根不断提出各种各样的社会及政府问题，并把这些问题巧妙地归罪于布朗政府领导无方。里根还指出，臃肿的政府机构必须精简、税收必须降低、政府必须撤出商界、让商人自主经营。里根所做的一切都十分有效，他还尽量和普通民众打成一片，注意拉拢最底层选民的支持。在竞选中，他的策略是尽量避免同底层民众的利益产生冲突。这使他赢得了不少底层民众的选票。

布朗并没有把里根放在眼里，他对这个演员出身的候选人充满了不屑。在与里根对决之前，他不仅击败了美国前副总统尼克松，还在同国会参议员、著名共和党人威廉·诺兰的角逐中获胜。面对这个好莱坞过期明星，布朗认为取胜会不费吹灰之力，他还就里根的演员身份对其进行猛烈攻击。布朗想借助演员的身份来抹黑里根的候选人形象，谁知却适得其反，人们不但没有对里根的从政能力表示怀疑，反而更加支持他了。

布朗在竞选中，总是露出一副得意洋洋的心态。里根很清楚自己的实力，他意识到布朗犯了轻敌的大忌。可布朗只是表面上一副志得意满的样子，事实上，他面临着很多麻烦。在众议院，同为民主党的议长杰西·乌恩鲁非常反对布朗的执政。乌恩鲁是个精明强干而又野心勃勃的人，曾多次否决布朗的纲领。另外，布朗在民主党和共和党中，都不得人心。他们都认为布朗是一个优柔寡断的政客。在人们中间，还有着这样一种传言，说布朗的决议通常是取决于最后给他建议的那个人。

而事实上，布朗从政期间确实出现了很多问题。对于加利福尼亚大学的学生运动，他的处理方式也不当。加利福尼亚大学的学生由于对学校领导不满，最后发生暴乱。最终学生们接管了学校办公室。这件事的影响十分恶劣，当时布朗没有立刻作出有效的决策。相反，他还故意拖延时间，希望学生自己们去解决这件事。这使人们对他的不满更深了。最后，虽然他派加利福尼亚州巡警把学生们赶出了学校办公室，但人们却指责他行动太慢，还有人说他不应该对学生使用暴力。

布朗在种族问题上也留下了诟病。在 1966 年 3 月，瓦茨又一次爆发了大规模骚乱事件，当时布朗正乘飞机飞越丹佛。他在华盛顿度过了周末，之后返回加利福尼亚首府萨克拉门托市。当他听说有骚乱事件发生后，不但没有赶到事发地点去解决问题，反而说服飞行员把飞机开到洛杉矶。这次事件让选民们想起在 1965 年的瓦茨骚乱事件中，布朗在国外度假没有回来，从而导致 34 人在骚乱中死亡。同年 9 月，警方开枪打死了一个逃跑的偷窃汽车的嫌疑犯，因此又发生了一场新的骚乱。连续不断的骚乱事件使加利福尼亚州人民对布朗政府失去了信任。

而布朗一直抓住里根曾是一个演员的小辫子，在竞选辩论上对里根大肆攻击。他说里根只会演戏，没有任何的政治经验，根本不适合当州长。里根立刻对此进行反击，他的手段很巧妙，在演讲中多次提到："我不是个政治家，而是一个普通公民，政府给我们带来了许多麻烦，现在到了该解决的时候了。"

布朗请参议员爱德华·肯尼迪帮他在加利福尼亚州竞选，爱德华·肯尼迪是个很有影响力的民主党人。布朗自己则不断地在各处举行演讲，可是演讲内容总少不了一个陈词滥调："里根只是娱乐界的一个演员，从未担任过政府官职，现在却突然想谋求加利福尼亚政府的最高职位，他是因为不想失业才这么做的。"对于这件事，里根找到了新论点并用来反驳布朗。加利福尼亚接纳了一个新的国会参议员，他来自马萨诸塞州，在此之前他从未在政府部门任职。里根在演讲中提到了这名新的参议员，向公众表明经验不是成为合格州长的决定性因素。

布朗还批评里根只是一个熟练背诵别人演讲稿的演员，他的演说同在拍摄电影中背台词没有本质区别。虽然他的演讲内容很精彩，但那可能都是别人的手笔；对于这个攻击，里根无法跟他辩解。因为他不能站出来对听众说演说稿是他自己写的，况且即使那样说了选民也不一定相信，可对于布朗的这个攻击又不能坐视不理。于是，他提议等他演讲时，可以让一些观众当场提问。然后他再对每个问题讲上几句话，这样就能打消选民对他是否背诵演讲稿的疑虑了。他的竞选团也很支持他的这个建议。事实证明，里根的这个提议十分正确。自由提问不但让里根摆脱了人们对他是否背诵演讲稿的怀疑，还让人们知道他能即兴回答。里根对每个问题都会略抒己见，但避免深入谈及，只说出大概的解决方案。正是这种巧妙的处理方式使得没有人能挑出里根的毛病，他的回答让人们很满意。

其实里根的演员生涯对他也起到了一定的积极作用，因为很多选民还是很喜欢他的电影的，更何况里根扮演的角色几乎都是正面人物，这对他州长候选人的形象也是有帮助的。但里根知道，只让人们喜欢他的电影和人格是不够的，他必须使人们确信他可以在州长的位置上能做出更大的成绩。

为了利用自己当演员的优势，里根还请了一班好莱坞明星朋友来帮助他竞选。由于这些人的出现，里根对人们的吸引力就更大了。里根在电视节目中也能发挥自如，他曾是演员，还曾做过主持人，现在他的角色是帮助民众脱离困境的政治人物。

在与布朗的较量中，里根重新提出了自由信仰和传统的价值观念。他说，现在的州政府已经不再是人民的仆人，而成了作威作福的主人。政府向人民征收重税，吞掉了劳动人民的大部分收入。他还说，政府对有关民众切身利益的社会福利基金管理很不善，使那些不努力劳动的懒汉能轻易地骗取救济金，过着舒适的生活，却让勤劳的人更加贫困。另外，政府制定出的各种规章制度，给企业的发展也带来了障碍。里根最后补充说，解决加利福尼亚州所存在问题的关键是要提高民众和政府人员的意志力。如果领导人意志软弱，就会造成社会局势混乱，导致恶人当道。

在竞选中，里根竭力给人留下这样一个印象：他是一个真诚而求实的人，来自社会的最底层，对基层选民所关心的事很有兴趣。

里根最终打败了布朗，赢得了58%的选票，以压倒性的优势登上了加利福尼亚这个黄金州州长的宝座，成为加利福尼亚州的新首领。里根赢得竞选后，布朗并没有结束对里根的攻击，他和几位新闻界的朋友一起造谣说里根之所以能赢得竞选，是因为保守派和自由派的支持。但事实上不是这样，里根的支持者大多来源于共和党与民主党内的中间派。

4 新官上任

RONALD REAGAN

经过艰难的角逐，里根终于当上了加利福尼亚州州长。他的州长之路才刚刚开始，周围的人就指望他有一天能够登上总统宝座。因为他确实非常有才能，而且当的是“黄金州”的州长。

加利福尼亚（简称“加州”）位于美国西部，是美国第三大州。自 20 世纪 60 年代以来，加州开始飞速发展，现已成为美国 50 个州中经济最繁荣、人口最多的一个州，它南邻墨西哥，西濒太平洋，因此又被称为“黄金州”。加州的政治地位在全国也是最重要的，很多人认为加州州长是最有可能成为美国总统的人选。里根有了加州州长的政治经历，对他以后竞选美国总统是很有利的。

虽然目前加州经济飞速发展，但与其他州相比，它的发展却较其他州晚了一些。它是 1850 年才开始起步发展的，当时加州的经济在全美排第 31 位。加州的海岸线很长，南北伸展 84 英里，气候温和。它有便利的交通线，矿产资源丰富。1848 年，地质学家在这里发现了金矿，于是淘金者们蜂拥而至。在淘金者们的推动下，加州的经济迅速发展起来。1869 年，一条横贯美国大陆的太平洋大铁路建成了，加州成了这条铁路的终点站。加州名城旧金山也渐渐繁荣起来，成为一座美国名城。然而好景不长，1906 年，一场大地震瞬间毁掉了旧金山，一座繁华城市变为一片废墟。近 3 万座建筑物被毁，25 万人无家可归。不过，每当战争和灾害降临时，加州人民的凝聚力都空前增加，加州总能在灾后迅速恢复和发展起来。

在开发加州的历史中，“华工”功不可没。从 1849 年开始，加州的中国工人越来越多，他们大都是广东沿海的贫民，为了生活，不得已越过大西洋来到美国西海岸。据调查人员统计，到 1851 年底，加州的“华工”人数已经超过了 2.5 万人。此后，“华工”的人数有增无减。在 1852 至 1855 年这段时间里，每年都有不下 3 500 名华工抵达加州海岸。“华工”开发了以旧金山为代表的美国西部的许多城镇，为太平洋铁路的修建也作出了突出贡献。太平洋铁路曾是美国交通的大动脉，极大地促进了美国经济和文化的发展。但这条铁路的修建十分复杂，要穿过各种地形，越过高山和险川，途中还要跨过人迹罕至的原始森林和大草原。当时的铁路建筑工人总共有 1 万名，“华工”在其中占多数，是主要的建设力量。铁路的修筑工作极为艰苦——严冬时，工人们要在积雪达 5 米厚的高山上筑路；盛夏时，在烈日如火的沙漠里，他们依然要坚持赶工。工人们风餐露宿，每天工作长达 12 个小时。美国著名工人运动领袖福斯特曾在一次演讲中说：“在美国西部地区的发展历史中，永远记载着中国工人的杰出贡献。”

旧金山这个名字也是当年的“华工”起的，因为后来在澳大利亚的墨尔本又发现了新的金矿，所以，他们把这个早年的掘金城市称为旧金山，墨尔本则叫做新金山。

在 20 世纪初，加利福尼亚又发现了丰富的石油蕴藏，于是投资者们纷纷赶到这里，使加州的经济又上了一个新台阶。第二次世界大战结束后，加州的工农业迅猛发展起来。在不到 30 年的时间里，加州已成为全美国最重要的工农业城市之一。加州的工业大都与国防尖端武器有关，如电子、宇航、导弹、电气等。一些大型机器制造厂都设在加州，其中还有美国最大的飞机制造公司——波音公司。加州的农业发展非常全面，除传统的畜牧业之外，木材业也十分兴旺。世界闻名的加利福尼亚红木森林是加州的经济支柱之一，这里的木材售价十分昂贵，远销世界各地。加州农产品多达 250 种以上，几乎全部用于出口。这些贸易出口也为加州带来了滚滚财源。加州的农业年收入高达 120 亿美元以上，占美国农业总收入的 10%。

美国的总人口数大概在 2.2 亿左右，加州占其中的 10% 以上，人口有 2 300 多万。加州经济总额也占全美经济的 10%。无论是从人口方面还是经济方面来说，加州都超过了美国的其他大州。但从金融实力上讲，加州的西部财团还无法与纽约的东部财团相抗衡，因为东部财团发展得很早，而加州发展比较晚。

后来，加州的外来移民开始大量减少。接着，人们的清闲日子也结束了，和煦的加州阳光、好莱坞的魅力也不能阻止环境污染的加剧、城市交通的拥挤，以及年年攀升的犯罪率。到 20 世纪 60 年代时，加州的工业开始出现大滑坡，就连欣欣向荣的宇航业也开始减少生产，解雇工人。加州经济开始进入严重的萧条期。

里根就是在这样的背景下开始了加州州长的工作。就在获知里根当选州长的那天晚上，里根的孩子们在家里为他举行了一个庆祝会。女儿帕蒂没有参加，她留在学校里，当里根打电话告诉她他已经成功当选加州州长时，帕蒂哭出了声。作为一个 20 世纪 60 年代的孩子，和同时期的孩子一样，帕蒂的思想中流行着反对现存体制的思潮，她不愿看到有家庭成员在政府中担任职位。

里根的竞选成功确实在不同程度上改变了家里每一个人的生活。当里根决定竞选州长时，他对结果没有做过多的考虑，并不在意是否会对自己有什么好处。他的工作重心在于重振共和党，参加竞选也是为了党内的团结和大局着想。没想到他最终竟成功地打败了现任州长，原来的平静生活一下子宣告结束了。

由于要搬进加州州长的住宅，里根在不到两个月的时间内就把自己原来的房子处理掉了，连新买下来的大牧场也拍卖了。

1966 年 11 月初的一天晚上，共和党为里根竞选成功开了一个盛大的庆功会。所有的重要人物都到场了，银行家巨头、企业家巨子、好莱坞的影星们，还有里根的竞选班子，大家济济一堂，热烈庆祝共和党的胜利。理查德·尼克松也专门赶来捧场。每个人都兴高采烈，席间觥筹交错，充满了欢声笑语。

里根竞选州长时的一位最早支持者——石油资本家萨尔伐托利，端着酒杯走到里根座位旁，大声地向所有的客人说：“向未来的美国总统致敬！”真是无巧不成书，当里根的妻子南希从广播里听到竞选获胜的消息时，也兴奋地说：“事情还没结束呢！我们将来要去的地方是白宫。”尽管南希曾一度反对里根参加竞选，而此时她也开始对政治感兴趣了，还梦想着有一天能进白宫。

1967 年 1 月 1 日之前，里根已经带着家人来到了加州首府所在地萨克拉门托市。萨克拉门托位于旧金山的东北部，距离旧金山大概有 100 英里。它四面环山，有“中央山谷”之称。这儿的风景非常优美，有 3 条河流在这里交汇，物产也很丰富。萨克拉门托市是加州的第七大城市，主要工业有电子、计算机制造业。

按照美国惯例，新上任的州长都是在元旦那天就职，宣誓时间一般不超过午夜。当时，加州的前任州长布朗正在州长官邸等着里根就职，好与他办理交接手续。可是里根却把就职宣誓的时间安排在了午夜之后。对于这种安排，外界有种种说法：

有人说，按美国惯例，继任州长正式接任时，前任州长是有权利用元旦午夜后的时间来安排一些政府官员的，因为这时一些州政府官员也和前任州长一样任职期满，需要调换。所以这些人说里根安排午夜后宣誓，就是希望把这段时间占住，以防布朗安排自己的人在州政府。

也有人说，里根与南希比较相信星相学，他们看到有的星相书上说“那天午夜后的时辰比较吉利”，所以把就职时间往后推了。

里根对人们的种种猜测非常生气，他解释说，他改变就职时间是因为就职典礼和当天转播的棒球大决赛产生了冲突。为了不让别人胡猜乱想，他干脆把就典礼仪式安排在午夜后很晚的一段时间里。

不管是哪种说法，总之，里根是在元旦的午夜后宣布就职的。一朝天子一朝臣，他在自己财团的支持下，选拔了自己的领导班子，然后开始了他宏伟的加州经济发展计划。

里根领导班子的人选大部分都是财团推荐的。比如当地金融界领袖霍姆斯·塔特儿曾是里根竞选的支持者，在里根的竞选中出过不少力。里根就职后，他马上要求里根接纳他提供的30余名政府官员在州政府中担任要职。一连几个星期，里根都在为这件事忙碌。每天至少拿出10个小时和这些人碰面，并决定他们能否胜任本职工作，同时不断寻找其他的合适人选。

在里根担任州长期间，他还让大约200名企业家成为政府内一些特别委员会的成员。在政府作出决策之前，他还需要向这些人咨询建议。因为这件事，里根承受了来自公众舆论的巨大压力。舆论评价说：里根同企业家之间的联系过于密切，过于依赖这些人，因此才会让这些工商界的人参与政府活动，而这些人也从中谋得不少好处。对于舆论的指责，里根并没有完全妥协。他认为政府必须找一些优秀人员来做事，而且要依赖并信任他们，从工商业界招募人才没有什么不妥。最终他完成了组建班子的工作。

里根知道，一个州长要想作出明智的决定，助手的作用十分重大。因为他们要为州长提供周围世界中最准确最快速的消息。于是他还为自己选择了可靠的身边人，来帮他收集各方面的资料和信息。

班子组成了，里根开始让这些人去实行他的政策和目标。里根的管理方法简明扼要，这些曾经帮他走上州长之位的人，现在又开始为他管理一个美国最为庞大的“黄金州”。里根把所有的工作都分派给他的班底成员，有人对这种管理模式十分不理解，但里根认为这才是他的工作作风。

里根认为州长不可能一一过问政府机构中发生的每一件事，他只需制定出一套全面的政策和总体规则，并把他的思想传达给他的助手们，告诉他们应该去做什么事，然后再把权力交到他们手上就行了。里根还说：一个主管官员不应该死死盯着某个项目的执行人，并告诉他下一步该怎么做。州长的职责在于：规划出明确的目标，找到最优秀的人才去实现这些目标。不管他们采取什么样的解决办法，都不要横加干涉，只要他们用心做事就好。州长应该匀出一些空闲时间，以便那些下属碰到难以解决的问题时能够及时出面，与大家一起加以研究解决。但如果有人做不到尽职尽责，里根就会立刻找到一个更合适的人取而代之。

里根作为一个“平民政治家”，尽管在初入政界就取得了一个大胜利，可他心里十分清楚，他现在的工作要比在好莱坞复杂得多。在竞选时，他曾激烈地抨击了政府的种种不是，现在他自己也成为政府中的一员，而且是最重要的一员，眼下无数的艰难险阻正等着他去处理解决。

5 加州财务问题

RONALD REAGAN

里根从民主党人的手中接过了加州的管理权，面临的第一个问题就是前一年的巨额财政赤字。民主党人对财政赤字应该负大部分责任，但他们要了个花招，将赤字划入下一个财政年度中，这样他们就把这个麻烦甩给了里根。当时，加州政府的财政情况和大萧条时期面临的状况相差无几，作为新任州长，里根必须采取措施结束这种局面。

里根发表就职演讲时，曾向加州人民承诺，虽然政府面临严重的财政困难，但他一定会把竞选时允诺减税的事情兑现，并想尽一切办法使加州的财政问题尽快恢复正常。里根对选民许诺的是通过压缩政府机构、裁减不必要的政府官员来减少行政开支。他想出这个办法时，就知道实施起来并不容易，因而他早就有了心理准备。可是没想到，事实比他想象中的要困难得多。

每天早上，里根都要早早赶到办公室。那时，总有人站在他的办公桌前等他解决一大堆棘手的新问题。前政府丢下的是一个烂摊子，里根必须把它重新恢复正常。一个班底成员向里根交了实底，现在加州的财政赤字至少为2亿美元。里根作为新州长，必须在两周内向州议会递交一份收支平衡的预算单。加州的平衡预算时间与联邦政府不同，在每年的7月份，现在这项难缠的工作落到了里根头上。

正如在竞选时所说的那样，里根开始实施他的节约计划——强行削减州政府各机构的预算。

里根智囊团的一位成员史密斯向里根提议：政府各部门应削减经费10%，这样就能达到收支平衡，里根马上同意了这个建议。但史密斯和里根都没有考虑到政府经费的具体情况，他们的方案并不符合实际，甚至有些愚蠢。

里根的第一个行动就是冻结公务人员名额，防止各个部门的职员辞职或退休时有人顶替他们的位置，为缩减政府人员做第一步的准备。智囊团的另一个成员巴塔格利亚认为政府公职人员不像私人公司里的雇员那样卖力，所以他建议里根让州政府所有职员在林肯和华盛顿诞辰纪念日时放弃休假，自愿加班工作。里根对这个建议十分赞同，立刻批准了。但是公职人员认为义务上班简直是对他们工作的一种侮辱，所以只有不到2%的职员在这两个假日来政府上班。里根还拍卖了帕特·布朗在任时州政府所属的公务飞机，州政府公务员的原有旅行假期也被取消，几个耗资巨大的建筑项目全部勒令停止，政府内部暂停购买新的汽车和卡车。

当这些计划实施以后，里根就同州议会陷入了激烈的争执之中。在各种压力下，里根的强行节约计划收敛了一些，一些更严厉的措施也没有实施下去。

下一步就是解决关于福利欺骗的问题。里根的专家小组试图通过行政改革来减少福利欺骗，同时提高福利计划的效率，但这项措施同样遇到了阻碍。监督福利计划的公务员决定降低他们的工作承办量，因为他们的利益也受到了威胁。迫不得已，里根同专家小组就福利计划的事进行了激烈讨论，最后想出的办法是：彻底重写加州福利条例。

以前，加州的福利资格标准过于宽松，使许多并不贫困的人钻了空子。据统计，在1960至1970年期间，整个加利福尼亚州中接受福利救济的公民人数较往常增加了4倍，总人数达到两百余万。在占全国总人口10%的情况下，加州的福利救济人数却占了全国的16%。对于那些有工作能力的人来说，这不失为一个极具吸引力的地方，因此他们可以毫无顾虑地辞掉手头上的工作，坐在家里等待政府救济。

在里根的第一届任期内，他曾对福利问题做了专门调查。结果发现，如果不对漫无节制的福利开支采取有效措施，那么即使他填平了前任州长布朗任内留下的赤字，缓解了财政混乱的情况，高速增长的福利开支也会在短时间内让政府重新陷入困境。

里根的领导班子还认识到，泛滥的福利措施还使得人们失掉了最宝贵的东西，即艰苦奋斗和自食其力的精神。总之，对于美国家庭来说，当前的福利制度存在着很大的弊端。甚至有些十几岁的女青少年在种种原因下选择了独立生活，一旦她们发现自己怀孕，立刻就可以从政府那里得到一笔数目可观的福利救济金，她们甚至不必等到孩子出生就能得到这笔钱。有了政府的供养，她们就能够自己租单元房，如果她们想增加一点收入，只要再次怀孕就能办到。这些做法形成了恶性循环，有些女孩子为了得到救济金，故意让自己怀孕。

那些担负家庭重任的父亲们也会因为福利制度而产生不工作的想法。也许他们本来有一份不错的工作，可以养活一家老小。但是政府的政策是这样的，如果他丢下家庭不管，那么他的家庭就可以因此领到一笔丰厚的救济金，总数甚至高过他的工资，这样一来，他丢下工作反而能使家里过上好日子。

这种福利计划不但是滋生道德败坏的土壤，而且使一代又一代的人陷入一种恶性循环：不断地乞援，丧失摆脱困境的勇气。里根认为，政府对这样的情况应该负主要责任。

里根坚信政府有必要去照顾那些无力供养自己的人，如果他们的拮据状况不是因为自己的过失所引起的话，那么政府应该支持帮助这样的人。但这种毫无限制的福利计划却使那些有潜在生产能力的人甘愿依靠施舍救济来生活，而不愿自食其力。政府的救济也助长了他们没有止境的依赖心理。在某种程度上说，他们在接受救济的同时，也失去了自尊。现在，里根要把他们从这种醉生梦死的状态下解救出来。

一些保守派的人士给里根施加压力，要他把福利制度改革到底，甚至彻底取消。里根没有接纳他们偏激的意见，他认为不能取消那些合理的救助款项。因为社会上永远存在着真正需要救济的人，像那些贫困潦倒的老年人、盲人或是其他残疾人。里根不是要否决所有福利，而是要改掉那些不合理的福利，把政府的福利金从那些不该得的人手中拿回来，并帮他们跳出坐享其成的圈子。

另外，州议会的民主党人还认为福利开支确实太庞大了，政府必须着手加以解决，但他们想出的办法是再一次大幅度地提高税收，这个办法无异于把更多的钱倒进一个无底洞。为了让福利改革能够顺利通过，他不得不动用人民的力量去解决问题。里根组织起了由加利福尼亚州的58个县临时组成的委员会，对议会施加舆论压力。

在舆论的压力下，州议长鲍勃·莫雷蒂来到里根的办公室，跟他商议有关福利改革的事。他们两人的讨论工作几乎持续了一个星期左右。这段时间之内，鲍勃·莫雷蒂和里根几乎是日夜不停地工作。在他们的共同努力下，一个一揽子福利改革方案终于浮出了水面。整个方案削减了高达几亿美元的福利支出，对于那些真正的贫困者，救济金的额度则提高了。

通过缩小救济人群和减少福利欺骗，加州的福利体系开始走上正轨。平均每月能减少 8 000 件福利申请。加州从此摆脱了“福利大本营”的帽子。

里根在得到联邦政府的许可后，开始对他的福利改革做善后工作——为那些曾经领取福利金但有工作能力的人寻找就业机会。里根把这件事同加州各级政府的人员做了商讨，请他们造访一些富翁，看能否争取到一些职位。事情进展得十分顺利，里根收到了各种各样的肯定答复。这个改革计划终于大功告成，那些有工作能力的人被指派到适合他们的职位上，用自己的劳动来获得收入。有些人学会一些工作技能之后，就转到了待遇更好的新岗位上去了。

里根这项福利改革措施的出台，对人们恢复自食其力的状况起了很大作用。整个加州有 7.6 万人扔掉了福利证，开始依靠工作来维持生活。他们当中有不少人给里根写信，向他表示谢意，同时对这项改革措施表示赞许。他们说工作使他们恢复了自尊，这是他们在领取救济金时不曾体会到的，现在，他们正用努力工作来回报政府曾经对他们的救助。

里根很相信这些人说的话，工作的确能给人带来尊严。他又想起了大萧条时期的一些事情，里根的父亲曾代表政府帮助那些失业的人找工作。当这些失业人员得到工作后，他们脸上流露出来的笑意让里根永生难忘。

里根还计划从精神病院下手，以节约资金。当时，美国已经开始运用镇静剂来医治精神病人。由于镇静剂的用法简单又方便，所以很多精神病人不再去大医院治疗，而是转到一些小医院接受治疗。在加州，这种情况更为普遍。州精神病院的住院人数从原来的 3.3 万人降到了目前的 1.9 万人。这个数据结果让里根发现了新的节约手段，他决定缩减州精神病院的费用。但是这可并不是一个节约的好办法，也不符合精神病院的实际情况。精神病院的经费困难已经持续了好几年，虽说住院人数少了，但那些需要用大量资金的重病号并没有因为镇静剂的应用而减少。里根的这一计划无疑使原本经济就困难的精神病院更加难以维持。医院里的医生、护士和技术人员为此同政府人员进行申辩，可里根因为急于节约资金，没有采纳医院人员的建议。

里根的领导班子还计划解雇 2 800 名精神病院的医务雇员，留下 900 个职位留待以后慢慢缩减。不过，里根对这一计划毫不知情，虽然他本人热衷于削减费用，但对裁员问题始终保持谨慎的态度。因为他的父亲曾在大萧条的一个圣诞节里被老板解雇，那种痛苦的经历让里根一直记忆犹新。那段经历对他的执政产生了很大影响。在他任州长期间，他竭力扩大就业率，避免裁员。

里根的节约措施取得了一些进展后，便对公众说他还会更加努力，但是他也意识到节约开支并非那么容易。在庞大的政府开支中，别说是节约 1 亿美元，就是节约 100 万美元都是相当困难的。里根在同旧金山一批商人和自由职业者谈话时，提到了他在政府中采取节约措施后的成果：他已经节省了约 20 万美元的经费，可他面临的却是 2 亿美元的亏空，他的节约措施对于严重的财政赤字来说简直是杯水车薪。

虽然里根的节约工作收效甚微，但却赢得了公众的赞许。加州人民很信任这位新上任的州长，希望他把节约措施坚持下去。

州政府的各项工作要顺利展开，就必须有强大的经济支柱。因此，里根在迫不得已的情况下，把州财政预算从46亿美元提升到了102亿美元，加州人的纳税负担也由426美元增至768美元，增长速度居各大州之首。

经过一系列节约、加税措施之后，里根终于使州财政预算得以平衡。而里根任州长的第二年，加州的财政预算不但实现了平衡，还有了盈余。州财政主席温伯格总结了当年的财政情况，向里根报告说，州里的财政情况不但大为好转，还有1亿美元的预算盈余。里根很清楚，州财政之所以有这么多的盈余，是他实行增税法案和节约措施取得的巨大成果。他终于摆脱了布朗任内遗留下来的高额预算赤字的窘迫状况。

对于这笔预算盈余，当时政府里的很多议员还不知道。政府机构有这样一种恶习，如果州里出现了一笔闲置的钱，马上就会有很多人想尽办法花掉它。官僚体制最可恶的地方就在于不断地从人民手里捞钱。当政府官员发现他们还没有花完预算内的所有钱时，他们就会赶在年底把这些钱花光——或是用这笔钱购置新的办公用具，或是作为休假旅游的费用，或是以其他名目花掉这笔钱。

里根对政府机构这种恶习，早已有所耳闻。因此，温伯格向他提议，可以用这笔钱把砍掉的工程和计划重新列入实施中。因为里根在执政的第一年里，由于财政赤字的巨大压力，他砍掉了很多要做的工程和计划。而且温伯格催促他尽快作出决定，否则让议会知道政府存有这笔钱的消息，就会同政府争这笔钱。里根当即作出了决定：把这笔钱返还给纳税人。温伯格对此很疑惑，说从未有州长这样做过，里根回答说那就从他开始吧！

里根知道有关盈余的消息如果泄露出去，议会不但不会赞同他对待这笔盈余的处理办法，而且一定会同他争这笔钱。因为议会里的议员们早已习惯了剥削，在他们的眼里，纳税人就像摇钱树一样，一摇就有钱。于是，里根决定赶在议员获悉这个消息之前就采取行动，最好的方式是通过广播电台把退还税款的事告诉加州人民。1亿美元可不是一个小数目，差不多是加州正常税收的10%。里根还想到了返还这笔钱的最佳途径：加州人在来年交税的时候，只需缴纳他们原本承担税收的90%就可以了。

这件事办好后，议员们才得知这个消息，一个个气得暴跳如雷。可是，此时已经于事无补了。里根返还税款的决策曾多次出现在他的任期内，一旦财政出现盈余，就立刻把它返还给人民。他认为这些钱本来就是纳税人的，返还给他们，也是理所当然的。

里根在财务问题上的成就是有目共睹的。他成功地使预算达到了平衡状态，收拾了布朗留给他的这个烂摊子。他不但精简了政府人员和机构，还注重提高政府人员的素质，使政府的工作效率大大提高，机构膨胀问题得到了进一步控制。

里根对政府的管理还采取了放开权力的方法，他把政府的权力交还给地方社区，让地方部门自己管理自己的事情。

在加州有个惯例，州长有权否决议会的提案。里根在执政期间一共否决了议会的943次提案。对于那些需要他签署的提案，里根有他自己的原则。提案中的内容对政府的确有益的，里根就会批准；如果耗资太多，里根就提出把开支削减到一个合理的水平，然后予以批准。在签署每个提案前，里根都要考虑政府收支平衡这个大前提。

后来，里根当上了美国总统，就地位而言，加州州长与总统的位置无法相比，但总统有一个方面却不及加州州长——总统没有否决权。所以，当里根任总统时，对他当加州州长时拥有的否决权十分怀念。

6 学生运动

RONALD REAGAN

在里根刚刚就任加州州长的时候，他面临的另一个非常棘手的问题就是学生示威运动。引起学生运动的最主要原因就是美国政府发起了“越南战争”，学生们认为“越南战争”是一场不正义的战争，于是纷纷举行游行，抗议政府的行为。

最先出现学生运动的学校是加利福尼亚大学伯克莱分校。当时有些学生在校园内组织政治活动反对“越南战争”，而遭到校方的禁止，于是学生们纷纷抗议。抗议活动迅速得到了大批学生的响应，并很快影响到全美国的其他大学。

在前任州长帕特·布朗时期，学生已经发生了几次动乱，布朗曾动用武力平息了一些小型的示威运动，但这只是暂时的，问题仍然没有彻底解决。里根上任后，这些学生运动更频繁了，示威者引发的暴力事件接连不断。就在里根上任后的几个月内，加州大学伯克莱分校就发生了 8 次爆炸和未遂爆炸事件；警方还在示威运动中缴获了 200 多支手枪，近千颗甘油炸弹和燃烧弹。

里根认为，这场运动的主要原因不在学生，而是一些骚乱分子在捣鬼。这些骚乱分子心怀鬼胎，煽动一些不明内情的学生同政府对抗，同时还迫害那些不愿与他们为伍的学生。对于这些运动，里根采取了和布朗一样强硬的手腕，即动用武力制止骚乱。“要么服从规章制度，要么滚蛋”，这就是里根州长的态度。

但示威运动越来越激烈。1969 年春季的一天，2 000 多名暴徒在伯克莱大学附近袭击了一队警察，双方发生激烈冲突，最后导致 47 人受伤。当时，伯克莱大学校长给里根打电话说，他现在无法管制他的学生，请求里根派国民警备队来处理这件事。里根立刻答应校长的请求，派出大批警备队员来维持秩序。

面对州政府的大力镇压，骚乱分子并没有就此收手，仍有不断袭警的事件发生。最严重的一次发生在 5 月 15 日，示威者用催泪弹的弹壳袭击警察，并向他们投掷石块。警察因为害怕引起伤亡事故而没有开枪，但情况却对他们很不利，示威者把他们重重包围起来，眼看一场肉搏战就要发生了。幸亏国民警备队及时赶到，使用催泪瓦斯驱散了人群。

这次事件伤亡惨重：一位名叫詹姆斯·雷克托的年轻人不幸中弹身亡，现场数十人受伤，数百人被捕。这给附近的居民带来了极大的恐慌，人们担心示威者影响到他们的正常生活。里根立刻对这一地区加强了警卫部署，以免类似事件再度发生。对这次事件中的死者雷克托，里根深表惋惜，但他相信国民警备队已经尽了最大的努力避免伤亡了。

就在政府和学生之间激烈斗争的时候，加利福尼亚大学 9 所分校的一些学生运动领袖来到萨克拉门托，要求见里根。里根对他们的到来表示高兴，因为他非常想听听学生们的真实想法，但是他没法到学校里去，因为担心学生们会立刻把他轰下讲台。

当里根见到这些学生时，着实吃了一惊。这些学生不但衣冠不整，还态度傲慢——有些人不但光着脚，还穿着故意撕破了的 T 恤衫。他们见到里根时，没有一个站起来表示欢迎，都沉默着坐在原处，有人还懒散地将大腿摊放在地板上。

一个领队的对里根说："州长，我们想同您就一些问题进行探讨，但事实上您对我们这代人是不可能理解的，因为你们这一代人甚至也不理解自己的孩子。您那个时代的观念太陈旧了，而我们则生活在一个科技高度发达的环境里，以前需要几天才能解决的问题，现在通讯卫星和计算机在几秒钟内就能解决，人们还能够登到月球上旅行，乘坐先进的喷气飞机周游……"这个人夸夸其谈，里根只得趁着他喘气的间隙说道："你说得完全正确，我们成长的年代确实没有这些玩意儿，可是我们发明了它们。"里根的一席话让这些学生哑口无言，最后他们怏怏不悦地离开了州长办公室。

里根动用武力解决骚乱事件遭到了很多人的反对，但也有一些支持者，里根对他的支持者表示感激。一次，里根到加利福尼亚大学圣迭戈分校出席一个会议。当里根的车到达会议地点时，发现会场外已经聚集了一大群示威者。特工人员怕里根有危险，叮嘱里根待在车里别出来，然后开车绕过示威者，从后门进会场。里根觉得这样做似乎是对示威者的妥协，毅然决定就走前门。司机将里根的车停在停车场，里根走了很长一段路才到达会场门口。那条路一侧是一座小山，另一侧是一个缓坡，示威者就聚集在道路两旁，里根不得不从他们中间走过去。

当里根从他们中间经过时，这些人感到十分吃惊，都瞪眼看着里根，四周鸦雀无声，人们用沉默对州长表示抗议。里根虽然表面上看起来镇定自若，内心实则非常不安，因为一旦示威者情绪失控，他的安全就会受到威胁。

幸好，里根没有遭到示威者的袭击，但当他就要到达会场门口时，一位姑娘突然从人群中跑出来，直奔里根。里根一阵紧张，以为是示威者的报复行动。没想到那个姑娘来到里根跟前，激动地抓住他的手，并对他说："州长，我支持您做的一切决定。"听了这位姑娘的话，里根十分感动，并表扬了这位姑娘的勇敢。在里根从政的几十年里，每当他同别人产生分歧，或是难以作出决定时，他都会想起这个勇敢的姑娘，然后告诉自己要坚持对的观点。

其实，加州学生运动还有另一个原因，就是里根增加了大学学费。在里根上台前，加州的各所大学是不交学费的。但从客观上讲，这种"免费教育"不符合美国当时的实际情况。当时物价上涨，总体经济情况不容乐观，免费教育制度已经无法再坚持下去，但这个矛盾没有引起教育界的足够重视。里根上台后，立刻作出一项决定，对大学生每年收缴 400 美元的学费，与此同时，还将政府拨给学校的经费减少 10%。

里根的这一决定立刻引起了学生和教育部门的恐慌，学生们策划了一系列抵制运动。1967 年 2 月 9 日，加州大学的示威者来到州议会大厦，抗议里根的提议。两天后，美国教师联合会的示威人群也来到州议会大厦。但这次示威活动比第一次的反抗活动要更激烈一些，愤怒的人群狂喊着要推翻里根的口号。

因为刚从政，经验不足，里根坚持到示威者面前发表演讲。他说："女士们，先生们，如果这里有谁还称得上女士、先生的话，" 刚说了这么两句，底下就嘘声四起，很快把他的声音淹没了。里根不肯罢休，提高了嗓音又说道："人民有权利就对教育问题发表自己的观点，作为州长，我要代表本州人民……" 他的话还没说完，人群中就发出 "我们是人民" 的喊叫声，里根的声音又被淹没了。里根无可奈何，只好气愤地离开了人群，准备乘专机外出。在登机之前，里根对记者说："如果那些人代表了加州大多数学生，那就让上帝帮他们建设大学和学院吧！" 里根的这个巧妙评论轻而易举地帮他摆脱了窘境。当时，一些新闻记者把他的一举一动都拍成新闻短片直播了出去。

最后，里根同教育部门进行谈判，双方都做了让步，并达成共识：规定所有大学每学期收缴 200 美元的学费，走读生免交，因为他们在入学前已交了为数不小的一笔学费。

不管什么原因引起了学生运动，最终里根在这些学生运动中取得了全面的胜利，大学又恢复了平静，学校也接受了收缴学费的提议。但里根的 "铁腕" 政策使他在大学里一度遭到抵触。1972 年，里根为尼克松助选时，曾到哈佛大学演讲，遭到了学生们的辱骂和嘲笑。从那以后，里根有很长一段时间都不敢到校园去。

7 修改堕胎法案

RONALD REAGAN

在美国，妇女是否可以自由堕胎的问题一直都存在两种截然相反的看法，也一直是美国最具争论性的社会问题之一。许多州的法律都规定：禁止堕胎，除非为了抢救孕妇的生命，否则任何人不得堕胎；如果有人违法，那么将会被追究法律责任。

20 世纪 30 年代，美国一些妇女曾想使堕胎合法化，但未能成功。到了 50 年代，一些医生也开始暗中支持“自由堕胎”，但后来发生了几起非法堕胎的医疗事故后，这些医生害怕被追究法律责任，于是也就没人再敢暗中实行堕胎手术了。但是妇女要求自由堕胎的呼声从未消失，她们声称：如果不能自由堕胎，职业或者生活就都会受到影响。

60 年代，性革命在美国兴起，越来越多的美国人赞成应该在公立学校中设置“性教育课”。70 年代初，美国一些女权运动者发起了一场“女权运动”，倡导堕胎自由，并认为“自由堕胎”是妇女的权利和个人隐私。最后，这场运动以一宗“罗诉韦德案”的胜诉而结束。

1973 年 1 月，美国联邦最高法院审理了一宗历时将近 4 年的堕胎案。这起堕胎诉讼案对后来美国的堕胎问题影响极大。

事件的起因是：1969 年 8 月，美国德克萨斯州达们斯城一名 21 岁化名珍妮·罗的姑娘被强奸后怀孕。但她薪水微薄，居无定所，根本无力抚养孩子，要求医院为她堕胎。但在当时，德克萨斯州的法律规定“禁止堕胎”，否则将被处以最高达到 10 年的刑期。因此，没有哪个医生敢为她实施堕胎。眼看着肚子一天天大了起来，万般无奈之下，她求助律师帮忙。1970 年 3 月，在两位女权律师的帮助下，她向联邦地方法院起诉德克萨斯州的“堕胎禁令”侵犯了她的“个人隐私”。虽然地方法官支持她的诉讼请求，但地方法庭没有推翻州政府法案的权力。后来，她又向联邦最高法院上诉。美国联邦最高法院受理了这一案件，最终在 1973 年以 7 2 的多数意见裁定：否决了德克萨斯州“禁止堕胎”的规定。最高法院还裁定此项规定过于限制妇女的选择权。在多数人的意见书中还宣布：怀孕的头 3 个月，孕妇有绝对自由选择是否堕胎；3 到 6 个月，各州可根据实际情况适当控制；6 到 9 个月，各州可禁止堕胎，但根据实际情况，也可以堕胎。最高法院的裁决在美国立即引起轩然大波。支持者和反对堕胎阵营展开了大战。支持者包括全国妇女组织、全国堕胎权利行动同盟、计划生育会等；反堕胎者发表言论，强烈抨击最高法院的判决，与此同时，还成立了美国生命权利委员会、美国生命同盟、全国生命权利委员会等组织，并组织起了所谓的“营救活动”，决定与支持者战斗到底。这场论战持续了近

20 多年，涉及宗教、伦理以及人的生存权、价值观等深层问题。

1976 年，吉米·卡特当选为美国总统，坚决反对堕胎。4 年后，里根继任总统，也坚决反对堕胎。但是里根的性格中带有犹豫的成分，行事有时不够干脆。在任加州州长的时候，就因为这一性格使他处于两难境地。

1967 年，里根就任加利福尼亚州州长，刚上任就碰上了关于是否修改“堕胎法”的事情。当时，加利福尼亚州的州法律也规定“只有在挽救母亲生命的情况下，才可以做人流”。1967 年初，参议员贝伦森提出放宽“州堕胎法”的议案，认为如果不放宽限制，就会迫使更多的“妇女和姑娘们向非法堕胎者求救”，这样就会引发更多的医疗事故。这是贝伦森第三次提出这项修正案了。对上任没多久的里很来说，这确实是个新课题，也是比较棘手的问题。他本人是反对人工流产的，而且之前，这项修正案一直都没有被通过，让他不知所措。

此时，里根犹豫不决，有点表示同意的意思，但他的助手及加州首府很多人都不希望修正案被通过。经过一场激烈的和冗长的辩论之后，贝伦森打算就“放宽堕胎限制的修正案”在参议院司法委员会进行表决。这时，州政府传出话来，议案暂时不能表决，需要先归入缓办档案行列。

后来，“放宽堕胎限制的修正案”送到了里根的办公桌上。里根看着这个修正案，左思右想，不知如何答复。这时，支持这项修正案的州长联络官诺夫齐格来找里根，他知道里根这时正犹豫不决呢，于是很希望自己的想法能够影响到里根。他对里根说，里根的“犹豫不决”有两点负面效应：一是会令新闻界胡乱猜想，乱发议论，里根的信誉会因此受到影响；二是反对堕胎的人会因此对州长办公室重新施加压力。现在不如暂时发布一则新闻，对外宣称“州长是准备签署的”。里根采纳诺夫齐格的建议，于第二天发布了这则新闻。各大报纸对此发表了评论，设想了“修正案通过后”，可能会引发的种种后果。

政治阅历“年轻”的里根没有想到，新闻一经发表，就成为一种政治承诺，而这种政治承诺是一定要兑现的，否则就会动摇他的政治威信。为了保证自己的政治承诺，里根自己亲手对修正案进行了修改，签署了这项议案，使之合法化。

虽然修正案中明确了“不准母亲借口可能是畸形儿就实施堕胎……更不允许医生钻法律空子”，但之后的堕胎事件成倍增长。1967 年，即法令颁布的那年，全州就有 500 多人次实施了合法堕胎。到 1980 年，全州人工流产竟高达将近 20 万人次。里根开始意识到法令带来了严重的后果，为此他感到很不安。

但法案一经签署，就不能再随便被修改，为了稍微挽回一些负面影响，里根曾多次发表自己的观点：反对自由堕胎，认为堕胎就是谋杀。1968 年，当时贝伦森议案的负面效果还没有完全凸现，里根曾自豪地说，幸运的是他在议案中写有“母亲决不能因为没有发生的可能性，就借口堕胎”。1970 年，在《致亲爱的公民》的一封信里，里根又说：“那些草率地提倡自由流产的人，应该仔细思考一下，现在你们流掉的孩子，说不定将来会成为另一个林肯、贝多芬、爱因斯坦、爱迪生这样的伟人。”1979 年 7 月，里根认为“堕胎”是一种不负责任的表现，说“扼杀一次怀孕，就是夺取了一条生命”。里根一直反对无理由堕胎，一直到他当总统，这个做法一直坚持下来。

1981 年，里根成为美国第 40 任总统后，他发起一场运动来抵制人工流产。当时的情况是，随着里根的上台，美国共和党保守主义势力开始抬头。前面提过里根是坚决反对堕胎的，他的当政也使得“反堕胎力量”得以加强，支持堕胎的自由派开始转攻为守。里根就任之后，旗帜鲜明地反对“人工堕胎”。虽然之前的尼克松、福特、卡特总统也反对“人工堕胎”，但很少在言论上表现出来。

里根政府对“堕胎”问题的立场是：尽管堕胎问题颇具争议性，也不是一朝一夕所能解决得了的，但堕胎问题是关系到法律下人与人的权利是否平等的问题，美国必须通过一项宪法修正案来保护那些未出生胎儿的生命。

为了使“反堕胎”提议得到更多人的支持，里根及其支持者采取了下列措施：首先，制造舆论压力。他们将“堕胎问题”赋予浓厚的道德色彩，如果有人支持自由堕胎，那么他违背的不但是个人道德，还将背负公共道德的骂名，这一举动无形中给很多人施加了精神压力；其次，推动国会以宪法修正案的方式，来多方限制自由堕胎；第三，撤销那些支持自由堕胎的自由派人士的法官职位，任命反对堕胎的保守派人士为首席大法官；第四，限制对堕胎的公共补助，坚决反对使用公共资源补助堕胎；第五，让宪法第 14 条修正案的保护条款也能起到保护未出生胎儿的作用。他们还在《圣经》中找了个依据，以示自己的论点有更高的可信度。他们说：《圣经》教导人们尊重所有的生命，因为人的生命是“上帝”给的，只有上帝能够决定一个人的出生和死亡。

1983 年，离“罗诉韦德案”胜诉有 10 年时间了，里根发表了一篇题为《堕胎与美国的良心》的演说。他呼吁美国社会，合法堕胎是对生命的不负责任，“现在是必须终止这项法律的时候了”。因为“自 1973 年‘罗诉韦德案’宣判以来，这 10 年内，已有 1 500 万未出生的胎儿在合法堕胎中死亡。而以往我们国家所有战争中死亡的人数也只是这个数字的十分之一”。1984 年，里根的上述演说词被托马斯·纳尔逊出版公司汇编成书出版。

1985 年，里根成功连任。他仍在为反对堕胎的问题而努力。1988 年，美国卫生及人类服务部部长鲍恩执行里根政府的行政命令，发布了一个福利方面的条例：政府支持继续推行家庭计划，但坚决反对医院为“堕胎”提供相关的医疗咨询；美国卫生及人类服务部不得授权公立或私立机构，从事鼓励、助长或增进堕胎行为的活动。尽管里根在堕胎方面作了很多努力，但是成绩并不十分明显，这也成为他任期内的一个遗憾。

直到今天，美国每年大约有 150 万名妇女到医院堕胎。根据美国联邦政府的统计资料显示，每 10 名美国怀孕妇女中，就有 4 名是计划外怀孕的。这些“不速之客”的到来，是消灭他们还是让他们继续生存，仍然是一个遗留问题，更是一个严峻的问题。

8 关心黑人

RONALD REAGAN

在里根的州长任期内，黑人在社会上的地位得到了前所未有的提高。里根对黑人问题始终给予了极大的关心，这与父母对他儿时的教育和他自己的亲身经历是分不开的。

里根的父亲杰克曾经遭遇过种族歧视的问题。在他还没有长大成人的时候，经常看见一些商店的门口挂着这样的牌子：爱尔兰人与狗不得入内。从那以后，杰克就把种族污辱或者宗教对立视为最大的罪过。

在里根成长的那个年代，种族偏见大行其道，伊利诺伊州也是一样。在伊利诺伊州的电影院里，黑人不能和白人坐在一起，白人通常占据着雅致的位置，黑人则只能挤在楼厅里。但杰克夫妇却从来没有这样的观念，他们还经常教育两个孩子不要凭肤色判断别人，要看每个人自身的品性。杰克相信任何人都是与他人平等的，只有个人才能决定自己的命运，远大的抱负和艰苦努力是生活的唯一决定力量。

除了种族歧视，宗教间的对立也十分严重。在美国中部地区，天主教还是个宗教分裂的标志。20 世纪 20 年代初期，反天主教的保护主义十分盛行，天主教徒经常被和犹太人联系在一起。

由于杰克·里根是天主教徒，所以他强烈地反对这种偏见。尽管杰克夫妇对宗教间的对立十分看不惯，但他们还是教导里根兄弟要尊重别人的宗教观念。杰克是个天主教徒，所以他希望他的孩子也成为天主教徒。内莉尊重丈夫的愿望，让大儿子尼尔接受了天主教洗礼。但杰克对宗教并没有内莉那么虔诚，当小儿子里根长大后，他就同教会不怎么联系了。

当时，美国有一部非常流行的电影——《一个民族的诞生》，里面宣扬了一些种族歧视的内容，主要是三 K 党如何反对有色人种的事情。当这部片子到迪克森上映时，杰克和内莉不允许孩子们去看。尽管小里根十分喜欢看电影，但这部影片他从来没有看过。

杰克还做过一件让里根觉得十分自豪的事情。那是一年冬天，杰克在推销皮鞋的途中到一个小镇上的一家旅店投宿。在登记的时候，客房管理员对杰克讨好地说，他一定会喜欢住在这里，因为这家旅馆从来不允许犹太人留宿。听到这话，杰克十分生气。他大声地告诉服务员，他是个天主教徒，照这样下去的话，不久之后，他们也会拒绝天主教徒住店的。说完，就气呼呼地提起行李冲出了旅店。那是当地唯一一家旅店，杰克无处可去，最终不得不在汽车里挨过了一个寒冷的夜晚。杰克因此得了肺炎，后来还引发了心脏病。

里根小时候基本上是个乖孩子，很少打架。而少有的几次同别人拔拳相见的事，大都是因为种族间的偏见和歧视引起的。学校里的一些同学因为里根的父亲是一个天主教徒，就造谣说他父亲在教堂的地下室里私藏了很多武器，等到罗马教皇攻打美国时，他父亲就会用这些武器倒戈帮忙。里根把这些事告诉杰克，杰克说他们是在胡说八道。等里根把父亲的话转告给那些造谣的孩子们时，那些孩子反而说杰克是个骗子。里根听到他们侮辱自己的父亲，当即义愤填膺，同他们打了一架。从此以后，里根因为宗教出身问题，经常和别的孩子发生矛盾，这在某种程度上使他在学校里被孤立了起来。这种情况在里根步入政界后也没有好转。他可以容忍各种各样关于他的谣言，但如果有人诽谤他有种族偏见，他就一定会发脾气。他知道自己有很多毛病，但他从来不是一个有种族偏见的人。

在前面谈到，在上大学时，里根加入了尤里加学院的橄榄球队，在队里是一名后卫。队里还有一个队员，叫威廉·富兰克林·伯格哈特，大家都亲切地称他为“伯吉”。伯吉是个黑人，在队里担任中锋，在场上与里根的位置并排，里根毕业后他连续两年担任队长。有一次，球队外出打比赛，中途来到一家旅馆住宿，教练麦金奇先去联系住房。大家等了好长时间，也不见教练回来，于是就派里根过去问个究竟。

原来，教练和旅馆经理发生了争执，当旅馆经理得知队里有两名黑人队员后，坚决不予接待，还威胁说本地的任何旅馆都不会接待黑人。教练十分生气，一气之下就打算让全体队员将就着在大轿车里度过一晚。里根提议说，这样做会使黑人队员感到不安，认为自己连累了大家，其他队员也会感到不舒服。他提议，让伯吉和另一名黑人队员到他家里去住一晚，因为他家离这里很近，只有 15 英里。

教练刚开始并不信任里根，因为他曾亲眼看见迪克森人是多么地歧视黑人，而且他怀疑里根的父母也会持同样的态度，所以举棋不定。里根向教练打保票，说他的父母绝不会不欢迎他的队友，教练才勉强同意了，便悄悄地给了他往返的出租车费。在里根的家里，内莉和杰克热情地招待了里根带回来的队友。

当时，为了保护黑人队友的自尊，里根和教练对其他队员只是说“旅馆的人已经住满了”，所以把他们带到里根家里去住。不知道这个掩饰之词是否骗过了伯吉，但多年以后，伯吉和里根依然是朋友，直至伯吉去世。1980 年的总统大选上，伯吉投了里根一票。他经常对别人说，同里根在一起，他感到自己是被尊重的，还说他和里根互相仰慕。

现在里根成了加州州长，他决心为黑人做点事情。为了弄清楚黑人当时所处的社会状况，里根决定微服私访，去一些黑人居住区和墨西哥裔美国人的家庭了解情况。里根巧妙地避开了新闻记者，他不想惊动这群爱搬弄是非的人。这次访问大概用了好几个小时，里根来到一些私人家庭并和他们进行了友好的交谈。在面对面的谈话中，里根了解到了他们最真实的想法。有些家庭对里根的到来表现得十分热情，还邀请邻居或亲戚一起来看望这位新上任的州长。有几次会见，还出现了人满为患的情况，里根不得不把会见的地点转移到学校或附近的沿街大楼等一些更为宽敞的地方。

在走访中，里根听到最多的抱怨就是“黑人在州政府里不能够获得公平的竞争机会”。在之前的调查报告中也曾这样显示，黑人在州政府中没有担任过重要的职位，仅仅是充当看门人或者做些非常次要的工作，这种现象的主要原因是黑人在州政府的职员录取考试中受到了不公平的对待。

黑人同白人一样有能力，通过考试的几率不应该出现太大的差距。可政府对考试内容做了改动，白人的考试题目非常简单，而黑人的考试题目却非常难，故意不让他们通过。这样做的最终结果是“黑人就被政府拒之门外”。有时即使黑人通过了考试，政府也不会给他们安排好的职位，而是想办法让他们永远停留在一些低级岗位上。里根了解了这些情况后，立即改革了考试的相关评估工作，让黑人和白人在同一条起跑线上竞争。

这次访问还使里根对本州的政府部门有了新的认识。一个黑人对里根说，他很早就开始努力帮助那些领取福利救济金的年轻黑人寻找工作机会，他还把六七个年轻黑人送到州就业事务所登记。等到这些年轻人登记完，他问他们登记的情况，得知他们当中还有人没有回答完申请表上的问题就出来时，这个黑人就把他们带回事务所，帮助他们填完表格。可是等他们重新回到事务所时，却被告知不用再管那些申请表了。原来这些登记的年轻人刚走出事务所，他们的申请表就被事务所的工作人员给扔了。那名带头的黑人细心地发现，在房间角落的废纸篓里，刚才那些年轻人填过的工作申请表全部被扔在里面了。就此事，里根同其他的政府职员做了商讨，并给事务所施加了压力。最后，事务所的职员向里根保证，这样的状况将不会再出现在他们的工作中了。

里根还发现州内任用官员时，处处给少数民族设置关卡，这种情况让他很不满。于是，他通过一系列的努力，在政府重要岗位上安置了更多的黑人和拉美裔人。尽管如此，里根还是被莫名其妙地扣上了歧视黑人的帽子，有一种社会流言说里根只重视那些白人手下，对少数民族的助手则不闻不问。

针对这种说法，几个黑人领袖给里根打了电话，说要针对“黑人待遇问题”和里根进行一番正式的谈话，里根同意会见他们。这些黑人领袖一走进办公室，里根就从他们的脸上看出来者不善。里根同他们讲述了事情的真相，并说：“你们要是不相信，可以参观我的政府机构。我的政府行政部门已经出现了越来越多的黑人员工，这些新员工的数量比以前加利福尼亚州的黑人员工总和还要多。”一个黑人领袖说：“可你为什么不把这件事告诉美国民众呢？为什么不就此事宣传一番，替自己辟谣呢？”里根说：“我任命这些人做政府职员，并不是想宣传自己。如果这样的话，就变成了一种廉价的政治手段。对于这件事，我认为我只是做了职责之内的事，而且我挑选的这些人确实不错。”听了里根的话，这些黑人的态度缓和了下来，办公室里的气氛也变得融洽起来。这些黑人为自己误解里根表示歉意，并说他们以为里根是由于害怕得罪那些保守的白人而对此事缄默不语的。里根同这些黑人的误解很快解除了。当这些黑人离开里根的办公室时，都同里根拥抱告别，以此表示自己对里根的信任和敬意。

对黑人问题的关心一直贯穿于里根的一生。1975 年，里根参加总统竞选时，他用电影般的手法描述了军队里是怎样结束种族隔离现象的：当日本人轰炸珍珠港时，有一名黑人士兵费劲地抱起一架机关枪，勇敢地站在码头上向朝他俯冲而来的日本飞机扫射。那位黑人壮烈地牺牲了，但他感动军营的事迹结束了军营里多年来的种族隔离。

里根在州长任期内，确实做了许多关心黑人的事，得到了黑人的支持，这为他以后参加总统选举也带来了好处，在他竞选时，不少黑人都投了他的票。

9 争取连任

RONALD REAGAN

在里根的第一任州长任期结束时，里根已经把布朗留下的这个烂摊子进行了有效的治理，并赢得了民众的一些好评，他被称为敢于同邪恶社会作斗争的“平民政治家”。

1970 年 8 月 4 日，里根向州内阁提交了一份报告，说明了他对加利福尼亚州的公共补贴与教育计划。在报告中，他指出计划的补贴重点“是交税人而不是收税人，是真正的贫困者而不是懒人，是学生而不是教育的空架子，是基本的需要而不是提高生活的空洞计划……”这份报告反映了里根在第一任期内越来越觉得时间不够，离完成他的宏伟目标还有相当长的距离，也反映出里根是着眼于未来大选的，还反映出里根已经准备好要参加第二任期的州长竞选了。用多方标准来衡量，虽然里根在第一个任期内也取得了一些成绩，但是成就还远没有达到预期目标，有评论家说：“里根的工作是温和的、负责任的，但不是卓越的。”这也是里根准备连任的原因，他决定必须在未来的 4 年内完成自己的宏伟目标。

里根这次遇到的对手是加州的州立法议员杰西·昂鲁。杰西·昂鲁曾经当过加州的众议院议长。据有关人士透露，杰西·昂鲁小时候家里很穷，他自己其貌不扬，举止粗野，却喜欢打扮，而且脾气不好。但是大家一致认为他非常有才华，是平民出身的卓有能力的政治家。有人说虽然杰西·昂鲁有口吃的毛病，但雄心勃勃，总是在想办法克服这一缺点。杰西·昂鲁曾经参加过海军，后来又考进了南加利福尼亚大学，主攻新闻学和政治学。他数学天赋较高，且热衷政治。32 岁时，杰西·昂鲁进入州参议院，在一个不起眼的小办公室工作。后来，他听取朋友的建议，决定用钱来捐助竞选人。他具有慧眼识英才的本领，在看出谁能当上候选人时，他就把钱投向那个人。因此，不久后，众议院里坐满了他所支持的议员，形成了一个势力不小的小圈子。他最喜欢的一句话就是：“金钱是政治的母乳。”1961 年，他成为州众议院议长。按照传统，立法议员想获得外界信息需要借助院外的活动分子，于是杰西·昂鲁直接为这些院外分子提供经费和人员。他成为大家眼中操纵政治的高手，这一点让很多人反感。一次，因为州议员们要求查看尚未通过的“教育法案”，他竟然把他们关了起来。

所有以上的这些事情对杰西·昂鲁来说，都是不利因素，但他还是决定搏一搏。他首先攻击里根是“富人的州长”、“欲隐欲现的富翁们的工具”；接着，他又迫使里根与其面对面辩论。尽管里根擅长演讲，但是他知道这样的辩论对于一个在任州长是不利的，因此没有接招。

杰西·昂鲁却不肯罢休，就像他的性格一样，他十分不冷静地又上演了一幕闹剧，使他在竞选一开始就败了。1970 年 9 月的一天，杰西·昂鲁一早来到里根的主要捐助人亨利·萨尔瓦托的大楼外“叫骂”，说萨尔瓦托讨好里根，以牟取私利。因为萨尔瓦托的房子值 70 万美元，却只交了 4 113 美元的税款。萨尔瓦托出来直接反驳杰西·昂鲁，说他是无理取闹，而且指出房子是自己挣钱买的，交了足够的税款。后来，杰西·昂鲁又攻击里根说，里根在州长任内任命了一位官员，是因为这个人的父亲在 1968 年支持里根竞选总统。可事实上，这个人的父亲 10 年前就已经去世了。

杰西·昂鲁的一系列举动使局势向着有利于里根的方向发展。而 1970 年的里根也已经不是 4 年前的里根了，他变得老练、沉稳，知道怎样来应付一些政治问题。他说：“选民非常关心州长在以后能为他们带来什么。”于是他采用这一策略，发出许多利民的信号，因此赢得了许多选民的信任。最后，在选举那天，里根以 52.3%的得票率成功连任，杰西·昂鲁得票率为 45.1%，其他 2%几乎平均分属于自由党和独立党手中。这次获胜，是共和党人值得庆贺的少数几次大选之一。

里根对他的福利改革更有信心了，连任的成功表明民众对于这个改革持支持态度。不管民主党当政，还是共和党当政，加州一直奉行“援助无独立能力子女的家庭计划”，意在州政府抚养那些父亲残废或被父亲抛弃的儿童。这个计划从 1935 年的小项目逐渐发展成考核州政府业绩的一个指标。在布朗担任州长的 8 年时间里，这项援助计划没有增加一分钱。虽然里根在第一任的 4 年时间内，也没有增加每个家庭的援助金额，但是到 1969 年时，接受这项援助的家庭增长了 3 倍。在里根连任一个月后，又增加了 15 万多个这样的家庭。按这个增长速度下去，这是一笔非常大的开支，因此州政府不得不减少对诸如公园等公共设施的投入。

有人评论说，这项计划是个“福利怪魔”，超出了州政府的预算。里根在 1971 年提出了“加州福利改革法”，他揭露“加利福尼亚州正在面临福利和医疗保健的危机挑战，这种福利制度本身在全国范围内开始逐渐崩溃。它没有让真正需要的人受益，反而使成千上万有其他收入来源和已经享受各种免税待遇的人受益很多，事实上这些人并不需要补助”。对此，里根还提出了解决方案：对真正需要补助的人，增加补助；要求本身能工作的人自己谋求职业；医疗保险应与一般保险一样对待，不应从福利方案中拨款；增强家庭责任感。这一方案受到公众好评，但是遭到立法机构的批评。因为立法机构认为州政府的预算超额，不是实行福利计划的原因，而是经济衰退所致。

其实，当时的福利制度确实存在着问题，其他的州也在改革。但是联邦政府的卫生、教育和福利部门却一直在向加利福尼亚州施加压力，要加州政府遵从法律，努力增加上缴金额，否则就取消拨给加利福尼亚州每年服务于“援助无独立能力子女的家庭计划”的 4 亿多美元的款项。1971 年 7 月 1 日，加利福尼亚州增加最高援助拨款。本来里根是想通过改革“福利”来实现预算平衡，结果失败了。

后来，有一个关键人物粉墨登场了。他就是新上任的州众议院议长波布·莫列蒂。莫列蒂是一个有魄力的民主党人，曾经是 1970 年与里根争夺州长位置的前州众议院议长杰西·昂鲁的手下。他奉行杰西·昂鲁的办法——与主要院外活动分子互通有无。波布·莫列蒂也曾想竞选州长。他非常瞧不起里根，认为里根只是一个喜欢唱高调的语言大师。后来，莫列蒂的高级助手威廉·霍克建议莫列蒂与里根和解，否则只会两败俱伤。威廉·霍克还代莫列蒂写了一封信给里根：“我们应该抛开个人恩怨与分歧，努力向人民保证将加州建设得更加繁荣昌盛”。之后，里根与莫列蒂举行了会晤，并达成了一致协议。首先，他们为“加利福尼亚州福利方案”探索了新途径，改善了学校的财政状况和减轻了财产税。新的“福利方案”使得真正需要补助的人获得的补助金增加了。另外，为了防止欺骗，州政府机构可以检查各县的福利情况、雇员收入情况等。1972 年，里根又通过了增加 1%的营业税的决议，还实行了联邦收入分成基金方案，最后实现了州政府 10 亿美元的盈余。这些盈余用来补贴财产税减少所带来的损失或者资助地方学校的开支。有评论家说：“加利福尼亚州的福利改革方案是里根任职 8 年中最引以为豪的成就。”

另外，里根还极力控制州政府机构的膨胀，想办法降低全州劳动力增长的速度。

里根知道，对加利福尼亚这样一个大州来说，要想保持经济和政治上的实力，必须加强对外关系。因为加州的进出口贸易额比美国的任何一个州都高，外国市场在加州的经济命脉中起着至关重要的作用。因此，里根作为州长经常外出访问，会晤一些外国领导人，这些经历为他的外交活动积累了经验，为他日后成为总统也帮助不小。

里根曾 4 次受尼克松总统委派，率领使团到国外访问。他共走访了包括亚洲和欧洲在内的38个国家。在访问中，里根抓住机会为加州的工农业产品做推销。总之，里根在从政时一直都在想尽办法寻找商业机会。很多年以后，里根还能回忆起他同这些国家的元首或高级领导人会面的场景。

后来，他回忆起访问澳大利亚的情景时，说在一次午餐会致辞时，他说南希正在做“儿童抚养基金项目”，这个基金组织的任务是为那些发育迟缓或有残疾的孩子提供无私的爱和帮助。听众对这个组织很好奇，会后向南希询问具体情况。在他们离开澳大利亚之前，一些相关人员已经在澳大利亚组织起了类似的项目。

作为一州之长，里根也清醒地知道加利福尼亚这个巨大的工业州还存在着许许多多的问题，例如，怎样继续保持经济的持续增长和不断提高现代化；用什么办法来为公民提供更多的就业机会；在避免横加干涉的前提下帮助商人进行市场竞争并争取成功；帮助那些没有工作能力的人度过难关；确保每一个男人、妇女和小孩晚上平安入眠，第二天醒来后发现自由的社会变得更美好；如此等等。

美国总统里根与国务卿舒尔茨、国防部长麦克马洪等人一起研究格林纳达事宜。

总的来说，里根任加州州长的几年，加州经济取得了飞速发展，其经济实力位居美国各大州之首，在世界上排名第7位。在里根的州长任期中，他的政绩是备受肯定的。这倒不是因为里根的政治决策同前任州长帕特·布朗有什么不同，恰恰相反，里根的政策实际上和布朗非常相似。

1974年，里根在他的办公室里接见了一群年轻的来访者，他为他们准备了一罐子可口的水晶软糖豆。在交谈过程中，里根明确地表示他会再次争取连任。1975年1月，里根离开了州长的职位，帕特·布朗的儿子接替了州长职务。

在里根任加州州长期间，尼克松总统和他的关系也是值得一谈的。这两人的关系比较密切，尼克松总统还曾亲自邀请里根一家去国外旅行。旅行时由政府提供专门的交通工具——类似“空军一号”的那种飞机。随同里根前往的还有一些特工人员和政府助手。为了确保人身安全，里根旅行中没有携带大笔现金。特工人员也禁止里根到街边的商店里购物，就连到旅馆的柜台前付账也是不被允许的。里根夫妇的一切事务均由工作人员负责安排。

谈起那次旅行，里根记忆深刻，因为他身上带着5美元1角1分钱就游遍了7个欧洲国家。这还得从在巴黎的那天晚上谈起，由于日程表里没有安排政治活动，所以里根就带着南希和小儿子罗恩来到旅馆附近的马克西姆饭店共进晚餐。晚饭刚吃到一半，饭店里的一个巡回演奏的小提琴手，拉着小提琴向他这边走来。很明显，小提琴手是想额外得到一点小费。于是里根开始翻衣袋找零钱，因为他外出一般不带多少现金，所以找来找去只翻出了5美元1角1分钱。怎么给呢？在那个年月，给5美元小费太多，给1角太少，但里根兜里确实没有1美元的钞票。

里根问妻子南希身上是否带有1美元的钞票，南希说没有。里根又问小儿子罗恩是否带钱了，儿子反而对他说道：“爸爸，难道你还要骗小孩子的钱吗?”这可让里根着实为难起来。为了避免尴尬，里根无奈地对小儿子说：“低头继续吃饭，不要朝别处看，他也许就会走开。”

没想到这个小提琴手却径直走到离餐桌几英尺的地方，开始演奏起来。里根听出了演奏的这支曲子名叫“加利福尼亚，我来了”。里根知道这次是逃不过了，于是把那5美元从兜里掏出来，塞给了那个乐手。

他们又逛了几个欧洲国家，最后来到爱尔兰，在一个年轻向导的陪同下四处观光。在观光途中，里根见到一块有趣的墓碑，墓碑的位置十分靠近传说中圣帕特里克在爱尔兰竖起第一个十字架的地方。这个墓碑之所以让很多人驻足，是因为上面的话说得非常诙谐："当你经过这里时请记住我，因为你曾经就是我。当有一天我成为你时，我也会牢牢记住你的，到那时你就高高兴兴地跟我一起走吧。"在这段话的下面，还有几个字，是另一个人刻上去的，比上面的话更加有趣："我愿意与您同行，但我得知道你到底去了哪里。"

年轻的爱尔兰向导还把他们带到一口"如愿井"旁边，他建议里根朝井里扔一个硬币，这样可以带来好运。里根把一角的硬币给了南希，随手把另外一枚 1 分的硬币扔进了井里。就这样，里根花掉了身上的最后 1 分钱，结束了这次旅行。

RONALD REAGAN

第三章 进军好莱坞

第四章
三次恋情，两度婚姻

南希对里根的爱慕是发自内心的。在遇见里根之前，她从未见过这样的男人——观点鲜明，性格开朗，为人诚恳正直。在他们的交往中，南希总是扮演一个倾听者，她喜欢里根那些滔滔不绝的长篇大论。里根也被南希的乐于倾听给吸引住了。里根特别喜欢那些善于倾听的人，这些人往往能和他愉快相处。

1 初恋

RONALD REAGAN

许多人都知道里根结过两次婚，却很少有人知道他还有一段长达 7 年的早期浪漫史。从中学到大学，里根几乎都在同一个名叫玛格丽特·克里弗的女孩保持着恋爱关系。他们甚至还订下了婚约，但最终却因为志向不同而分手。

里根第一次见到玛格丽特是在迪克森中学上学的时候。一天，迪克森来了一位新牧师，担任学校与教会里的布道者。在这位新牧师第一次布道的那个星期天，他的 3 个女儿也来了。3 个漂亮女孩立刻吸引了在场所有人的目光。

里根立刻被她们其中的一位给迷住了。那个女孩就是玛格丽特·克里弗，牧师的小女儿。玛格丽特的外表和里根的母亲十分相似：身材娇小玲珑，头发呈金棕色，模样俊俏。不久之后，玛格丽特也成为迪克森中学的一员。

玛格丽特由于容貌漂亮，气质如兰，所以立刻成为迪克森中学的知名人物，吸引了一大批追求者。在众多追求者中，里根和迈克是最有实力的。在球场上，迈克的球技使不少同龄人羡慕。

为了赢得玛格丽特的青睐，里根想尽办法压倒迈克。他知道玛格丽特是个戏剧迷，再加上天生丽质，所以经常在学校排演的话剧里担任女主角。于是，里根也努力争取话剧中的角色，以便和心仪的姑娘同台演出。经过一段时间的努力，里根终于在同迈克的角逐中胜出，成为玛格丽特的正式男友。

里根和玛格丽特成为学校里人人羡慕的一对，却差点因为一件事而闹崩了。当玛格丽特得知里根父亲酗酒的事情后，非常生气，决定要与里根分手。当时，里根的父亲杰克酗酒的老毛病又犯了，学校有人就借机将杰克的举止大肆宣扬了一番。而玛格丽特出身于一个家教极严的宗教家庭，从小父亲就教育她要严格遵守《圣经》的教诲，不能酗酒。所以当她知道里根父亲酗酒，很难接受这个事实，就向里根提出了分手建议。里根听到玛格丽特要与他分手，心都要碎了，他太喜欢玛格丽特了，不愿意就这么失去她。他真诚地向玛格丽特道歉，说他不应该隐瞒这件事，请她原谅。还说他的父亲虽然酗酒，却仍然是一个和蔼可亲的慈父。

不管里根怎样解释，玛格丽特就是不买他的账。万般无奈之下，里根把这件事告诉了母亲内莉，他说如果玛格丽特要是真和他分手了，他不知道自己会怎样，他可能再也不会原谅父亲了。好脾气的内莉耐心地劝导里根，请他体谅父亲杰克，尽管他有酗酒的毛病，可他仍然是一个好父亲。回到学校后，里根去找玛格丽特，对她动之以情，晓之以理，并请她站在自己的角度考虑考虑，希望她能体谅他的父亲。玛格丽特见里根是真心实意地对她，而且她从这件事上看出里根是个孝敬父母的人，便答应继续和他交往，他们的浪漫之恋终于越过了这场风波。

从迪克森中学毕业后，里根选择了在尤里加学院上学。他之所以选择这所学校，很大一部分原因也是因为玛格丽特。尤里加学院是美国西部最早实行男女同校的学院之一，玛格丽特的两个姐姐就在这所学院上学，玛格丽特理所当然地也要上这所学校。

4 年的大学生活给里根留下了美好的回忆。虽然这 4 年他一直在为学费的问题而奔波忙碌，但橄榄球和玛格丽特为他的校园生活增添了不少亮点。

大学生活即将结束时，里根和玛格丽特对于前程做了不同安排。玛格丽特要到伊利诺伊州的一个小镇中学去当教师，里根则要回老家去谋生路。分别之时，里根送给玛格丽特一枚订婚戒指，告诉她只要自己攒够了钱，他们就立刻结婚。玛格丽特同意了。虽然两人各奔东西，心里却一直互相记挂着对方。他们还约定，彼此要定期给对方写信。

自从这次分别之后，由于里根和玛格丽特都各忙各的，见面便越来越少。尽管两人都很思念对方，却只能通过信件来表达感情。

前面讲过，毕业后的那段时期是里根人生的最低谷。在大萧条的背景下，失业的人比比皆是，里根作为一个刚从大学毕业的毛头小子，找工作处处碰壁。由于找工作不顺利，里根心理压力增大，连给玛格丽特写信的次数都减少了。后来，里根终于在爱荷华州首府得梅因的 WOC 广播电台找到了一份播音员的工作。在他的努力下，他的事业开始出现转机，收入也逐渐增加。里根觉得只要他努力干好这份工作，很快就会攒够他和玛格丽特结婚所需的钱。正当里根一心一意地为婚礼攒钱的时候，他收到了玛格丽特寄来的一封信。里根接到来信，心里非常高兴，心想玛格丽特在信里肯定会说“多么多么想他”。但是当他打开信时，他当年送给玛格丽特的订婚戒指从里面滑落出来。里根的心顿时一惊，急忙看信。

原来，玛格丽特写信给里根，是向里根提出分手的。她在信中说：在一次旅行中，她邂逅了一位出身豪门的英俊外交官，两人一见钟情，最后外交官向玛格丽特求婚。玛格丽特经过再三考虑，认为那个外交官会给她带来她想要的幸福，而里根的心太大，不适合她的生活。于是，她答应了外交官的求婚。但她觉得对不起里根，所以给他写信说明原因，还把里根送给她的订婚戒指退了回来。

在学校里，里根和玛格丽特的爱情曾被所有人看好，亲戚朋友都希望他们能喜结连理。在大学毕业的时候，就连尤里加学院的院长都希望他们有情人能终成眷属。可亲朋好友的祝愿没能挽留住他们的这段恋情。其实，自从毕业那天起，他们的距离就已经在逐渐加大。里根一心想干出一番大事业、想出人头地，玛格丽特则只想有一个自己的家庭，安安稳稳地过日子。只是当时里根被爱情所迷，没有想到“短暂的分离”会让他们的爱情结束。

里根的第一次爱情就这样戛然而止了。里根对此难过万分，有段时间，他寝食难安，焦躁忧虑。里根同玛格丽特分手的消息很快就被母亲内莉知道了。内莉是从报纸上得到的消息，有一天的报纸刊登了玛格丽特·克里弗准备在几周后结婚的消息。

内莉知道里根一直很爱玛格丽特，担心他一时想不开，会做出什么傻事，于是就请里根的中学英语教师弗雷泽写信劝劝他。弗雷泽立刻提笔给里根写了一封信，信中弗雷泽鼓励里根说他前面还拥有更长的人生路，人在悲观绝望的时候应该向前看而不是向后看。经过了这个坎坷之后，一切最终会好起来的。而内莉也不断地向里根重复着她的那些老信条：万物都会朝最好的方向发展，人生的每次失意都孕育着一个更美好的未来。

内莉和弗雷泽的话给了里根很大鼓励。经过了一段时间的自我调节后，里根的心情好多了。他重新拾起了生活的信心，开始更加努力地工作。他的努力换来了收获，他不断得到加薪。慢慢地，里根走出了失恋的阴影。

2 第一次婚姻
RONALD REAGAN

经过第一次失恋的打击，里根很长一段时间都不愿意再与女孩子交往，一是他害怕再次失恋，二是他仍然忘不了初恋情人玛格丽特。直到里根后来成为好莱坞影星时，他才开始正式考虑婚姻大事，这时他遇到了他的第一任妻子——简·惠曼。

1938年，里根一共拍了8部影片，其中一部叫《莱特兄弟》。这部影片是根据艾迪·阿尔伯特的同名话剧改编而成的。这是一部优秀的A级片，虽然里面明星济济，但里根的表演仍然博得了好评。在影片中，里根扮演军事学院的一个学生丹·克劳福德，跟院长的女儿谈恋爱。院长的女儿就是由简·惠曼扮演的。

里根十分喜欢这位皮肤白皙、有着褐色眼睛的女演员。同里根一样，简也是来自美国中西部的一个小镇——密苏里州的圣约瑟夫镇。在大萧条时期，他们全家一起来到洛杉矶寻找生路。

简天生丽质，人又聪明伶俐，很快便打进了好莱坞。她擅长舞蹈，最开始出演的影片都是歌舞片。简认识里根的时候，还是一个不知名的小演员，经常在影片中扮演活泼可爱、爱说俏皮话的角色。简对里根的印象也不错，两人互有好感，却一直没有表现出来。后来，他们有了合作的机会，一起拍摄影片《莱特兄弟》，两人的感情因此加深了一步。不过在这期间，他们并没有正式约会。因为简当时还纠缠在一段婚姻当中，正在同她的丈夫办理离婚手续。

在拍摄完《莱特兄弟》的第二年，简摆脱了前一段失败的婚姻。里根开始正式追求简，频繁约简见面，他们的关系越来越密切。交往了一年后，他们于1940年1月26日喜结连理。那一年，里根29岁，简28岁。当时，他们的婚礼场面盛大，非常隆重，轰动一时。婚礼的一切程序由好莱坞著名作家劳拉·帕森斯一手包办，婚礼的花销也全由他一人承担。里根与简的婚礼被好莱坞大肆宣传，他们成为美国幸福夫妇的一个典型。

结婚后，里根同简一起拍摄了新片《莱特兄弟和孩子》，这部影片是

《莱特兄弟》的续集。之后，华纳兄弟公司又利用里根和简的结合，为他们安排了一部新片《来自德克萨斯的天使》。这是一部喜剧片，里根和简在里面扮演夫妻。

然而，他们合作的这两部片子都没有引起多大的轰动效应。于是，华纳也不再安排他们俩共同演戏。从此，里根与简在银幕上各奔东西，再也没有合作过任何影片。

1941 年 4 月 1 日，里根和简的第一个女儿在洛杉矶降生了。里根夫妇为她起了一个可爱的名字：莫琳·伊莉莎白·里根。作为好莱坞明星的女儿，莫琳一出生就受到了社会上的极大关注。影迷杂志里写了许多关于她成长的逸闻趣事，如她第一次被简打屁股；她养了两只可爱的小狗；她风趣地把一位和蔼的老妇人称为老山羊……这些关于莫琳的趣事经常出现在影迷杂志里，为简和里根增添了不少关注率。

后来，由于战事，里根停止了好莱坞的工作而去部队服役。因此，他的演艺事业一下子出现了大滑坡。当他服役结束重新回到好莱坞时，事业上却始终没有多大起色。与此同时，简的星路却越来越顺利。

1945 年，在影片《失去了的周末》中，简扮演一个酒鬼作家的妻子。该片中，简纯熟的演技得到了充分认可，无论是观众，还是影评家，都对简的表演给予了极大的肯定。同年 3 月，里根夫妇领养了一个男婴。里根为这个养子取名为迈克尔·爱德华·里根。1947 年，简又推出了一部倍受好评的片子《鹿苑常春》。当年，简凭此片获得了奥斯卡金像奖的提名。

《约翰尼·比琳达》是简继《失去了的周末》和《鹿苑常春》后的另一部力作。她在片中扮演一位又聋又哑的人。这次简的精彩表现让她一举拿下了奥斯卡金像奖的最佳女演员奖。毫无疑问，简已经由一个歌舞小演员蜕变成了备受瞩目的大明星。

简的星路扶摇直上，可她与里根的婚姻却渐渐出现了裂痕。在拍完电影《约翰尼·比琳达》之后，简告诉里根，她要去拜访纽约城里的一帮朋友，而且要一个人去。记者们抓住简的这次单独出行大做文章，说什么的都有。而简的话更是一语惊人："没什么好隐瞒的，我的婚姻并不幸福。"

里根对他们的婚姻问题也没有隐瞒，他同好友赫达·霍珀——一位专写影星隐私的专栏女作家提起了这件事："简出门旅行之前和我发生了口角，这样的情况以前也经常发生。但哪对夫妻不吵架呢？何况我们结婚都

8 年了。我只希望简回来以后，我们能像以前一样，重归于好。”

可是里根和简的矛盾由来已久。从结婚那天起，他们就已经意识到彼此的性格差距悬殊，几乎没有任何共同点。里根性情开朗，处事乐观，而简易于激动，脾气暴躁。里根退伍后，对电影工会和政治党派的事越来越热心，简却很讨厌政治。在工作之余，里根踊跃地参加各种体育运动，而简则把大量时间消磨在夜总会里。

因此，里根的婚姻并没有像他预想的那样重归于好。不久，简向法院提出了离婚申请，她的离婚理由是：“里根自从担任电影工会主席后，几乎把所有的时间都放在政治上。她一直处在一个被忽略的位置上，这让他们的婚姻失去了安全感。”

第二年 7 月，法院接受了简的离婚申请，两个孩子由简抚养。当时，他们的女儿莫琳 8 岁，养子迈克尔 4 岁。

对于这次离婚，莫琳和迈克尔成了最无辜的受害者，多年后，里根在回忆录中也写到：“一个家庭不能轻而易举地解散，这种打击对孩子来讲是难以接受的，会给孩子幼小的心灵留下难以抚平的伤痛。”

3 南希妹妹

RONALD REAGAN

同简·惠曼离婚后，里根继续留在好莱坞拍片，但仍然不能走出工作失意和离异的阴影。在拍片的同时，他还兼任电影工会主席一职。里根非常喜欢这份工作，于是他把所有的心思都投入到工作中，把它做得有声有色。

不久后，一个电话改变了里根的生活，使他从生活的失意中渐渐走了出来，开始了新的生活。电话是电影工会董事长默文·勒鲁瓦打来的。他告诉里根，他手下有一位女演员需要里根帮忙。这个演员叫南希·戴维斯，因为之前有一位与她同名的女演员被怀疑为左翼分子，所以这名女演员也受到了牵连。勒鲁瓦希望里根能就此事做些调查，好让这个女演员摆脱被指责的困境。

好莱坞的演员们经常被扯进政治风波，这并不稀奇。里根作为电影工会的主席，对此事进行了一番详细调查。只用了几天时间，里根就核实了这个女演员同左翼分子毫无瓜葛。里根给勒鲁瓦打了个电话，说他已经查明此事，同时请勒鲁瓦告诉这位女演员，他已经把她的事在工会内做了解释，她现在什么也不用担心了。

没多久，勒鲁瓦给里根回了个电话，说对于那件事，这位年轻的女演员有点不敢相信，所以想请里根亲自告诉她有关事情的经过，好让她真正放心。勒鲁瓦还建议里根请这位女演员吃顿饭，这样显得比较有诚意。里根答应了这件事。

里根给南希·戴维斯打了个电话，请她一起吃晚饭，准备将他调查的经过详细地讲给她听。南希愉快地答应了。

当天晚上，里根按照勒鲁瓦的指点，来到南希的公寓前。他上前按了一下门铃，给他开门的是个娇小漂亮的女人，长着一双大大的褐色眼睛。

“您好，请问您是南希·戴维斯吗？”里根微笑着问。

“是的，我就是。”给他开门的女人回答，“您就是工会主席罗纳德·里根吧？快请进。”

南希把里根请进屋后，对他说：“请您先等一下，我去穿件外衣，然后我们就走，好吗？”里根微笑着点点头。

不一会儿，南希收拾妥当，他们一起出门，乘里根的汽车前往预定地点。在车上，里根对南希说：“我已经在酒店订好了位置，现在就过去。您看行吗？”

“这再好不过了。”南希愉快地说。

一般情况下，里根同女明星交往时出手都很大方，他预定的酒店是附近最好的一家。

一路上，里根同南希侃侃而谈，而南希则专心地听他说。里根注意到，南希同母亲内莉长得很像，都是大大的褐色眼睛。就是在这短短的路程中，他们情愫暗生。两人来到了预定好的饭店，侍者殷勤地把他们带到拐角处的一张餐桌旁。侍者走后，他们俩人的眼中满怀柔情，相视而坐，默默无语。多年后，里根对这次约会的场景还历历在目。他经常对别人说：“我不知道这是不是一见钟情，也许真的就是这样。我们第一次见面时，就被对方牢牢地吸引住了，而且期待下一次见面的到来。第二天晚上我们又聚到了一起，还是像头天晚上一样，吃饭聊天。就这样，我们度过了许多个美好的晚上。”

当时，里根并没有完全意识到，他的人生已经因为南希的介入而发生了彻底的转变。虽然他十分喜欢南希，却没有把这件事挑明，刚离过婚的里根对于婚姻变得更加谨慎了。而南希，也有她的苦衷。

南希的成长环境与里根完全不同。虽然里根小时候生活贫困，却有一个温暖和睦的家，精神上始终是快乐的，心理上便有一种自然的安全感。而童年的南希虽然在物质上很丰富，生活上却是颠沛流离，一直不能稳定下来，因此她的心灵深处缺乏安全感。

4 南希的家庭

RONALD REAGAN

南希很长一段时间不敢表达出对里根的爱慕是有原因的。这还需要从南希的母亲伊迪丝·勒基特说起。伊迪丝出生在弗吉尼亚的彼得斯伯格，家里共有 9 个兄弟姐妹，她是最小的一个。伊迪丝的父亲查尔斯·爱德华·勒基特在一家快运公司工作。后来，这家公司发展成铁路快运公司，查尔斯被派到华盛顿工作。于是，他们全家都搬到了华盛顿。可伊迪丝的母亲萨拉是个典型的南方人，对北方人有很深的偏见。她每次怀孕，都要回弗吉尼亚生孩子，原因是“不愿让孩子成为北方佬。”于是，她的家就在不断地搬来搬去。

伊迪丝很有表演天赋，第一次登台表演时才 3 岁。当时，伊迪丝的哥哥乔是华盛顿哥伦比亚剧院的经理。一次，剧院里举行一场演出，可一个儿童演员由于生病不能出场，于是乔就让妹妹伊迪丝暂时顶替那个演员。伊迪丝的角色没有任何台词，她的任务就是躺在舞台上装死。小伊迪丝演得十分逼真，以致观众都为她流下了眼泪。有趣的是，在闭幕时，伊迪丝迅速爬起来向观众们挥手，好让他们知道她并没有真的死去。观众认为她的这一举动十分可爱，便报以了热烈掌声。那天，观众席上的掌声给伊迪丝留下了深刻的印象。当时，小小年纪的她就下定决心，要把毕生的精力都奉献给舞台。也许南希的表演天赋就遗传于她的母亲。

10 年后，伊迪丝的生活发生了一个转折。著名歌唱家奥西·奥尔科特来到伊迪丝哥哥的剧院里演出。当时，一位伴奏演员在演出前一天生了病，于是，乔问妹妹能不能在奥尔科特演唱时为他伴奏。听到哥哥这样说，伊迪丝十分高兴，尽管她不会弹钢琴，但她决定马上练习。她让父亲给她买了一个玩具钢琴，开始废寝忘食地练习，终于在表演前把那首演出曲目练会了。伊迪丝在那次演出中的出色表现，引起了一些剧院老板对她的关注。此后，经常有剧院邀请伊迪丝到他们那里去演出。当演出邀请越来越多时，伊迪丝便休学了，一心在剧团里做巡回演出，一直干到19岁。在演出阶段，伊迪丝结识了很多演艺界的朋友，其中不乏知名演员。

1917年，伊迪丝同一个名叫肯尼思·罗宾斯的男人结了婚。肯尼思成长于一个家道中落的富裕家庭，毕业于普林斯顿大学，后来在新泽西州做汽车推销员。他们的婚姻并不幸福，南希出生时，肯尼思竟然不愿意去看望女儿。在重重矛盾下，他们很快就离婚了。

据伊迪丝说，按预产期来算，南希本该在7月4日那天出生，谁知推到了7月6日才出生。7月6日，伊迪丝的肚子很疼，她知道孩子要出生了，便忍住疼痛，一个人去了医院，当时南希的父亲不在。到医院后，医院却没有空病房让她住，便委婉地拒绝了她。伊迪丝一听这话就火了，她气愤地大声喊道："医院怎么能没有病房？那我只好在走廊里生孩子了。"

医院为了维护自己的声誉，便给伊迪丝腾出一间病房。南希就出生了。不过，伊迪丝生南希的过程并不顺利。医生动用了助产钳才让孩子得以生下来。虽然伊迪丝为此吃了不少苦头，可她并无怨言，毕竟自己生下来了一个可爱的孩子。

南希出生那天的天气非常热，由于当时没有空调，产房里的温度特别高。几位医生接生完后说："这里太热了，咱们快点收拾完，然后去打高尔夫球吧！"伊迪丝听了十分生气，他们不为产妇担心，反而想着去打高尔夫球。这样的医生太不负责任了。可她也没有理由阻止他们。

当护士把孩子抱给伊迪丝看时，伊迪丝立刻被吓了一跳：孩子的太阳穴被助产钳碰破了皮，右眼也没有睁开。医生告诉她："如果两周后孩子的这只眼睛还没睁开的话，就有瞎掉的危险。"伊迪丝听后，心里的火气直往上撞："你们心里就只想着早点出去打高尔夫球，才把我女儿弄成这样的。如果我女儿的眼真的瞎了，我一定不会放过你们的。"

虽然伊迪丝这句话是在气头上说的，但并不完全是恐吓，她是个说到做到的人。不过，幸运的是南希的眼睛终于睁开了，但助产钳弄破的地方却留下了一块小伤疤。

南希接受洗礼时的名字叫安妮·弗朗西斯·罗宾斯，里面包含了她两个祖母的名字。但当她长大后，人们习惯上称她为南希——南希是“弗朗西斯”的昵称。

伊迪丝与丈夫离婚后，丈夫就没有给过孩子的赡养费，所以她不得不自己挣钱养活南希。伊迪丝的经济来源主要靠舞台演出。她人长得美，演技又娴熟，慢慢地成为好几个巡回剧团的台柱子。伊迪丝有演出时，便带着南希一起去。轮到她上台时，就把南希放在后台托人照看。

伊迪丝带着南希到处跑，甚至连参加朋友的宴会时也带上南希。她的一个挚友科琳·穆尔就是在宴会上认识她的。科琳在当时是一个小有名气的演员，当她见到伊迪丝时，立刻就被伊迪丝吸引了。伊迪丝是个金发美人，长着一双大大的蓝眼睛。这样的美人本来就很能吸引人们的目光，加上手里抱着一个孩子，就更惹人注目。科林向别人打听了伊迪丝的情况，当得知伊迪丝为养家而不得不抱着孩子四处奔波时，便十分同情她。于是，科林主动同伊迪丝交谈。她们聊得非常投机，最后成了好朋友。几十年后，当南希有了女儿时，她还让科琳当孩子的教母。

伊迪丝认为带着女儿到处奔波终究不是个办法，她希望南希有一个正常、稳定而幸福的童年。所以，当南希刚同尿布告别时，伊迪丝就把她送到了马里兰，让她的姐姐弗吉尼亚代为照顾。弗吉尼亚的丈夫奥德利·加尔布雷恩在铁路公司工作。弗吉尼亚夫妇也有一个女儿，名叫夏洛特。弗吉尼亚的家庭温暖而幸福，他们很快就把南希当成家中的一员。夏洛特只比南希大 3 岁，她们相处得很好，就像亲姐妹一样。

在弗吉尼亚的精心照顾下，南希度过了一个幸福的童年。南希还在那里结识了一个小男朋友。每天早晨，在南希吃早饭时，这个小男孩便推着他的手推车来到南希的家。等南希吃完饭后，他就让南希坐到手推车里，推着她到处玩。弗吉尼亚的一位邻居家有一条用煤渣铺成的车道，南希很喜欢在这条车道上玩，却经常在车道上摔倒。因此，弗吉尼亚只好给她穿上护膝。小时候的南希是个胖胖的小姑娘，穿上那对护膝后，不仅显得更胖，还有些滑稽，但南希的那位小男朋友从没有嘲笑过她。

南希小时候很喜欢一个人和洋娃娃玩。她经常在门前的台阶上摆满各种各样的洋娃娃，然后给她们开“茶话会”。

尽管南希在弗吉尼亚姨妈家生活得很开心，但她还是经常禁不住想念自己的母亲。南希 5 岁那年，得了严重的肺炎。在当时，肺炎是一种可怕的疾病，控制不好就会丧命。在她生病期间，弗吉尼亚很细心地照顾着她。人在生病的时候，总是希望最亲的人在身边相伴。南希很希望有母亲在身边陪伴，但她的母亲整天为了演出而根本没有时间陪她。南希还因为母亲没有在身边照顾她而非常生气，她哭着喊道：“如果我有女儿，在她生病的时候，我一定会陪着她。”后来，弗吉尼亚把南希的这些话告诉了伊迪丝，伊迪丝为此很伤心。直到南希有了自己的孩子后，她才知道当时说的那些话是多么地伤母亲的心。

再后来，伊迪丝在纽约找了份工作，离南希近多了。弗吉尼亚有空时就带上南希坐火车去看望伊迪丝。在纽约，虽然弗吉尼亚带着南希一遍又一遍地观看伊迪丝的演出，但南希从不感到厌烦。有时，伊迪丝在剧中演一个令人反感的角色，剧中的其他人物都很厌恶她。南希并不知道那是在演戏，以为他们真的欺负了母亲，就会难过地大哭起来。她到后台时，会拒绝同别的演员讲话，她认为他们欺负了母亲。于是，伊迪丝就跟她解释：“亲爱的，那只是在演戏，不是真的，其他演员只是假装不喜欢我。”

伊迪丝因为要经常演出，总是居无定所，这让南希的心里非常难过。南希记得母亲在演出时，常常住在一些廉价的旅馆里，有时也住在朋友借给她的一所公寓里。那座公寓是褐色沙石建造的。以后每当南希经过这样的建筑时，就会想起母亲曾在纽约的时光。那段时间，伊迪丝真是吃了不少苦。

在没有演出的时候，伊迪丝也会到马里兰来看望南希。每次见到母亲，南希就高兴得像过节一样。那时，南希就和弗吉尼亚一家围坐在起居室里，听伊迪丝滔滔不绝地谈纽约，谈亚特兰大，谈她最近去过的任何地方。她教南希和夏洛特一些时髦的舞蹈，有一次还给她们带来了一只可爱的硬毛小狗。

1929 年的早春，伊迪丝来马里兰看南希。她同南希坐在走廊的睡椅上聊天。伊迪丝对南希说她爱上了一个很好的男人，这个人的名字叫洛伊尔·戴维斯，是一名医生，长得又高大又英俊，并且十分喜欢她。不久前，这位医生向伊迪丝求婚，于是伊迪丝先来征求女儿的意见。如果南希同意，她就不再当演员了，她要带着南希搬到芝加哥一起生活。南希一时难以选择，她现在生活得很幸福，但与母亲一道生活更是她所希望的。最终，她选择了跟母亲一起生活。

不久，伊迪丝同洛伊尔·戴维斯医生结了婚，婚礼是在芝加哥第四长老会的一所教堂里举行的。戴维斯医生的一位朋友艾伦·卡纳弗尔担任伴郎，南希担任伴娘。那天，南希穿着漂亮的蓝色百褶裙，手持鲜花，为母亲感到幸福。但与此同时，她也十分嫉妒洛伊尔医生。南希潜意识里认为，是他夺走了自己的母亲。

南希的嫉妒心理使她在芝加哥的新生活并不快乐，也不顺利。有时，她无法忍受母亲同继父之间的亲密关系，因为这让她有时会感到尴尬。不过接触时间长了，南希发现洛伊尔医生是个要求完美的人。他的思想观念十分传统，比如他认为女孩子和男孩子长大后应该成为淑女和绅士，孩子要听从父母的教诲，要尊重自己的人格，无论做什么工作都应该竭尽全力。

在当医生的同时，洛伊尔还在医学院做兼职教师。作为一名教师，他的严格是出了名的。他要求学生上课时一定要穿西装打领带。多年后，人们谈起洛伊尔时仍然只记得他是个作风生硬的教师，很难与其共事。洛伊尔·戴维斯是个十分守时的人，任何约会都不会迟到。如果别人迟到了，他就会提醒对方下次注意这个问题。

洛伊尔不但对学生严格、对自己严格，在对南希的教育问题上，他也堪称是一位严父。当南希同别的男孩出去约会时，洛伊尔一定会叮嘱她早点回家。南希并不因此生气，相反，她觉得这才是真正的父亲。洛伊尔还告诉南希应该怎样追求一个幸福的人生——那就是要使人生的各个方面都变得完美。洛伊尔的出身并不富裕，他是靠个人奋斗取得了成就和地位。这一点让南希很佩服。

洛伊尔是民主党的保守派，后来有批评家说里根的保守主义思想就是洛伊尔灌输和影响的。但事实上，里根的观点是他在政治实践中自己总结的，而不是受任何人影响形成的。更何况洛伊尔对政治并不是很关心，医学才是他事业的重心。他主要从事的是脑外科领域的治疗和研究，并在这方面取得了卓越的成就。洛伊尔非常富有同情心，总是热心地帮助那些不幸的人。

尽管洛伊尔优秀而完美，但南希总是与他保持距离。在称呼上，南希从不叫他“爸爸”，而是像其他人一样叫他“洛伊尔医生”。这让洛伊尔有些失望，但他能理解南希的心情，并愿意给她时间，让她慢慢适应自己。

洛伊尔同伊迪丝的婚姻非常美满，生活上他们互补。洛伊尔高大，伊迪丝娇小；洛伊尔是黑皮肤，伊迪丝则是白皮肤；洛伊尔严肃认真，伊迪丝则喜欢笑口常开。

尽管洛伊尔深爱着伊迪丝，其他医生却不怎么喜欢伊迪丝。女演员在当时是个没有地位的职业，有些医生的妻子在一起时总是无缘无故地对伊迪丝大加诋毁。这让伊迪丝非常恼火，不过她并没有给丈夫洛伊尔到处树敌。同时，伊迪丝还想办法帮助丈夫建立社交圈子，并为丈夫安排好生活上的一切。她还叮嘱南希，嫁人后一定要照顾好丈夫的生活，这是为人妻子的职责。南希与里根结婚后，南希一直无微不至地照顾着里根，即使里根后来得了老年痴呆症，她也一直不离不弃。这很大程度上得益于母亲的教诲。

同继父洛伊尔相比，南希的生父肯尼斯对她的影响并不大。肯尼斯同伊迪丝离婚后，很快就和一个名叫帕齐的女人结了婚。伊迪丝为了南希能够见到父亲，始终和他们保持着联系。但南希和肯尼斯之间的关系并不是很好。有一次，南希去看望肯尼斯。父女俩谈话时，肯尼斯在南希面前说了不少伊迪丝的坏话。南希听了十分生气，叫嚷着要马上离开生父家。肯尼斯一气之下，把南希锁到了浴室里。这使南希感到十分害怕，觉得肯尼斯太粗暴无礼了。这件事给她留下了一个心理阴影，从此以后，南希对任何上了锁的门都怀有恐惧感。

由于南希无法从生父肯尼斯那里得到父爱和支持，所以她打算彻底同父亲断绝关系，接纳继父洛伊尔。但领养的手续南希不太懂，于是就向一位当律师的邻居请教。这位律师邻居告诉她，当地的法律规定年满 14 岁的孩子可以自己决定被收养的问题。当时，南希已经年满 14 岁了，已经完全可以选择了。经过母亲的同意，在那位好心律师的陪同下，南希去找生父肯尼斯协商领养的事。肯尼斯和南希的祖母对这件事感到很难过，但他们最终还是答应了南希的要求。

当肯尼思在文件上签好字后，南希如释重负，于是立刻给家里发了封电报，在电报里她第一次叫洛伊尔“爸爸”。之后，南希就开始接受自己的继父，并一直与他保持着良好的父女关系。

在影视界，伊迪丝人缘好，朋友也很多。这些老朋友经常在路过芝加哥时去看望她。她的这些演艺界的朋友为南希日后进入好莱坞帮了不少忙。伊迪丝的朋友中，给南希印象最深的是斯潘塞·特雷西。每次斯潘塞去看望伊迪丝时，都会在她家住上几天。斯潘塞是个很有魅力的男演员，有失眠的毛病。在伊迪丝家时，每当南希晚上回家，斯潘塞总会从床上起来，同南希交谈一会儿。斯潘塞告诉南希，说表演不需要什么技巧，只要牢记台词，深入理解角色就行了。

凯瑟琳·赫伯恩是伊迪丝另一位常联系的演员朋友，南希和她也相处得十分愉快。当凯瑟琳得知南希想要当演员时，给了她一个忠告：不要只看那些大明星的风光，演员是个艰苦的职业。自己一定要努力才行。许多想当演员的女孩最终因为不努力而只成为一名饭店的女招待。

在伊迪丝的演艺界朋友中，沃尔特·休斯顿和南·休斯顿夫妇同南希的来往最为密切。当时，沃尔特是位当红的大明星，他扮演的一些角色在人们心目中留下了难以磨灭的印象。沃尔特是个很活跃的人，他曾带南希全家观看了拍电影的场面。南希15岁那年，沃尔特来到她家做客，同时还带来了一位朋友——吉米·斯图尔特。南希一下子被这个高大英俊的男人迷住了。吉米不但外表英俊，而且带着一种男孩所特有的气质，凭这点他成为好莱坞最具魅力的男人之一。吉米知道南希十分爱慕他。那天晚上，他在星空下为南希唱了一首歌，自己用手风琴伴奏，使南希深深陶醉其中。吉米·斯图尔特离开南希家时，他邀请南希到好莱坞参加一个朋友的舞会。南希非常高兴，但洛伊尔坚决反对南希去。于是，南希只好委婉地拒绝了吉米的邀请。事后，南希发现继父的反对是有道理的，因为吉米是个花心的情场老手，南希和他交往过多并不是什么好事情。

上中学时，南希成绩平平，但在学校的演出活动中备受关注。因为对戏剧的热爱，南希高中毕业后进入了史密斯学院，主修戏剧和英语。

在大学里，南希交了第一个男朋友，他们的恋情十分浪漫，结局却有些悲哀。他们第一次相遇是在南希家的一个社交聚会上，当时正赶上学校放圣诞节假。那天，南希穿上漂亮的礼服，等候各位嘉宾的到来。可是到了约定的时间，受邀的人没有一个到场。这让南希有些沮丧。正在这时，一个年轻帅气的小伙子率先赶到了。他叫弗兰克，是个大学生。弗兰克同南希很谈得来，南希很喜欢他开朗幽默的性格。那天的聚会上，他们一直在一起，跳舞或聊天。

假期结束后，南希回到了史密斯学院，但她同弗兰克的联系没有结束，他们开始正式约会。南希到弗兰克的学校里观看足球赛，参加舞会，弗兰克也来到南希的学校里参加一些活动。到了周末，他们还一起去纽约比尔特摩旅馆游玩，在旅馆的大钟下欣赏纽约的美景。这段时间里，他们过得非常愉快。

可是，不幸的事发生了。那一年，日本人偷袭了珍珠港，弗兰克被征召入伍。为了和南希告别，他打算去一趟纽约。当他到达车站时，开往纽约的火车已经开了。弗兰克想穿过铁路赶上那趟列车，结果被另一辆火车压死了。

听到这个消息后，南希悲痛万分。她没有想到，她和弗兰克的爱情竟然是这样的结局。母亲伊迪丝告诉南希，弗兰克临死前还带着南希送给他的烟盒，南希知道后更加悲伤。她与弗兰克的感情一直很稳定，甚至还提到了结婚。弗兰克死后，南希精神恍惚，心神不安，茶饭不思。家人时常安慰她，鼓励她。朋友们担心她长此以往，终会毁了自己，就都劝她常出去走走，跟大家多交流，以缓解抑郁的心情。在家人和朋友的劝慰下，南希渐渐恢复了过来。

5 真爱

RONALD REAGAN

弗兰克死后，在大学的暑假期间，南希还外出演过几场戏，在这些活动中她积累了宝贵的舞台经验。南希是学戏剧而不是学表演的，所以她没有资格登上舞台出演角色。但南希太想上台表演了，于是她设法在巡回剧团里找了一份学徒的工作。招收学徒是剧院老板的一种经营手段，目的是让那些想当演员的人到剧组干零活，报酬就是可以观摩那些名演员的演出，一些条件好的学徒还有可能在舞台上担任一些不太重要的小角色。学徒的生活十分清苦，食宿条件非常恶劣，而且这个职业在当时不受人尊敬。很多学徒为了能弄到一个角色，还要跟剧院的经理做些不正当的“交易”。当学徒期间，南希只演过一场戏，而且台词只有一句：“太太，吃晚饭了。”不过，她对这个机会还是十分重视的。在表演时，她牢记斯潘塞的教导：牢记台词，深入理解角色。

南希真正到剧组演出还是在战后。伊迪丝的一位老朋友扎苏·皮茨推荐南希到剧本《摇摇欲坠的小客栈》中出演一个小角色，戏份非常少。在剧中，南希演一个小女孩，整天待在阁楼里，只是偶尔下楼同大伙儿说几句话。但这是南希真正涉足演艺界的开始，此后，她为自己定下计划——目前要做的就是不断前进，最终成为一个真正的演员。

有很多人嘲笑南希，说她是利用母亲的关系才进入演艺圈的，南希对此并不否认。如果没有母亲的帮助，她的从影之路将会非常困难，因为这一行的人才太多了，竞争也十分激烈。从客观上讲，南希的演技也没有达到母亲那样的水平。但南希的戏剧理论根基十分深厚，她进入这个圈子后，很快就适应了。

拍完《摇摇欲坠的小客栈》，南希就在纽约住了下来。她在那里租了个房子，还经常去看望母亲的那些朋友们。南希是个胆大的姑娘，虽然剧场离她住的地方比较远，有时演出结束时已经半夜了，她一个人从剧场步行回家，却一点都不害怕。在此期间，她还去各剧场找活干。像她这样的小演员找工作被戏称为“招黄牛”，南希十分讨厌这个称呼。

按照行业规定，小演员要接受 5 天的试演，大部分演员都在这段时间里被解雇了，而且没有任何报酬。南希当时并不知道这个规矩。她在一个剧组找到了一份试演的角色，谁知在试演的第 3 天，导演把她叫到后台的小巷里，对她说：“你的表演不适合这个角色，你再到别的剧团看看吧！”这次经历对南希打击很大，曾一度让她丧失了对表演的信心。后来，她的一些朋友告诉她说，在表演时，演员被解雇是一件很平常的事。南希这才又恢复了信心。

南希的第二次正式演出还是母亲的一位好友玛丽·马丁帮的忙。玛丽把南希介绍给音乐剧《琵琶曲》的导演，经过试镜后，南希获得了一个小角色。这是一个中国音乐剧，南希在里面扮演一个侍女。

《琵琶曲》在百老汇上演的第一天晚上，伊迪丝和洛伊尔也赶来看她的演出。南希第一次在这样的环境中演出，因而十分紧张，不过她的演出效果很好。当地的报纸对这部音乐剧给予了极高的评价，南希也得到了一些表扬。之后，《琵琶曲》又在普利茅斯剧场整整演出了6个月。

在演出期间，南希还受到一位鼎鼎有名的大明星克拉克·加布尔的青睐。一个晚上，母亲伊迪丝给南希打了一个电话："克拉克·加布尔可能在最近一段时间内会给你打电话，到时你可不要太吃惊呀!"克拉克·加布尔是当时名头最响的男演员之一，凭借在影片《飘》中的出色表现，他已经成为当时美国少女心目中的偶像。克拉克看了南希的表演后，对她这个名不见经传的小演员产生了兴趣。他从斯潘塞那里要来南希的电话号码。他觉得直接给南希打电话有些唐突，于是把这件事先告诉了伊迪丝。幸亏他这么做了，否则南希一接到他的电话，肯定以为自己是在做梦。没过多久，克拉克果然打来了电话，他邀请南希一起吃晚饭。南希见过不少成名的男演员，但克拉克跟他们完全不同。他有一种不可捉摸的气质，正是这种气质抓住了影迷们的心。

克拉克在纽约待了一个星期，他同南希一起看球赛、看戏或出席各种舞会。南希第一次和名人交往，觉得很多事情都很新鲜。在他们去剧场看戏时，需要警察保护才能进出。在看戏时，剧场的观众都不去注意舞台，而是一直盯着克拉克，仿佛他才是当天的主角。

虽然克拉克很性感迷人，但他并不像人们说的那样风流不羁。他心肠很好，又幽默风趣。他不但送南希鲜花，还拉着她到处闲逛。克拉克对南希的印象非常好，他认为在好莱坞纸醉金迷的环境中，女演员都变得热衷于名利，而南希却没有这样。

由于克拉克的明星地位，他和南希的这段经历当然也会被专栏作家绘声绘色地描写成了一段罗曼史。看过那些报道后，伊迪丝给南希打电话，问她和克拉克到底是怎么回事。南希回答说什么事也没有，但伊迪丝对她的回答半信半疑。后来经过南希的再三解释，伊迪丝才相信了她。

在与克拉克相处的这段时间里，南希觉得克拉克是个既迷人又和善的大明星，但并没有因此而爱上他。她知道她的意中人绝不会是克拉克，因为克拉克不适合她。

南希在演戏方面继续不断地前进，在一部名为《破盘子》的短剧中，南希的表现十分突出，以至于引起了米高梅电影制片厂的注意，他们让南希到电影厂试镜。米高梅是好莱坞的大电影厂，得到他们的通知后，南希惊喜万分。伊迪丝知道后也十分高兴，她立即求助她的一些演员朋友，让他们在南希试镜时帮点忙。伊迪丝的朋友斯潘塞为南希找到了最好的导演乔治·丘克，让他指导南希，还找了一位一流的摄影师负责拍摄。在几个人的共同努力下，南希成功地通过了试镜。就这样，南希成了米高梅电影制片厂的一名签约演员。她的周薪是250美元，每年工作40个星期，其余12个星期休假。这个工作让南希摆脱了向家里伸手要钱的现状，她终于实现了经济独立。在米高梅电影制片厂，南希拥有了更多的发展机会。

刚进入米高梅电影制片厂时，南希觉得她是进入了一个梦幻世界。这里有很多大明星，而且这些明星都很平易近人。他们会主动同南希打招呼，这让南希有点受宠若惊。后来，她发现这样一个事实：越是有名的演员就越平易近人，他们不断鼓励新来的演员，并帮助新演员登上艺术的巅峰。

南希在第一次拍片时由于太紧张而闹了个大笑话。那天，化妆部负责人比尔·塔特尔对南希开玩笑说："你必须改变一下你的这双眼睛，它们实在太大了，镜头上不好看。"南希却把这句话当了真，拍片时一直都眯着眼睛，好让它们小一些。导演以为南希的眼睛出了毛病，就把她叫到一边，问她的眼睛怎么了。南希把化妆师的话说了一遍。导演听后，笑得前仰后合，他告诉南希，不存在"大眼睛不能上镜"的说法。南希当时觉得很尴尬，她是因为太紧张，才误信了化妆师的话。

一般说来，人们对好莱坞的演员都抱有一些偏见，认为明星的生活腐败不堪，可南希并不这么认为。南希认为，虽然有些演员生活不检点，过着狂饮、吸毒、性乱的放荡生活，可大多数演员都过着检点的日子。

南希在米高梅电影制片厂拍的片子并不多，也没有成为一个红极一时的大明星，但她的银幕生涯比舞台生涯更为成功。在这个明星济济的环境中，她的演技提高了不少。每个演员都有一个适合自己的角色范围。由于南希不像别的女孩那样性感泼辣，所以她经常扮演的角色要么是年轻的妈妈，要么是孕妇。

多年后，南希对她所演的片子大都不记得了，但有一部片子她却记忆犹新。那部片子名叫《东边、西边》，在拍摄这部影片时，她真正结识了她生命中的另一半——罗纳德·里根。

罗纳德·里根同南希有很多共同之处，但是他们并没有一个很好的机会认识对方。自从里根替南希摆平了误传事之后，两人才开始频繁交往。双方逐渐开始互相认识和了解。现在两人又有机会一起拍片了，当然不能错过这么好的一个互相进一步了解对方的机会。

在认识的最初阶段里，里根和南希从不把心里的感情表露出来，他们都有各自的担心和忧虑。里根为南希的气质和美丽所吸引，很想早点接近她，但离婚的阴影似乎挥之不去，让他不敢大胆表白自己的爱。而南希对里根的爱慕是发自内心的，她认为自己从未见过像里根这样的男人——观点鲜明，性格开朗，为人诚恳正直。在两人的交往中，南希总是扮演一个倾听者，她喜欢里根滔滔不绝地长篇大论。里根也被南希的乐于倾听给吸引住了。里根特别喜欢那些善于倾听的人，这些人往往能和他愉快相处。因为他太喜欢讲话了，如果对方是个不乐于倾听的人，他就不得不努力克制自己马拉松式的长篇大论。但南希总是给里根这样一种感觉：里根讲得越多，她就越爱听。

里根和南希都希望能与对方建立一种稳定的感情。从小到大，南希十分缺乏父亲的关怀，紧接着她的第一个男友弗兰克又不幸去世，她太需要男人的关怀了。自从遇到里根后，南希又燃起了爱情的火焰。尽管他们的爱情不像其他情侣那样轰轰烈烈，但他们一直在努力向对方靠近。里根多么渴望有一份天长地久的爱情，第一次婚姻给了他太深的痛，他需要与一个理解他的女人一起生活。此时的里根还面临着另外一个麻烦的问题——他已年近40，在事业上本来应该再次达到新高峰，可眼下他却正在走下坡路。为了挽回自己昔日的辉煌，他想找一部合适的片子，却根本无法做到，内心自然痛苦万分。但乐观的他不想让别人看出他的不快乐，他的脸上经常洋溢着欢乐的笑容。他更不希望南希看出他内心的不快乐，每次见到南希，他总是和南希开玩笑，就像第一次见面时一样。

南希完全了解里根的难处，也很同情他。当里根对爱情犹豫不决时，南希知道那是离婚给他带来的伤害太深了。她很珍惜每次和里根单独相处的机会，并安慰他不要为过去的事难过。有时候，里根也会带上南希去看望他的一班朋友。不过，里根和南希相处的时间并不多。他们的恋情十分含蓄，看起来没有任何浪漫色彩。就连里根的朋友也无法猜出里根究竟看上了哪一个女友。

同里根相比，南希此时的状况也不容乐观。她已经28岁了，同龄的女子大都已经结婚生子或者有了一个成功的事业。但南希却一样也没有，在电影界，她是一个银幕上较少露面的小明星；生活上，还没有找到一个如意郎君。当逐渐了解里根后，她认为里根就是她要找的人。但是两人仍然十分含蓄地相处着，仿佛都已经越过青年人的激情岁月了。从 1949 年到 1952 年，里根和南希一共相处了 3 年。这场恋爱并不是好莱坞“闲话栏”记者笔下的闪电式“罗曼史”，他们的爱情是缓慢而坚定的。

1952 年 3 月 4 日，这场马拉松式的恋爱终于修成正果。里根与南希在河谷小布朗教堂里举行了简单却温馨的婚礼。然后，这对新婚夫妇驱车来到加利福尼亚的“河边旅馆”，在那里度过了他们的新婚之夜。

新婚过后，两人又一起返回好莱坞。途中穿过莫哈韦沙漠时，他们遇上了大沙暴。当时的情况十分危险，里根开着大篷车，在风沙中穿行。大风刮开了汽车顶篷，南希只好跪在前座上，用手拉着车篷以免被大风刮走。尽管如此，这次旅行还是美好的。沙漠中遭遇的风暴还为这个浪漫的时刻增添了几分戏剧色彩。

在好莱坞，大明星之间的竞争是十分激烈的。对于任何一个角色，大家都会积极争取。对于罗纳德·里根和南希·戴维斯来说，这段时期变得更加困难了。他们最终都没有成为“大明星”或“超级明星”。不过，这样的人物却有能力使百万富翁慷慨解囊，投下大笔资金来捧他们。

南希终于获得了一个好机会，她被邀请在科幻影片《多诺万的脑子》中担任女主角。影片大体讲的是一个有精神问题的百万富翁，他想让人在他死后把他的脑子浸泡在防腐剂里，希望这样可以在来世仍然保持显赫的地位。这部影片一上映，立即得到观众的好评。

尽管里根夫妇两人的前途都是十分乐观的，但生活的脚步丝毫没有停止，喜悦也没有停止。1953 年，里根和南希的第一个孩子出世了，是个可爱的女孩，里根给她取名为帕蒂。

1956 年，南希和里根又一起拍摄了影片《海军里的泼妇》，这是南希演过的最后一部片子。影片中扮演南希丈夫的人正是里根。《海军里的泼妇》拍摄起来十分艰难，其中有一场戏使南希费尽周折，差点半途而废。这场戏的外景选在圣地亚哥码头。戏中，里根要指挥一艘潜艇出海，参加第二次世界大战，南希作为里根的未婚妻，不惜冒着生命危险，赶到码头同里根告别。在拍摄告别的那场戏时，南希特别入戏，以致控制不住内心的悲伤，大哭了起来，可是剧情并不要求南希哭泣，这有点违反剧本的要求。后来，情绪激动的南希哭得连台词都说不出来了，导演重拍了 3 次，她才勉强连贯地说出了台词。

几经周折之后，里根心里明白，在电影界他不会再有更大的发展，他必须另辟前程。后来他接受通用电气公司的邀请，替公司做演讲宣传。

1956年，里根已经在电气公司工作了两年，他的工资增长得很快。1958年5月，里根家里又添了一个男孩，取名为罗纳德·普雷斯科特，昵称罗恩。第二个孩子出生后，里根夫妇双双退出了电影舞台。

罗恩出生后，对里根夫妇来说，“家”已经不再是个徒有虚名的词语了。两人决定，在太平崖他们居住的那个地方，修建一座属于自己的住宅。他们要把房子建在一个游泳池旁，这所房子一定要处处体现他们的个性。像好莱坞大多数豪华住宅一样，他们的房子配有可以容纳3辆轿车的大车库。房子里还设有大阳台，站在那里可以眺望整个太平洋。

同其他加州房子不同的是，这所屋子到处都通了电。因为里根是通用电气公司的“形象代表”，而且宣传工作也做得不错，所以公司以此作为对他的特殊奖赏。这所房子的餐厅周围装满了反光灯，一共分为3种颜色，白色、粉红和黄色，这3种颜色的灯分别由3条不同的线路控制。

卧室的面积很大，地上铺着粉红色的地毯，双人床十分宽大，上面罩着红白相间的漂亮床罩。窗帘也被设计成红白相间的颜色，整个房间到处充满着女性味。为了弥补卧室里过多的女性气息，里根便把更衣室采用了更多的深褐色装饰。而南希的更衣室里则是一片银白色，就像是用银子镶成似的。

这所房子的室外有一大片娱乐场地，这里也表现出了主人对通用电气公司的热爱。场地的正中央设有一个电动烤肉架；外墙上嵌进一台方便轮转烤肉器；场内到处都是电源插座，光是配电盘就有8个之多。

南希喜欢明亮的颜色，尤其是粉红和大红。她喜欢把沙发坐椅都铺上垫子，这些垫子的主色调就是粉红或大红，上面还布满了各种图案。他们的厨房用的是中国式餐柜，刷着暗红色的油漆。餐柜上摆着许多古玩饰品，十分配套。南希喜欢收藏古董，她把这些珍品摆了一屋子。主客厅里，最显眼的家具是那个巨大的壁炉。透过客厅里优雅明净的落地窗，可以欣赏到屋外明媚的风景。

在游泳池和内院旁，南希还特意放置了两张黄色沙发和一张黑色鸡尾酒桌。在这里，她和里根可以享受丰盛的晚餐。

6 州长夫人
RONALD REAGAN

在通用电气公司工作的几年时间里，因为里根到处演讲，所以他的工作范围也慢慢扩展到了政界。1964 年，美国总统选举时，里根为共和党的候选人戈德华献计献策，并在各个地方做巡回演讲。因为这次活动，他被评为加利福尼亚最有头脑、最有口才的政治家。1966 年，里根在各种各样的压力下，开始竞选加利福尼亚州州长。

南希对里根竞选州长的事情并不十分支持，同家里的大部分成员一样，南希对现在的生活十分满意。可里根已经决定竞选，她也就改变了主意，全心全意帮助丈夫竞选。

里根为竞选四处奔波演讲时，南希一直陪着他，为他打点各种各样的事情。但有一样事情南希拒绝帮忙，那就是演讲。虽然她在好莱坞当了多年的演员，但演戏和演讲之间差别很大。演戏是要塑造一个虚构的角色，只要能理解所饰演的角色就行了；但演讲是在表达自己的观点。南希一直不擅长自我表露，所以对于演讲这样的事心里更是没谱。

可里根的竞选助手想同南希商量一下，看她能否改变自己的决定，他对南希说："你瞧，里根每天要走许许多多的市镇以争取选票，弄得疲惫不堪。而加州是个大地方，他不可能把所有的地方都走到，也许你能为他巡视一些小镇，你只需要到那里回答一些观众的提问就可以了，这样里根就省了很多麻烦。"南希十分了解丈夫的状况，竞选确实让他十分疲惫。现在经过里根助手的劝说，南希决定试一试。

当南希真正接触到竞选这件事的时候，才发现事实并没有她想象中那么困难。由于她不需要做演讲，她感觉还是比较轻松的，而且在回答问题的过程中，她还了解到群众的很多意见，这些意见对里根的竞选提供了很大帮助。

虽然南希只是作为里根的竞选助手，可这样繁忙的活动还是把她累坏了。一天早晨，她一觉醒来，竟发现脖子不能动了，她赶忙请来一位医生帮她看看。医生对她说这是因为她太紧张了，人在神经紧张时往往会抬高肩膀，再加上长时间站立等因素，造成了颈部肌肉痉挛。医生给南希做了热敷和按摩，南希感觉好多了。从此以后，南希在出席正式场合时，一直保持肩膀下垂的姿势，以防肌肉过度疲劳。

里根和南希的辛勤付出终于得到了回报，里根以压倒性的优势击败了现任州长帕特·布朗，成为新一届加州州长。里根担任州长后，无形中也增加了南希的工作。以前，她只要照顾好里根的生活就可以了；现在，她不得不同政治开始接触。

作为加州州长，政府在萨克拉门托为里根提供了一套州长府邸。这座州长官邸建于1877年，到里根搬进去时已经成为一座名副其实的老房子了，其中的一些房屋的木框已经腐烂，成了当时消防部门的重点保护对象。这座房子不但安全存在问题，噪音情况也让人难以忍受。房子正好位于闹市区，街上过往的车辆不断，即使在凌晨也会有重型卡车一辆接一辆地隆隆开过，简直吵得人无法休息。

南希搬到那套房子的第一天，就对这样的环境感到头疼。一想到要在这栋房子里生活好几年，竟然难过得大哭了起来。里根也十分内疚，他作为州长却不能让南希住上一个好房子。

在最初的两个月里，南希和儿子罗恩暂时住在太平崖的房子里，只有在周末的时候才乘车去萨克拉门托的州长住宅。后来，南希不忍心让里根一个人住在那里，就带着儿子一起搬了过来。冬天在这个房子里住是十分难受的，为防止火灾的发生，工作人员不准南希使用壁炉取暖，只能采取其他的办法。

里根一家在那里住了没多久，就发生了一些状况。那是一个星期五的下午，南希突然听见外面响起了救火警报。于是赶紧跑进罗恩的房间里，带着罗恩跌跌撞撞地下了楼梯，最后火灾隐患排除了，南希的心这才放了下来。

这栋房子的安全设施也不齐全，没有防火安全出口。当谈及这个问题时，消防队队长对南希说："一旦发生火灾，你们可以从卧室的窗户顺着绳子爬下来。"南希觉得这个办法太可笑了，于是问道："那我儿子怎么办？他房间里的窗户根本打不开。"消防队长轻松地说："那就用东西把窗户砸开，然后再爬出来。"当时，罗恩只有8岁，南希不好跟他解释这件事。

经过再三考虑，南希决定从这里搬出去，另找一套房子。里根支持她的决定，但里根的那些助手们却坚决反对，他们认为这种做法有损里根的政治形象。南希据理力争，坚持她的做法。

当南希要搬出州长住宅的消息公布于众时，人们对此议论纷纷。报刊上发表了几次反对意见，但大多数民众支持南希，尤其是那些做母亲的人，更能体谅南希的做法。后来，里根一家搬到了郊区一套英国式的乡村住宅里。

这套房子是里根从朋友那里租来的。当里根第一次看到这个房子时，就喜欢上它了。这套房子虽然不如他们在太平崖上的那套，但比州长府邸要好上好几倍。最重要的是，罗恩在这儿过上了正常的生活。从前在州长府邸时，罗恩没有场地可以玩，有一次竟在马路上同警察扔球玩。现在罗恩可以在屋后的大院里玩，南希还为罗恩在院子里搭了一座树棚，有时罗恩和他的小伙伴们就睡在那里。

这套房子唯一的不足之处就是太小了，当议员们来访时，屋子里没有足够的地方款待他们。如果是在夏天，南希就在户外为他们举行晚会。晚会前，南希还要先同邻居们解释一番，因为她怕晚会的吵闹声会影响邻居的休息。晚会上，有时还会有一些明星或是乐队出席，这些人还在席间表演一番。南希发现邻居们的孩子有时也喜欢趴在围墙上观看这些演出，于是她就干脆把他们请了进来。邻居的孩子们就围着水池坐下，津津有味地观看着表演。

当里根就任第二届加州州长后，南希决定重新建造一幢新的州长住宅。她在郊区找到了一处合适的地方，那里位于美利坚河的旁边，四周有参天的古树，景色十分优美。因为有了前 4 年的成绩，州政府也有了不少预算盈余，所以州政府对南希的这项计划给予了支持。很快，一个新的州长住宅就建成了。南希把屋子里装修了一番，全家只要搬进来就可以了。然而，这个新州长官邸建好后，里根并没有入住。里根卸任后，杰里·布朗接替了他的位置，因为杰里是个单身汉，也没有住进这座新官邸。

在里根任加州州长期间，为了提升里根的政治形象，南希还积极投身于各种活动。南希对医院的活动很感兴趣，她曾参观过各种医院，并慰问了医院里的患者。

在州立太平洋医院里，有人向南希介绍了一个名为“爷爷奶奶看护活动”的公益项目。活动的内容是让老年人同一些智力低下的孩子结为朋友。这个活动无论是对老人还是孩子，都很有益处。老年人常感到孤独寂寞，没有人陪伴，但他们却有精力做许许多多的事情；而那些智力低下的孩子们则十分需要悉心照料和疼爱。这两种人结合在一起，彼此都满足了需要。这些“爷爷奶奶们”，每周用5天半时间来照料这些智障孩子。孩子们的出现也丰富了老人们的生活，他们早晨早早起床，为孩子们准备早餐。在照顾孩子期间，老人们的性格也不再孤僻抑郁，而变得开朗起来。智力低下的孩子也是有感情的，他们对这种额外的疼爱十分高兴，因为在福利院是很难体验到这种爱的。

当南希听完医院工作人员的介绍，认为这项活动非常有意义，立刻着手推广这项活动。里根在这个过程中也帮了不少的忙。不久，加州的大部分医院都开展了这一活动，这一活动还吸引了大批志愿者，服务对象的范围也不断在扩大，一些聋哑儿童和少年罪犯也被列入到这项活动之中。

南希还多次到荣军医院慰问在越战中负伤的战士，同这些伤员亲切交谈。在离开之前，南希总要询问战士们是否需要帮助，譬如说让她给他们的亲人打个电话之类的事。一些战士把自己家里的电话号码交给南希，南希回去以后，就按照上面的电话打过去。每当同这些负伤战士的母亲聊天时，南希总会忍不住流泪，她能体谅那种做母亲的所对儿子的挂念之情。

除了看望越战中的伤兵之外，南希还关注起战俘问题来。她设法同那些战俘的亲人们取得联系。在交往中，南希被这些人的勇气感动了，有些人根本不知道自己的丈夫或儿子是否还活着，但他们并不放弃希望。当战俘陆续回到美国时，南希和里根都感到十分欣慰。为欢迎他们的归来，南希一共举办了4次晚会。晚会在南希的家中举行，她认为温馨的家庭气氛会让战俘们感到温暖。

当第一批战俘回国时，南希和邻居们排成两行夹道欢迎。进屋后，南希还分别和他们热情拥抱。有一位海军中校还把自己在战俘营7年中吃饭的勺子送给南希以示留念，南希感动得热泪盈眶。在那些晚宴上，战俘们还互相倾诉了被俘时期的惨痛经历。南希简直难以想象他们能挺过那样的磨难，于是对战俘们更加同情。

战俘在被关押期间，常常因为极度的孤独而导致精神失常。后来，他们自己想办法解决了这个问题，玩些智力游戏以保证脑筋清醒。他们还通过叩击囚室墙壁的方法和别人取得联系。在晚宴上，南希就亲眼看到两位过去从未见面的客人突然拥抱在一起。原来他们俩被关在相邻的牢房里，是通过敲击墙壁，建立了联系。这个笨拙的联系方式竟然让他们知道了对方的很多个人信息，比如妻室儿女等等，并且在牢狱中结成了莫逆之交。

在这些宴会上，南希还收到了其他战俘的礼物，像中尉肩章、越南香烟等等，都是些不值钱却极具有纪念意义的小玩意儿。南希把它们一一珍藏好，以表达她对这些人的敬意和感谢。

南希作为州长夫人，经常被牵涉到政治中来，同时也不可避免地因为身为州长夫人的原因同别人发生一些冲突。就在里根刚担任加州州长的那一天，她陪同里根去圣地亚哥就预算问题同立法机关进行谈判。飞机上，坐在南希后面的3个人在那里你一言我一语地说着话，谈论的都是反对里根预算提议的话题，而且还把里根批评得一无是处。

南希在竞选时也曾遇到过反对里根的人，但这种情况还是第一次遇见。她越听越生气，于是放低靠背，转过身对那3个人毫不客气地说："你们嚼舌的那个人就是我的丈夫，他今晚就要在电视上出现。到时候你们就知道你们所说的是对还是错了。"

那3个人立刻哑口无言，当时他们一定很后悔坐在了南希的后面。当南希走下飞机时，同行的一个人说："真有你的，州长夫人就该是这个样子。"

以前像这种面对面的交锋南希并不经常遇到，但自从里根当上州长后，她每天都能看到报纸上那些贬低里根的文章。刚开始，南希对这种文章很生气，于是就躲进浴室里洗澡，以缓解激动的情绪。后来，她想出了一个办法，在想象中同那些散布谣言的人进行辩论，直到把他们驳倒为止。久而久之，南希的这个办法奏了效，她很快就能对那些指责泰然处之了。

里根任州长期间，那些谣言虽然给南希带来了很多麻烦，但南希还是慢慢适应了下来。可没过多久，她遇到了一个更可怕的麻烦，有人竟然扬言要杀掉南希。

自从总统约翰·肯尼迪遇刺身亡后，美国政府就加强了对政府首脑的保护工作。里根也被增派了特工人员。可有一次，南希从汽车收音机里听到有人扬言要杀掉她，再把她的头送给里根。这些人还说，如果里根肯释放某个刑事犯的话，他们就不会这么做了。当时，南希被这种威胁吓坏了，在以后的几年里，这样的威胁从来没有停止过，担惊受怕成了南希的家常便饭。

南希在萨克拉门托的住宅也不断遭到危险分子的光顾。有一天晚上，她和里根刚刚上床休息，忽然听到楼下“砰”的一声。南希立刻跑到阳台上查看情况。这时，她听见特工人员高喊：“关掉所有的电灯，远离窗口。”

原来特工人员在州长的住宅前发现了两个可疑的家伙，他们打算点燃一个燃烧瓶并试图扔到州长的窗户里。于是，特工人员对着他们开了一枪，那两个人被吓得匆匆忙忙驾车逃跑了。如果不是特工人员及早发现，里根的卧室可能就要变成一个火海了。

当里根结束 8 年的州长任期时，南希终于结束了这种担惊受怕的日子，他们又回到了太平崖的家里，她可以好好地喘口气了。

里根从加州州长的位置上下来以后，生活清闲了很多，他们夫妇相处的时间也比以前多了一些。他们的感情在几十年的磨炼中越来越深厚，在他们银婚纪念日那一天，里根的表现着实让南希感动不已。

当初，南希曾对里根说：“我小时候天真地认为，如果有人向我求婚，他就会带着我去划船游玩。那时，我在船边玩水，而心上人就在旁边为我弹着动人的四弦琴。”

银婚纪念日那一天，里根重新向南希提起了这些话，并打算为她弥补这个缺憾。里根把南希带到他们的“鸿运湖”。一条小船就停靠在湖边，里根扶着南希上了船后，深情地对她说：“我没有四弦琴，但我可以为你吹口琴。”

“口琴也一样。”南希微笑着回答。

他们把船一直划到湖心。在他们结婚整整 25 年时，里根为心爱的妻子吹奏了一首小夜曲。

7 叛逆的孩子们

RONALD REAGAN

里根有 4 个孩子。长女莫琳是前妻简·惠曼生的，长子迈克尔是他和惠曼收养的。他和南希生了两个孩子：女儿帕蒂和儿子罗恩。里根夫妇与子女之间矛盾重重，无论在政治、道德方面，还是在婚姻、爱情、性生活方面，他们的观念都相去甚远。在生活道路、理想追求、奋斗目标等问题上，他们各自走上了不同的极端。里根夫妇和子女之间的冲突在当时的美国是十分普遍的现象，代表了当时美国社会两代人的思想差异。说来好笑，在 4 个孩子中，只有养子迈克尔同里根的关系最为密切，为他的竞选大力帮忙。迈克尔和里根一样，有过两次婚姻，他也是唯一给里根生下孙子的子女。

莫琳出生于 1941 年 4 月 1 日，里根同简·惠曼离婚后，莫琳同简一起生活。莫琳曾就读于弗吉尼亚州马丽蒙特学院，毕业后居住于华盛顿，最后嫁给了一位比她大 13 岁的警察，这次婚姻只维持了短短一年的时间。离婚后，莫琳重新回到洛杉矶，在一家小剧院里从事演艺事业。1964 年，她又同美国海军陆战队的一名上尉结了婚，这段婚姻比上一次长了一些，不过也没有超过 3 年。

莫琳的职业选择有点重复父亲的老路。她再度离婚后，当上了电视谈话节目的主持人。里根在好莱坞退出后也曾当过主持人，但莫琳没有父亲那样骄人的业绩。莫琳同里根的政治主张相同，都是一个具有保守思想的保守派。她支持里根的政治事业，在里根第一次决定竞选公职时，莫琳给了里根很大的支持。

事实上，莫琳对政治也十分感兴趣，甚至比父亲更早地加入了共和党。1982 年，在里根就任美国总统后，莫琳决定竞选参议员。她作为 8 名共和党候选人中的唯一女性进入加州初选，她的政治对手有巴里·戈德华特、小皮特·麦克洛斯基和其他几位在职的领导人。

莫琳的竞选没有得到家庭的支持，里根对此表示中立，其他家庭成员则表示强烈反对。最终，莫琳的竞选失败了，她也因此与家人产生了隔阂。

莫琳与后来的丈夫丹尼斯·雷维尔一直住在加利福尼亚，后来，她担任了共和党全国委员会副主席一职，因此有机会频频访问华盛顿，顺便看望住在白宫里的父母。莫琳喜欢豪华的林肯寝宫，几乎一有空就住在那里。这样一来，她同父亲和南希的关系也变得融洽起来。

莫琳出版了一本名叫《总统的女儿》的书。书中用真诚坦率的笔调记载了里根的许多生活小事，有些事连里根最亲近的妻子南希也不知道。

里根的养子迈克尔生于1945年3月，刚出生时就被简和里根收养。由于养父母离婚，迈克尔的童年十分不稳定。他十几岁就进了圣·弗尔南多峡谷州立学院，后来又在南加州大学上学。他在这两所学校都没有太用功地学习，只上了一段时间便辍学了。1966年，刚从学校出来的迈克尔在洛杉矶滨水区做起了码头工人，并热衷于快艇比赛。他用自己挣得的5 000美元，买了一艘长18米的快艇，开始参加正式的快艇比赛。

由于里根在社会上颇有影响力，所以很多比赛的主办方都愿意邀请迈克尔去参加。有一次，迈克尔被邀请到亚利桑那州哈瓦苏湖参加比赛。在这次比赛中，他一举夺得冠军，轰动一时。

1970年，迈克尔同一位当助理牙医的姑娘结了婚，此次婚姻只持续了一年。5年后，他又同科琳·斯特恩结了婚，并开始了安定的生活。再婚后的迈克尔致力于经销工作。不久，他创立了自己的公司，向农民销售酒精汽油混合燃料设备。

1976年，迈克尔在一次赛艇比赛中受伤，导致背部肌肉大面积撕裂。可他很顽强，在伤势减轻后，又重新登上了快艇，继续参加各种比赛。

身为养子的迈克尔曾和家庭的关系十分冷淡。为了这个养子的身份，他感到十分苦恼。南希很理解迈克尔的想法，因为她也曾被父亲抛弃，陪伴她长大的父亲也不是她自己的亲生父亲。

在迈克尔16岁那年，他问南希是否能了解到他生身父母的一些情况。南希费了一番周折，从里根前妻的经纪人那里得到了消息。原来迈克尔的生母名叫艾琳·弗洛菲尔，生父是个军人。当艾琳怀了迈克尔后，迈克尔的生父出了国。迈克尔的生身父母并没有结婚，迈克尔是个私生子。当时，艾琳确实想抚养他，但在她的家乡，抚养一个私生子是十分艰难的。艾琳认识简，简也想帮帮她，于是艾琳便把孩子交给简来抚养。当初，迈克尔怀疑生母抛弃他是因为不喜欢他，所以心里很难受，现在真相大白了，迈克尔的心情平静多了。

令人高兴的是，1987年秋天，迈克尔在加拿大找到了同母异父的弟弟。他的这个弟弟名叫“巴里”。当时，迈克尔第一任妻子的密友认识巴里，得知巴里的身世后，马上告诉了迈克尔。迈克尔亲自去看望巴里，并从他的口中得知，母亲已经于1985年去世了。在临危之时，母亲才告诉他关于迈克尔·里根的事情。迈克尔还从弟弟的口中得知，生母一直很惦记他，她一直密切关注着里根的情况，屋里贴满了关于里根的各种文章。巴里告诉迈克尔，当初他以为母亲是里根的影迷才这么做的，没想到这一切都是因为哥哥迈克尔的缘故。

迈克尔还写过一本自传，书中用大量的篇幅描写了他的总统父亲。由于迈克尔曾和家人的关系十分冷淡，所以南希十分担心迈克尔会写出不利于里根的内容，便和迈克尔在电话中就此事谈了起来。迈克尔告诉南希，他确实有过想要诽谤父亲的念头，但他最终放弃了。在书中，他讽刺了家里的不少琐事，但对自己讽刺得最多。从这本书里可以看出，他已经消除了对家人的敌意；他和养父母之间曾发生过摩擦，后来也都和好了。

虽然迈克尔同里根夫妇有过不少不愉快的经历，但他同里根的亲生女儿帕蒂相比，还算是同父母比较亲近的。在里根和南希结婚后第二年，他们的第一个女儿帕蒂出生了。夫妇俩把这个小宝贝视为掌上明珠。可这位帕蒂小姐长大后却非常不听话，甚至闹到不愿跟父亲姓的地步。她自作主张地把自己的名字改成了帕蒂·戴维斯。

帕蒂·戴维斯在1986年写了一本自传体小说，名为《家庭阵线》。她以独特的身份和视角，详细地记录了一些鲜为人知的事情，把家里的秘闻、秘事全都抖了出来。该书曾被《纽约时报》评为最热门的畅销书之一。

帕蒂8岁时就开始讨厌父亲的一些做法，因为她家的餐桌上总是充满了让她厌烦的政治话题。那时候，里根正在电视台为通用电气公司当主持人。如果谈论汽车，小帕蒂一定会兴致勃勃的，因为那是她熟悉的东西，是一个8岁孩子可以理解的东西。然而，她在餐桌上听到的不只是这些，而且还有诸如“命令”、“自由主义者”等令她反感的政治字眼。里根很爱谈论诸如尼克松、卡斯特罗和赫鲁晓夫等政治家的事迹，评说他的竞选活动、支持者、选民等问题。对于民主党人和共和党人的事，里根也能滔滔不绝地说上半天。对于帕蒂来说，这些胜利和竞选和她毫不相干，她希望所有这些玩意儿从世界上彻底消失才好。在幼小的帕蒂眼中，政治是一个危险的东西，却在她家变得越来越大，越来越占据主导地位，直到完全跟他们生活在一起。有时候，南希和里根讨论政治问题，把帕蒂扔在一边，这时帕蒂就会轻松一些。但有时里根会把谈论的话题转到帕蒂面前，向她征求意见。她的意见总是：“不知道！”

然而，里根夫妇对这样的回答并不满意。于是，帕蒂想出了一个办法——在吃饭的时候，故意从椅子上摔下来。有时一顿饭她竟能从椅子上摔下来好几次。她就用这种方法来转移父母的视线。不久，南希为她另外买了一把新椅子，不仅有靠背，还有扶手，要想从上面往下掉十分困难，但帕蒂还是想方设法往地上掉。里根夫妇以为帕蒂得了什么病，就把她送去医院检查。医院自然检查不出什么毛病。

1966年11月的一个夜晚，帕蒂站在宿舍里，透过明亮的窗户，看着远处，呆呆地出神。外面偶尔刮起一阵风，地面上的落叶随风而起，沙沙作响。窗外还不时传来几声猫头鹰凄凉的叫声。面对这种景象，帕蒂闷闷不乐，于是给家里打了个电话。

接电话的是南希，南希的声音里透出兴奋之意，因为这一天，里根竞选州长获胜了。南希激动地对帕蒂说："亲爱的，你父亲当上州长了，你明天赶紧回来，跟他道贺吧！"

当初，帕蒂根本不赞成父亲参加竞选。现在父亲获胜了，她也没必要装出高兴的样子。接着，电话里传来父亲里根的声音："宝贝，你在学校一切都好吗？"里根的口气充满了关怀，给人一种安稳强健的感觉。但帕蒂表现得很冷漠，只是淡淡地说了句："祝贺你，爸爸！"

其实，帕蒂曾和父亲有过十分亲密的父女情，不过那已经是很早以前的事了。那时，帕蒂还很小，里根也没有像现在这样热衷于政治。帕蒂小时候喜欢金鱼。有一次，她发现一条金鱼在鱼缸里一动不动地浮了两天，当时她以为金鱼是睡着了。见此情景，里根把她抱到腿上告诉她那条鱼不是睡着了，而是死了。她知道那条鱼再也不会醒过来了，便难过地哭了起来。里根连忙安慰她，说那条鱼去了一个很美的地方，那里有秀美的湖泊，它可以自由自在地在湖里游玩，那个地方叫天堂。于是，帕蒂立刻破涕为笑。为了纪念那条鱼，里根和女儿一起为它在园子里修了个小坟堆，上面还竖着一个十字架。然而，多年后，亲密无间的父女俩却因为政治而形同陌路。

"你那儿今晚下雪了吗？"电话那边的里根又竭力找一些有趣的话题来与女儿交流。可帕蒂不想继续谈下去，便说："我今晚有点不舒服，大概是感冒了。下次再说吧！"说完，帕蒂挂了电话，接着忍不住哭了起来。宿舍里的同学还以为帕蒂是喜极而泣。可实际上，帕蒂一点儿都不高兴，相反却感到伤心。她预感到终有一天，政治浪潮会把她们一家人统统冲散。

帕蒂真希望自己重新回到8岁，那时她只要从椅子上掉下去，就可以把不爱听的话统统掠过，尽管只是片刻。她从小就害怕谈论政治，长大后依然如此，可她却一直搞不清为什么会这样。现在，帕蒂对父母所谈论的内容已经有了一些了解，但恐惧的心理依然存在。像小时候一样，父母在谈论时会时不时停下来，征求她的意见。他们一心想让女儿也加入到他们的行列之中。对于越南战争的问题，里根认为这场战争对越南局势的稳定、民主制度的建立十分重要。他问帕蒂对此有什么不同的看法。帕蒂认为这场战争的本质是侵略，是不正义的。让帕蒂十分反对越南战争的直接原因是，她曾经深爱的人格里格在越战中再也没有回来，这让帕蒂非常伤心，于是每当里根与她谈论越战，她就会大喊“这是一场不正义的战争”。在家中的餐桌上，她一次又一次地同父亲争辩，反对越南战争。

后来，帕蒂还参加了反战示威游行。由于她是州长的女儿，报纸很快就把这件事报道了出来。记者们纷纷打电话采访帕蒂，每次帕蒂都对他们说“无可奉告”，然后气愤地挂断电话。

帕蒂参加游行的事引起了州政府的高度重视，不久，里根的助手乔布·亨利来向他汇报：“州长，我们已经掌握了您女儿示威游行的资料。这是一张联邦调查局拍到的照片，摄于最近的一次游行活动。”说完，将照片递给里根。里根看了看那张被放大了的模糊不清的照片，中间用红笔圈出一个黑乎乎的小圆点儿，不用说，那是帕蒂的脑袋。

“我们有一份档案，”乔布·亨利继续说，“有一个名叫阿莉西亚·华盛顿的黑人姑娘，发起了蒙克莱尔大学的反战活动，还声称这是倡导和平的示威活动。可联邦调查局发现她与黑豹党的知名人物有密切来往。现在，您女儿整天和她待在一起，还住在她家。”“如果您女儿继续和这些人来往，将会对您的政治形象很不利。况且您要竞选总统，到时候选民会认为您连自己的女儿都管教不好，又怎么能治理好整个国家呢?”

“我看这只是暂时现象，”里根对手下说，“这些十几岁的孩子大都不听话，他们一出家门就完全变了样子。不过，我认为她读的那所学校让人不放心。我原以为那是个清净之地，没想到她进去后，会变成现在这个样子。放心吧！这件事我会处理的。”

圣诞节前夕，南希要帕蒂和她去参加一个医院的新建仪式。母女二人到达之后，发现有一群手持标语牌的示威者站在医院前面，标语牌上写着愤慨的话："里根给战争机器加润滑油"、"州长是个骗子"……

仪式开始后，示威者开始向会场内扔东西。一只西红柿落在了南希脚边，溅出的果汁粘到她洁白的鞋上。但帕蒂装着没看见，把头伸向了另一边。院方见场内的人们情绪激动，担心他们一时冲动，会做出对南希不利的事来，连忙向南希道歉，并派人把南希和帕蒂从后门护送出去。

上了车后，南希直愣愣地盯着前方。帕蒂见母亲这副神情，觉得有些对不住母亲。母女俩就这么默默无语地回了家。到家后，南希和里根就帕蒂参加游行示威的事与帕蒂进行了一番深谈。

南希看着女儿说："今天的场面你也看到了。你在游行中交的就是这些朋友吗？这太让我和你父亲伤心了。"

帕蒂听母亲这样说，有点生气地说："妈妈，您没有权利限制我的交友自由。我又没向你扔西红柿。"

南希听了这话，伤心地问帕蒂："你怎么能这么说，难道你也想这么做吗？你不断参加这些示威活动，已经深深伤害了我们的感情，难道你不知道吗？我想尽办法让你父亲有一个愉快的家庭生活，也让你们兄弟姐妹过上愉快的日子。一家人应该团结一心才是，怎么你非要毁掉这个家呢？小时候你是个可爱的小女孩。现在你怎么会变成这样？"

听到南希这么指责自己，帕蒂开始有些激动："妈妈，我不知道该怎么对您说。今天的事确实很让人遗憾，可我坚持自己对越战的观点，并不等于我要对每个反对越战者的过激行为负责。"

南希继续说："你没有必要提你那些所谓的政治观点，现在全国都知道加州州长的女儿参加了示威游行活动，这对你父亲的政治前途很有影响。你要为你父亲多考虑考虑，以后别再和那些人搅在一起了。"

听到南希又把自己和里根的政治形象扯在了一起，帕蒂立即反驳道："我完全有权利抨击我认为错误的事情，谁也没有办法阻止我。我会坚持我的想法，直到事情完全解决。"

南希见帕蒂这么坚持，就退一步说："我们不反对你持什么观点，可是你不应该把自己的观点公布于众，给你父亲的脸上抹黑，把这个家搅得不得安宁！"

说到这儿，南希哽咽了，她从手提包里取出手帕擦了擦眼睛。然后又转过脸来继续说道："虽然我们都有权利保留自己的见解，可并不等于我们可以在任何场合、任何时候都能毫无顾忌地发表自己的见解。你父亲现在身居要职，你应该顾及他的感受和立场。作为他的亲人，我们就要支持他的工作。"

这时，里根也说话了："女儿，你上了外面那些鼓动者的当！这些人一直在利用你，你却执迷不悟，帮他们一起造我的反！"

帕蒂说一道，他们这些学生分得清对与错，而政府却蒙骗了美国民众！

里根又指出，如果帕蒂再这么胡闹，对他以后继续参加竞选有百害而无一利。

这时，帕蒂终于明白父母为什么苦口婆心地要她放弃自己的想法了，她没有理会父亲，站起身来，扭头就走。

"你给我回来，帕蒂！"里根大声喊道，"你们这样冒冒失失地活动，结果只能是糊弄自己，你们明白吗？"

帕蒂站住了，激动地说："爸爸，为什么您恪守自己的信念，就能得到大家的称赞，而我恪守自己的信念，大家都来反对？您能告诉我这是为什么吗？"

这次交谈，帕蒂和里根夫妇互不相让，不欢而散。

这次谈话后，帕蒂也知道自己伤了父母的心，心里也感到很愧疚，总是想找机会修复。于是她借助一位朋友举办雕塑展览的机会，邀请母亲一起去观展。接到电话，南希高兴地答应了。帕蒂便开车去接南希。

参观美术展览的人络绎不绝，还有几个摄影记者不断地在拍摄展览品，以及馆内的人群。为了避开记者，帕蒂将车驶过停车牌，在拐角处找了个僻静的地方停下了车。

南希和帕蒂怀着愉悦的心情来到馆内，然而出现在面前的情景却把她们吓了一跳。原来这是一个充满巨型生殖器的展览会，其中有一个长达6英尺的阴茎，还有两只巨大的乳房雕塑，乳头由两只红灯泡制成，灯光还不停地在闪动。

看到这种场景，南希当时气得脸色发青，对帕蒂说："你想让我在大庭广众面前把脸丢光吗？"说完，怒气冲冲地向馆外走去。

帕蒂面对这种突如其来的情况，显得手足无措，急忙解释她之前确实不知道这是个色情艺术品展览。南希此时已经气得快冒烟了，根本不听帕蒂的解释。这次展览之后，母女俩的隔阂更深了。

南希以前从不过问帕蒂的私生活，自从看了那次美术展览后，她开始为帕蒂的私生活担心了，为此她还和帕蒂私下交谈了一次。

南希意味深长地说："帕蒂，妈妈真的希望你能获得幸福。希望你的生活就像我和你父亲这样。"

谁知帕蒂竟然问起南希年轻时在结婚前的职业打算。南希诱导性地对帕蒂说，她当时没有任何职业打算，她只希望拥有一个负责的丈夫和幸福的家庭。并表示，即使自己有事业，也会为丈夫和家庭而放弃自己的事业。帕蒂对南希的观点持反对意见，她认为，许多事业成功的女人也可以把婚姻经营得很好。这场谈话，南希最终没能说服女儿。

后来，当帕蒂与她的文学老师怀尔德同居后，里根大为恼火。他立即叫回了帕蒂，怒斥道："这真是太不像话！你居然与不相干的人同居？"帕蒂无畏地回答说，这是一种友谊而已。里根真的快被她气炸了。这时南希插嘴说："你们这代人真是堕落。我记得那次画展，里面尽是些有变态性行为的青年人。"里根这时也骂道，说他们这是犯罪行为！帕蒂问里根有什么证据说这是犯罪行为？里根无言以对，但坚持说，帕蒂是在给他们找麻烦。

里根夫妇与帕蒂谈了几次之后，没有取得什么效果，反而加深了他们之间的矛盾。

还有就是里根的小儿子罗恩，他也有些叛逆，但比起帕蒂要好管教一些。罗恩是个性格开朗的小伙子，里根常常叫他"快乐的杰克"。罗恩和父母的关系比较好，罗恩和南希更亲密一些。罗恩出生时，里根正在任加州州长，后来随着里根总统竞选的成功，又随父母搬到了华盛顿的白宫。

罗恩的叛逆在他小时候就已经表现出来了。上小学时，罗恩在学校里多次违反校规。上了中学以后，他染上了一些不好的习惯，还交上一些不三不四的朋友。他还与一个年龄很大的女人鬼混了好几年。这个女人出身娱乐界，还有一个十几岁的女儿。南希对这件事十分恼火，认为是那个女人把罗恩带坏了。后来，罗恩上了耶鲁大学，两人之间的暧昧关系才算彻底结束。

受父亲和南希的遗传，罗恩也是多才多艺。罗恩擅长写作，南希认为他将来会成为一名作家。罗恩也确实写了一些不错的文章，在学校中受到好评。不过，罗恩并没有像南希预想的那样成为一名作家，相反的，他决定要当一名芭蕾舞演员。

里根和南希劝罗恩等他毕业后再考虑芭蕾舞的事。罗恩争辩说，他已经18岁了，再不学就晚了。里根夫妇拗不过罗恩，只好随他去了。不过他们一直抱有一个遗憾——4个孩子中没有一个真正大学毕业。

罗恩在这方面可下了不少苦工，最后被纽约著名的乔夫雷舞蹈剧团录用了。对于年轻而又爱好艺术的罗恩来说，纽约是个十分美好的城市，但罗恩不喜欢特工人员时时处处跟着他，那样让他实在受不了。

一个星期天，罗恩来到白宫，找父母商议关于特工的问题。里根夫妇竭力劝他接受特工人员的保护，说恐怖主义和绑架案的发生十分频繁。如果没有特工人员在他身边，他的人身安全就会受到威胁。可是罗恩怎么也听不进去，他想要自己的生活。里根夫妇只好让步，让他按自己的想法去做了。

一次偶然的机会，罗恩遇上了一个名叫多丽娅·帕尔米的姑娘。罗恩搬到纽约不久，就与多丽娅同居了。虽然不像上一次帕蒂同居那样令人震惊，但南希仍然感到有些不舒服，她怀疑多丽娅的母亲也有同感。最开始时，南希不太喜欢多丽娅，因为多丽娅让她回忆起罗恩的前任女友：她们都比罗恩大，而且都是未婚同居。南希害怕这次同居会给罗恩带来同样灾难性的结局，使罗恩的心灵再次受到伤害。

不过，这次罗恩终于赢得美人归。经过一段时间的相处后，两人结婚了。婚后，罗恩和多丽娅生活得很幸福，他们情投意合，如胶似漆。多丽娅同南希的关系也越来越融洽，这是南希感到欣慰的一件事。

1984年，罗恩决定不再跳芭蕾舞。尽管他表演出色，但毕竟起步太晚了，已经很难达到一个出类拔萃的境界，他决定尝试一些其他的职业。当罗恩从纽约回到华盛顿时，里根夫妇终于松了一口气，不用再为儿子的安全问题担惊受怕了。

罗恩新的想法是当个作家，这正合南希的心思。他开始为《花花公子》杂志撰写文章，文章受到评论界的一些好评。除了为报纸杂志撰稿外，罗恩还为一个美国广播公司的《早安美国》节目组工作。南希坚持每天早晨都观看这个节目。节目中有一些危险镜头，这让南希很担心，她怕罗恩受伤，可罗恩乐此不疲。

罗恩还有一个非常让人钦佩的优点，那就是能够十分机灵地维护父亲的声誉。与人交谈时，特别是和记者交谈时，罗恩总是语言风趣幽默，他能使和他交谈的记者感到愉快，同时还能维护自己父亲的声誉。罗恩是个很有见解的青年，有很多观点和父亲并不完全一致，但他从不在公开场合谈论这些分歧，进而给父亲带来压力。这一点让南希很欣慰。当里根遇刺时，罗恩是第一个赶到医院看望父亲的人。当里根去世后，是罗恩在想方设法地安慰精神萎靡的母亲。

罗恩还喜欢看书，对人又很热情。不过，虽然他待人友好，但很少有知心朋友。罗恩有一点让父亲里根深感不安，那就是他不去教堂做礼拜。里根是个虔诚的基督教徒，在离开白宫后，几乎每个礼拜天都去教堂做礼拜，可罗恩却从来不去教堂。

虽然两代人的观念不同造成了很多误解，但里根夫妇坚持把孩子们当成朋友来看待。他们把民主的作风带到了家里，一直保持着与孩子们平等交流的风尚。

第五章
大选风云

尽管里根在 1976 年的竞选中失败了，但美国民众永远记住了“关于 900 亿美元的讲话”，这也为里根铺设了一条通往未来胜利的退路。从开始涉足政坛到此时，里根已在美国的政治舞台上积极活跃了 15 年。现在，他和当年的爱德华·肯尼迪一样，已完全成为一名超级政治明星，很多人认为他具有当总统的品格。这些都使里根获得了超过其他共和党候选人的巨大优势，为他奠定了 1980 年竞选成功的基础。

1 被迫竞选

RONALD REAGAN

里根加入共和党之后，党内人士对他的印象一直不错。1966 年，里根以 58%的得票率击败连任两届加州州长的帕特·布朗，成为第 33 任加州州长，1967 年 1 月，正式就任。接任加利福尼亚州州长后，他的口碑挺好，政绩也不错。在 1966 年之前，里根一直给人这样的印象：等干完一届州长再考虑竞选其他职位。因为他自己心里非常清楚，演员生涯的负面影响仍然没有消失，自己又没有什么政治背景，及早开始谋划其他的职位不太现实，不如先干好加州州长，为自己积累一些政治经验和政治筹码，然后再考虑往更高处发展。

1968 年，是里根上任的第二年。从这年开始，里根才真正弄明白州长的工作是怎么一回事。因此，可以说从这时起，里根才开始真正喜欢上州长工作。当时，里根正在着手继续实施他的州长任期计划，他也没有时间去想竞选其他公职的事。而且他知道自己资历尚浅，更不敢去想竞争总统候选人。

但还是有很多人希望里根参加共和党内的总统预选活动，里根感到有些压力。可当时的实际情况，让里根有些身不由己。

从 1967 年春天开始，也就是全国起来反对约翰逊总统和越战以前，共和党总统候选人的人选非常有限。共和党内总统候选人的提名之争基本局限在密歇根州的乔治·罗尼、纽约州的纳尔逊·洛克菲勒，以及理查德·尼克松等人中间，而当时的理查德·尼克松之前失败过两次，因此人们认为这次他获胜的希望也不大。对里根来说，他的政治羽毛这时还没有完全丰满，但是有两个人很欣赏里根，非常希望他能出来竞选。这两个人是汤姆·里德和诺夫齐格。前者既是一个政客，同时还是一个石油业的富翁，而后者的财富并不亚于前者。这两人极力劝说里根出来竞选。里德于 4 月 11 日离开州政府，下定决心不把里根推出竞选总统决不罢休。之后，里德把 1968 年的大部分时间都花在动员全国力量来支持里根竞选总统的事情上。诺夫齐格也暗暗使劲。但是对于他们的热情，里根却保持着一种不赞成的态度，说自己不是合格的总统候选人。

这两人不断地劝说里根参加竞选，并认为随着时间的推移，里根会感兴趣的。对此，一位记者讽刺道："里根在加州是除了玉米、面包、猪头肉之外最抢手的货物。"除了这两人外，共和党内还有一些里根的支持者，这些支持里根的人一直在想办法让里根出来竞选。1968 年 2 月，这些支持者起草了一份备忘录，重述了对里根的支持："尼克松将不会取胜，乔治·罗尼已经不行了，纳尔逊·洛克菲勒更不可能被提名。"里德和诺夫齐格还筹集了 44 万美元的竞选经费。对于这些，里根仍然表示"现在这样做不现实，我不可能从演员当上州长才一年就去竞选总统"。

州长行政秘书克拉克也认为竞选总统的活动会分散里根的精力，让他不能全力以赴地做好州长工作。里根忠于自己的承诺，想办法不让自己的名字出现在被提名的名单中。但是这些支持者仍然四处活动，一位支持者甚至还散发了一份长达 8 页的所谓里根州长政绩的副刊，宣称"里根什么问题都能解决"。

还有一次，里根到加州首府萨克拉门托发表了一个演讲，没过多久，一群支持者就来找他谈话，强烈要求他去竞选党内的总统候选人。对于这些人的要求，里根总是回答说："我对总统的职位暂时不感兴趣，请你们另选高人。"

1968 年初，加州共和党的一些领袖也来看望里根，明确表态，要求里根在第二年 6 月，即加州预选投票时，以一名加州候选人的身份竞选共和党总统候选人提名。这些领导人说，如果里根去参加竞选，那么共和党就可以避免激烈的党内斗争。这些人还以 1964 年共和党内激进派和保守派的斗争为例，希望里根明白这是前车之鉴。

里根当时也明确表示他们的观点是正确的。还说戈德华特和洛克菲勒之间的预选火拼在共和党内留下了惨痛的教训，而 1968 年推出了理查德·尼克松、纳尔逊·洛克菲勒和乔治·罗尼 3 位主要候选人，可能会再次引发党内斗争。但是里根认为，他对竞选总统一事还没有认真考虑，而且当州长还不到两年，资历不够深，如果现在去竞选总统，似乎有些不合时宜。

这些人反驳里根说："州代表大会推举的地方候选人有别于一个真正的总统候选人。如果你作为本州候选人进入预选，那么就可以避免大多数候选人都去竞争提名资格，这样共和党就可以避免一场灾难性的预选火拼。”他们还表示，里根有加州州长的身份，一旦赢得预选，就可以直接率领代表团进入共和党人的提名大会。实在被这些人逼得没办法，于是里根说：“如果我同意参加预选，那么你们要答应我的一个附加条件，即我们的代表团将代表共和党内的所有派别，而不仅仅是一个派别。”这些领导人答应了里根的条件。

当里根同意以加州推举的地方候选人身份参加预选的消息传出去之后，全国各地的共和党人纷纷打来电话，询问此事是否属实，是否里根的名字会作为候选人列入提名？对于这些询问，里根回答：“是的，但目前我只是一名本州推举的地方候选人，对于竞选总统，我还没有做好准备。”

这种有点迟到的答复，让他的夫人南希感到意外，因为之前无论里根作出什么决定，事先都会让南希知道，而且他们原来已经商量好不参加提名竞选的。南希后来说：“当时，我也许是世界上感到最吃惊的人了。”

所有的支持者本来就很信任里根，于是都鼓励他说：“我们认为你是一个真正的候选人，我们会大力支持你的。”尽管里根依然坚持自己并不是一个真正的总统候选人，但是这些支持者表示他们仍然会按照支持正式总统候选人的方法去做。

当时，也有一些保守派为了避免党内斗争，力劝里根退出竞选，并给他施加压力要他支持尼克松。这些人还有另外一层意思，那就是现在只有你里根有能力取消洛克菲勒获得提名的机会。但里根的支持者并不看好尼克松，因为他曾经在1962年败在了布朗手下，在加州的政治声誉不好。

1968年的春天，里根在全国做巡回演说，不断鼓吹共和党的思想和第11条戒律——即竞选时，共和党内人士不要相互攻击。在演讲期间，仍然有共和党人给他打电话，支持他参加党内总统候选人提名预选。里根重复了他之前的话，表示还不想把自己的名字列入州预选名单，并婉言拒绝了他们的推荐。但支持者们仍不死心，加利福尼亚的一些资深共和党人对里根说，如果他不全力以赴争取提名，他就会被认为是个傻瓜。

8月初，共和党提名大会如期在迈阿密海滩召开。此时，乔治·罗尼已经失去了他最初的势头，角逐主要在洛克菲勒和尼克松之间展开。当时，里根也到场了，并且了解到仍有很多代表支持他，希望他能站出来真心参加竞选总统候选人提名。里根坚持说，自己不是候选人，也不想当候选人。

一切仍在按照原有的路线发展，这时前参议员威廉·诺兰突然找到里根，告诉他："加利福尼亚代表团正在准备发表全体声明，宣布里根才是他们心目中真正的总统候选人。"

听到这个决定，里根非常吃惊，对诺兰说："这样做不合适，如果你们一定要这样做，那么我除了表示拒绝，就别无他法了。"诺兰真诚地回答道："大家都明白你的意思，但是你要知道大家都对你很有信心。现在事情已经是这样了，如果我们不严肃对待这件事，你以后就会成为人们茶余饭后的笑柄，那样的话，结果会更可怕。"

可里根知道自己的实力不够，尼克松获得提名已成定局，只是支持者们还在对自己盲目乐观罢了。选票结果出来了，里根也确实赢得了一些选票，仅次于尼克松和洛克菲勒，位列第三。里根看到尼克松已经赢得了多数选票，明白事情已成定局，挽回面子的唯一办法就是赶紧走上讲台，要求大会主席给他一个发言的机会。

起先，大会拒绝了里根的要求，因为不符合大会程序。一分钟后，大会又决定绕过程序，让里根发言。在台上，里根提议，所有的在场人员都应该以热烈的掌声对理查德·尼克松表示祝贺，并联合起来支持尼克松竞选下任美国总统。大家对此表示积极响应。但也有一些人觉得奇怪，如果里根当初不答应参加提名活动，不管是正式的还是非正式的，既能省去很多麻烦，自己也不用失落。有评论家说，1968 年里根参加的这次非正式候选人提名活动，起先就是一个错误。也有人说，正是由于里根当时没有积极争取党内总统候选人，才避免了共和党内的分裂，也为自己铺了一条路，使自己在以后的政治道路中没有那么为难。

后来，洛克菲勒对里根说："虽然你没有得到预期的选票，但是我们认为你应该是有实力压倒尼克松的。"里根明白洛克菲勒的意思，他是希望里根从尼克松那里夺取一定数额的票数，这样洛克菲勒就能获得总统候选人提名了。

这次竞选提名失败，让很多人感到失望。但里根心里清楚，他根本不是尼克松的对手，因为自己还不够资格。几年后，里根回忆说，当听到尼克松获得提名后，自己觉得"如释重负"。

第二天，里根和夫人南希乘坐一辆游艇离开了迈阿密。当时游艇上只有他们两个人。他们畅游了佛罗里达群岛，一路上非常悠闲，对竞选提名失败根本没放在心上。几天后，他们回到加利福尼亚，开始了正常的州长生活。从此，里根不再参加总统提名的竞选工作，直到 1975 年。

不管里根参加 1968 年的总统候选人提名是对还是错，这次经历让他受益匪浅。因为以后想要登上总统宝座，就必须通过“多年与选民搞熟关系”这一关。里根这次竞选失败了，但是在竞选中受到过他激励的人，多年后一定还记得他。

2 “空中牧场”

RONALD REAGAN

1974 年年底，里根州长一职将满第二任期，尽管有许多支持者要求他竞选第三任加州州长，但他遵守了开始时许下的“第二届任期满后就退出”的诺言。1975 年初，他和南希离开萨克拉门托，结束了 8 年的加州州长生活。这时里根心里很满足，因为他认为自己已经完成了当初定下的计划，而且成绩还不错（虽然有些纰漏），况且自己已经积累了一定的政治经验，8 年的州长生涯，也为他赢得了一些好名声。

他和南希来到名为“空中牧场”的地方，这个牧场之前叫“梯普托普牧场”。这块牧场的获得过程，非常有意思。里根在当选加州州长之后，由于各种税务的负担较重，他不得不卖掉原来位于马里布湖畔的牧场。后来，又购置了圣迭戈以北的一大片荒凉土地，准备把那里开发成牧场，作为他离任后的栖身之所。但是那块土地非常糟糕，当他们快要搬去那儿的时候仍然没有水电等设施。正好他们的朋友比尔·威尔逊说他有一个好建议。威尔逊说，离他的柠檬园不太远的太平洋海岸圣内兹山的山峰上，有一片非常优美的牧场正准备出售，建议里根不妨去看看。里根夫妇心里正着急呢，于是欣然同意了威尔逊的提议。里根夫妇抽出一天的空闲时间，与威尔逊夫妇一起去看牧场。谁知驱车走了很久，也没见到牧场。这时威尔逊的夫人贝蒂有些着急了，问威尔逊：“这牧场到底在哪里呀？”里根心里也有些狐疑，但是他仍然抱着对威尔逊的信任，继续前行。他们驾车走过的路都非常陡峭，且人烟稀少，后来又经过一片树林，突然一片巨大的绿色牧场呈现在眼前，它就是梯普托普牧场，因其所依托的梯普托普山峰而得名。放眼望去，只见一座蜿蜒崎岖的丘陵远远延伸开来，广阔无际，牧场中还有一个小屋。

牧场太美了。里根看见它的第一眼就已经决定要买下它了。牧场的主人是一个放牧人。这块牧场是供他女儿骑马用的，不幸的是去年圣诞节前夕，他女儿在一次车祸中丧生了，所以他决定卖掉它，以免看见它就伤心。里根夫妇表示他们非常喜欢这块牧场，一定会好好善待它的。最后双方谈妥条件，里根卖掉圣迭戈以北的荒地，买下了这块他们心仪的牧场。

梯普托普牧场全面积 688 公顷。它所依托的梯普托普山峰是圣内兹山脉降雨量的分界线，有意思的是，虽然梯普托普山两侧降水最后都是流向太平洋，但路线不同：一侧的雨水直接被风吹向太平洋，另一侧的雨水则先流入圣内兹峡谷，再流入太平洋。因为牧场位于梯普托普山峰，所以里根夫妇给它取名为“空中牧场”。

牧场的小屋是 1872 年建成的，墙由石灰和土砌成，两侧是竖着的临时带隔板的走廊，上面的顶棚由皱皱巴巴的铝片制成，涂着绿色的油漆。里根夫妇觉得这个小屋里的装饰非常难看，而且因为长期无人居住，显得有些破旧。于是，他们开始彻底翻新这座小屋。在修葺过程中，南希充分显示了她的智慧，这和她爱整洁、舒适，讲求品位有关。

他们拆除了走廊，只留下水泥地板，然后让人建起了一座大约 1 500 平方英尺的、带壁炉的 L 型居室，四周还装上了大窗户。他们拆去小屋的屋顶，装上了仿制的西班牙瓦。整个房子看起来像一座 19 世纪的墨西哥建筑。对这次翻修的成果，他们都非常满意。最让他们感到惬意的是：透过四面的窗户，可以看到牧场的美景。

在“空中牧场”，里根和南希生活得非常快乐，感到一种从没有过的惬意和舒心。在回忆录中，里根这样描述当时的感受：“站在‘空中牧场’，仿佛有一种身处云端的奇妙感觉。它让你可以放眼看到下面的世界……外面是碧绿的青草，远处是长满橡树的峰巅。在合适的位置，还可以看到小船在圣巴巴拉海峡漫游；远处的圣内兹峡谷像一个由巨大荒野组成的圆形牧场。”

里根非常喜欢养马，其中有两匹马是他的最爱，一匹是带斑点的小母马，里根亲切地叫它“南希·蒂”；另一匹是黑色的小马，名字叫“小人”。

在空中牧场，里根喜欢一边遛马，一边思考未来的事情。此时，他已经年近 65 岁，但身体仍十分健壮。他也从未觉得自己老，更没有退休的打算。他现在仿佛比过去更有追求，而且理想也变得更高了。

从州长职位上退下来后，里根和南希都活跃在社会上的各个领域内：南希忙于一个“儿童抚养基金计划”的活动；里根则一边为一个新闻专栏写稿，同时还在固定的电台节目中做演说，他每个月要做 8～10 场演说（平均每场酬金 5 000 美元）。其实他所有的这些活动都是有目的的，他希望有机会发表他关于政治的一些看法。

在里根悠闲的这段时间内，报社记者不断地询问他是否打算与福特竞争共和党的总统提名。他的支持者给他打电话，要求他参加 1976 年共和党总统候选人提名的竞选。里根坚持说：他没有这个计划，虽然他对福特的一些政策不满，但是他不想使共和党陷入分裂。

想想 8 年前，里根轻而易举地被推出来当州长，那是因为共和党内没有人能真正与他竞争。后来，又被推出去竞选总统候选人提名。这两件事，当时里根都是非主动的，都是他人在推着自己向前走。他不想再让别人推着自己向前走了，不过州长的政治生涯让他也感到欣慰，因为他觉得自己为加州带来了新气象。整个加州人民对他的政绩也赞叹不已。现在的里根似乎开始越来越喜欢听到赞扬之声了，他对通过政治来展现自己的能力感到振奋和满足。最后，他决定参加 1976 年的竞选总统提名。

3 竞选失败
RONALD REAGAN

1975 年，里根离开加州州长之位时，他的政绩深入人心，但是共和党的威信却一落千丈。1974 年 8 月，尼克松总统因为“水门事件”不得不引咎辞职，接任的福特总统在一个月后对他实行了赦免。但这些事使得共和党在众议院失去了 43 个席位，在参议院失去了 4 个席位，在各州失去了 4 个州长职位。1975 年的一项民意测验显示，多数美国人开始不信任共和党人，认为他们是无能的。在很多共和党人远离尼克松的时候，里根却为尼克松辩护，他说：“水门事件”的制造者“本质上不是罪犯”，还说是政治暴徒在“暗算”尼克松；他认为尼克松不应辞职，毕竟在他的领导下，美国前进了。但奇怪的是里根没有因为他的“无知”而受到牵连，威信反而提高了。因为很多人认为，里根对一个“垮台政府”的忠诚，表明他是一个有信仰的人。这使美国人开始重新重视起未来总统的人格品质了。当时与里根关系密切的人甚至认为，里根会直接成为1976年的总统候选人。因为按照当时的情况：尼克松如果正常结束第二任期，以里根的声望就会成为1976年的总统候选人。谁知“水门事件”迫使尼克松提前辞职，副总统福特的继任，则完全破坏了这一设想。

尼克松总统的辞职，福特总统的继任，让里根的支持者很不满，他们认为：“福特当总统的条件不够。人们也不把他当做一位领袖看待。”他们更不希望福特继续连任1976年的美国总统，于是决定坚决要把里根推出来。此时离开州长职位的里根也很想在政治上一展宏图，于是积极准备参加下届总统的竞选。其实，里根对福特的继任一直很不满，他本人是希望在1976年与民主党一争高低的，没想到福特在那里挡了道。里根及其支持者都认为，福特沿袭下来的尼克松政策的失误，本身就是福特的过错，福特这样做会酿成总统领导的危机，而且还把520亿美元的联邦赤字也看做是福特的失败。这些人还认为福特是在国会待的时间太长的“看守人”，担心他会把总统候选人的提名资格拱手让给洛克菲勒。

驱使里根决心参加提名的另一个因素就是他的年龄。支持者认为，如果里根要等到1980年才争取提名的话，那么年龄是不等人的。

这一切因素促使里根在1975年11月宣布：准备在1976年夏天同福特竞争共和党总统的提名。1976年，是美国四年一度的大选年。按照惯例，大选上半年的预选工作首先是在新罕布什尔州举行。上半年，共和党、民主党都分别在各州展开预选工作。通过预选才能产生出席两党的全国代表，并由两党各总统候选人就争取本党的选票展开角逐。然后，两党分别召开全国代表大会，产生本党的总统候选人。

因为里根在共和党内的名声很好，加上有第一次参加总统竞选的经验，所以他对这次竞选信心十足。在共和党人的强烈要求下，里根正式参加第二次竞选总统预选，他发誓仍然要遵守第11条戒律，不攻击党内人士，并保证说到做到。

里根第一次竞选州长时，演员的职业曾给他带来了一些争议，不过这次不同，他已经担任了8年的加州州长，完全可以不用担心这个不利因素。现在的里根，踌躇满志。他的竞选演讲词和从前相比大同小异，主张也没有多少改变，这也是他的竞选筹码。他提议精简联邦政府的机构规模，减少税收，降低政府对企业经济和人民生活的干扰，平衡预算，如此等等。

里根组建了自己的竞选班子，总主席是内华达州的参议员保罗·拉克扎尔特。保罗和里根是老相识，且关系不错。里根和保罗一起为预选拟订了一个简单明确的战略——只对民主党和现任政府进行攻击，而不攻击现任总统杰拉尔德·福特本人。

前面提到，按照竞选程序，新罕布什尔州是竞选的首场角逐点，也就是说这个州先进行投票。想赢得首场竞选，参选人就有必要亲自到新罕布什尔州做一番巡回演讲。但里根的竞选班子忽略了这一点，没有意识到里根的缺场将会导致首场竞选的失利。2 月底，他的竞选班子把演讲地点安排在了伊利诺伊州的皮奥里亚。当竞选班子的成员看到新罕布什尔州的选票结果时吓了一跳——1.8 万张选票，里根只得到不足 1 500 张。因此，在新罕布什尔州的首场竞选，里根彻底失败了。这里他们犯了严重的“轻敌”错误。

里根在其他两个州佛罗里达、伊利诺伊的初选也失败了。连续三次的初选失利让里根有些手足无措，报界开始要求里根退出竞选，以结束他的政治生涯。但在里根的人生字典里，没有“放弃”这两个字。这次也是一样，既然参加了竞争，他就不会轻易退出。

1976 年 3 月，里根开始准备北卡罗莱纳州的初选。里根在这里必须赢得胜利，否则就会失去选民的信任。他夜以继日地奔走，发表各种竞选演说。他的竞选班子也冒着陷入资金困境的危险，花大部分竞选经费买了半小时的广播时间，希望通过广播来详细介绍里根的情况以及重播里根的演讲词。

这个方法大大提高了里根的支持率，扭转了竞选局面，最终赢得了北卡罗莱纳州的初选。由于这次初选的胜利，里根的声誉也提升了很多。因此竞选班子筹起款来就更容易了，竞选的势头也增加了。不久后，他又相继赢得了德克萨斯州、阿拉巴马州、佐治亚州、加利福尼亚州以及其他一些州的胜利。

要赢得共和党内的总统提名，必须获得 1 140 位共和党代表的投票支持。当提名大会越来越近时，里根的压力也越来越大了。来自党内的一些保守派支持者，要求里根立刻赢得预选，并击败现任总统福特。尽管里根对福特任期内的一些做法持反对态度，但拒绝对福特进行人身攻击，因为福特也是共和党人，这样做有悖于第 11 条戒律。

预选结果出来以后，里根得到了 1 070 张选票，离胜利只差 70 张选票。福特赢得了 1 187 张选票，获得了共和党内总统提名。这个结果太令人失望了，虽然里根不能忍受就这样失败，但他也深知——战胜一位在职总统，并不是一件容易的事。

预选获胜的福特向里根发出邀请，希望里根能够成为他的副总统候选人，和他一起备战最后的大选。这一提议被里根回绝了，因为他对副总统的职位不感兴趣。里根预选失败后，对一个共和党的加利福尼亚代表团说："南希和我不会退缩，暂时的失利不会成为我们最终的结局。"

1976 年 11 月，卡特当选美国总统。

虽然里根预选败给了福特，也没有答应福特当他的竞选副总统，但他并没有因此对福特的竞选袖手旁观，他为了能够使福特赢得大选而四处奔波。因为他们都是共和党人，共和党的胜利就是他自己的胜利。他先后到 20 个州为福特造势、演讲，但是由于种种原因，最后福特还是败给了民主党的吉米·卡特。

福特失败后，里根的支持者们又找上门来，请求他参加 1980 年的总统竞选。里根没有立刻给出答复，他要静观其变。

有评论家说，导致里根 1976 年竞选失败的还有他的演讲稿。这份演讲稿的执笔人是杰弗里·贝尔。贝尔是里根竞选委员会的一员，是一个保守派。他提出了"分权"的主张，认为"人民应该扩大权利，而华盛顿则应缩小权力范围"。这些主张与里根多年来在加州多次演讲的内容完全吻合。把里根和贝尔的内容集中起来，就是说"各州、各地方政府能在福利、教育、医疗保健等方面比政府做得好”。1975 年 9 月 26 日，里根在麦科米克广场演讲的主题思想是：“美国的一切弊病都是因为人人都以为联邦政府能够包治百病，因此权力逐渐转移到公家手中，最后集中在华盛顿最高权力中心。”演讲稿中还写道，“这种集权做法……给美国带来了经济问题……耗费了巨大的国家财富，加重了人民的税收负担……最终导致通货膨胀……”最后还提出了解决办法，“……以 1975 年的财政开支举例，假如把福利、住宅、食品、地区发展等权力全部或部分转移，这样联邦政府的开支就会减少 900 亿美元……联邦预算就可以实现平衡……”有人说，就是最后的这个解决方案给里根带来了灭顶之灾。

不管怎样，里根在 1976 年的竞选失败了。但是里根却提出如此慷慨的承诺，这在美国竞选总统候选人的历史上是罕见的。这次使美国民众永远记住了“关于 900 亿美元的讲话”，也为里根铺设了一条通往未来胜利的退路。

从开始涉足政坛到此时，里根已在美国的政治舞台上积极活跃了 15 年。现在，他和当年的爱德华·肯尼迪一样，已完全成为一名超级政治明星，很多人认为他具有当总统的品格。这些都使里根获得了超过其他共和党候选人的巨大优势，为他奠定了 1980 年竞选成功的基础。

4 赢得“1980”

RONALD REAGAN

随着 1980 年大选年的一步步接近，里根听到了越来越多支持者的声音。大家催促里根去竞选下届总统，里根开始认真考虑竞选总统的事情了。

在竞选之前，里根面临着两大难题：第一个是，他曾被怀疑是个激进主义者。为此，里根不得不向那些人，尤其是加利福尼亚人，表明他不是一个激进分子。里根面临的第二个难题是年龄问题。如果在此次竞选中获胜，他将成为美国有史以来年龄最大的总统，当时里根年近 70。但里根一直觉得自己很年轻，单从头发来看，几乎没有人相信他是个 70 岁的老人。这里还有一个很有意思的小插曲——里根从来不染头发，但记者们总认为他染过发。当里根去理发时，理发店的老板告诉他，每次当他离开后，总有记者进来询问并要求拿走他的几根头发，希望借此验证他是否染发了。

为了解决年龄问题，里根的一位支持者在1979年11月13日华盛顿的一次招待会上说，里根“年龄最大，可智谋最多”。于是，新闻界开始用“年龄最大、智谋最多的人（The Oldest and Wisest）”来形容里根，后来大家简称为“O与W”。

里根这次的竞选班子基本上还是1976年的那帮人，竞选主席仍是保罗·拉克扎尔特。同上次竞选一样，里根从一开始就表明了自己的竞选立场——他将严格遵守共和党内第11条戒律，只攻击民主党人。

1979年11月13日，里根在纽约的希尔顿饭店发表演说，宣布他将参加本次美国总统的竞选。演讲一结束，里根便和他的竞选班子一起奔向华盛顿、新罕布什尔、伊利诺伊及其他地方，积极准备竞选。里根在去爪尔迪亚机场的路上，一辆载着竞选新闻团体的客车竟然失踪了。里根把这件事看成是一种不祥的预兆，果然他的初期竞选就不是那么顺利。

在里根宣布竞选共和党总统候选人提名时，已经有6个党内人士宣布参加竞选了，包括众议员约翰·安德森和菲利普·克莱思，参议员小霍华德·贝克和罗伯特·多尔，德克萨斯州前州长约翰·康奈利，前中央情报局局长乔治·布什。7个人共同角逐1个提名，这势必是一场长久的竞争，而对里根威胁最大的就是乔治·布什。

爱荷华州是一个重要的投票点。爱荷华的投票结果在里根这次竞选中占有举足轻重的地位，如果爱荷华胜了，里根心里就有底了。

爱荷华州（The State of Iowa）地处美国中部偏北，位于密西西比河与密苏里河之间，是美国唯一一个以两条可通航的河为边界的州。它是美国第23大州，总面积14.5万平方公里，以白人为主，大多数居民信奉基督教。全州大部分地区为平原，土地肥沃。属温带大陆性气候，四季分明，冬寒夏热。别称“鹰眼州”，意为眼光敏锐，明察秋毫。爱荷华州首府得梅因（Des Moines），人口近20万，是爱荷华州最大的城市和政治、经济中心，也是世界第二大保险都市，有30多家保险公司的总部设在该市。

1980年元月21日，里根的竞选班子在爱荷华进行了一次民意测验，显示里根在爱荷华明显领先。另外，里根曾在那里的广播电台当过播音员。因此，竞选班子认为，在爱荷华，里根占很大优势。于是，里根只在爱荷华露过几次面，而没有到处走访；相反，乔治·布什是常住在爱荷华。最后的结果是，布什以微弱的优势胜了里根。这次失利令里根很难过，因为里根一直把爱荷华当做自己的第二故乡，而在这里他的竞选却失败了。这也让里根想起1976年新罕布什尔的预选结果，这两次都是轻敌造成的。

乔治·布什在夺取了爱荷华的胜利后，被很多权威评论者看好。大家认为他将成为预选的最终获胜者，并给布什起了个外号“大佬”。

既然里根在爱荷华失利了，那么2月26日的新罕布什尔预选就显得更为重要了。如果里根在这里再败给布什，那么他再想翻身就极其困难了。

有了两次教训，里根认为眼下他必须直接控制竞选活动。他觉得如果继续听取竞选班子的一些建议，就会再犯相同的错误。他把大伙召集到一起，对他们说一定要取得新罕布什尔的胜利。

在新罕布什尔，里根拿出孤注一掷的拼命劲头，到处进行竞选游说。他每天马不停蹄地奔走，争取每一个演说机会，每天工作将近20个小时，不敢有丝毫的懈怠。爱荷华的失利让里根记忆深刻，他不能再输了。他创下“乘坐竞选大汽车连续21天不停地游说”的纪录。每到一个演讲点，他都非常热情地对待群众，轻松而开诚布公地回答听众提出的每一个问题。

在新罕布什尔预选开始前的最后几天里，这场预选的局势已经基本定型：7个候选人中，布什和里根两个人最有实力，但布什领先于里根。

投票前的一天晚上，发生在纳舒厄一所中学体育馆的事情，扭转了整个竞选局势，也把竞选活动推向了高潮。《纳舒厄电讯报》提出要为里根和布什组织一场辩论会，但不邀请其他5位候选人来参加。里根和布什都表示会参加这次辩论，但其他5位候选人对此表示不满，因为他们受到了不公平的待遇。为了表示不满，那5位候选人向联邦选举委员会提出抗议，联邦选举委员会对这个做法做出了批评，但没有阻止辩论的进行。里根的竞选班底想出了一个解决办法，让里根和布什两个人来分担举行辩论的费用，而不是用联邦选举委员会的费用，这样其他候选人就不会有意见了。布什竞选班子没有接受这个提议，因为这样会让他们浪费一大笔资金。于是，里根又提出竞选经费全部由自己出，布什同意了这个提议，其他5位候选人也没有再表示抗议。

由于里根支付了辩论会的所有费用，因而他可以对辩论会的一些安排做主。里根决定把其他5位候选人也请来，里根认为虽然他们支持率不高，但现在仍是候选人，应该受到同其他候选人一样的待遇。正好那时候大多数候选人都在新罕布什尔，只有德克萨斯州前州长约翰·康奈利在其他地区。里根邀请了在新罕布什尔的4名候选人来参加，但没有把这一决定告知布什。

辩论会的时间安排在2月20日，星期六的晚上，地点选在纳舒厄中学体育馆。在专为辩论设置的平台上，整齐地摆着一张桌子、两把椅子。布什及其竞选班子看到其他4位候选人也在场，当即表示抗议，声称只要这些人参加辩论，布什就不参加。因为布什的竞选班子认为只要压倒里根就可以了，所以不想在其他人身上浪费工夫，但是没想到其他的候选人也到场了。

但里根已经邀请了这些人，又不能随意把他们赶走，于是现场陷入了僵局。乔治·布什愣坐在椅子上不说话，里根坐在另外一把椅子上，其他4名候选人站在里根的身后，面露难色。现场观众不明白其中的原因，高声喊叫着催促辩论会赶紧开始。

里根决定向听众解释辩论会不能正常开始的原因，并解释为什么其他候选人也应该参加的原因。里根刚要说话，《纳舒厄电讯报》的一位编辑便对负责音响的人喊道："快把里根的麦克风关掉。"里根对此十分不满，因为他已经付了辩论的费用。可这位编辑却认为应该由他们主办，想自己来控制这个局面。里根当仁不让："这个麦克风是我花钱租的，编辑先生。"接着，里根便趁麦克风关掉前讲述了布什不让其他4位候选人参加辩论的事实。

里根的话立刻让情绪已经十分激动的听众炸开了锅。人们叫嚷着，几乎失去了控制。布什因为这件事在公众中的形象大跌，支持率明显下降，里根取得了辩论会的胜利。辩论会结束后，在体育馆外的停车场，人们把支持布什当总统的标志扔得到处都是。因为这次事件，里根的支持率终于超过了布什。2月26日，里根以51%的得票率赢得了新罕布什尔预选的最终胜利，布什只获得了22%的选票。

在取得了新罕布什尔预选胜利后，里根的整个预选开始变得顺利起来。在其他州的预选中，里根的名望开始迅速攀高，势不可挡，几乎夺得了全部的胜利。

3月中旬，在加利福尼亚，里根战胜了约翰·康纳利，接着又在伊利诺伊战胜了约翰·安德森和乔治·布什，其他共和党候选人相继退出了竞选。5月底，已经举行过的24次初选，里根就赢了20次。最后，一度名声响亮的乔治·布什也宣布退出竞选。

1980年7月初，里根已经赢得了共和党的预选提名，接下来的工作就是选择竞选伙伴同民主党的候选人一起去争夺总统宝座了。

共和党内的一些领导人建议请杰拉尔德·福特作为副总统候选人。杰拉尔德·福特是现任总统卡特的前任，邀请一个已经下台的总统来做副总统候选人，这引起了不少人的反对。很多人称这是一个“梦幻式的候选人名单”。但是里根对这个提议表示赞同，因为福特可以利用他身为前总统的经验和声望处理一些事务。

里根的竞选班子和福特及其身边的助手开始商谈此事，不过这件事进展得并不顺利。里根的人在会谈后回来说，双方要就此事达成协议相当困难。福特的一些顾问提议说，可以让福特在外交事务及其他领域拥有更多的实权，而不是只作为一个通常意义上的副总统，他们的建议实际上是想让福特分走里根的一些权力。一些人也评论说：“福特即将成为总统行政办公室的超级主任。”

里根同福特密谈的消息泄漏后，福特接受了一家电视台的采访。在采访中，福特说如果他作为里根的副总统，他希望和里根一起处理白宫的重大事务，而不是成为“傀儡式”的副总统。里根在电视上看到他的谈话后，突然意识到——按照福特的意思，白宫将要出现两个总统。其他支持者也反对里根选福特任副总统候选人。当天晚上，福特来到里根的住处，对里根说：“看来我做副总统候选人的提议，很多人不支持。”里根原本还想挽留福特，但一想到福特曾经说过的话，便马上打消了这个念头。

既然不能选福特，里根不得不考虑另选他人。里根又与竞选班子商讨选谁来作为竞选伙伴。大家都认为里根“在决策时，有时反应很快，但有时又会犹豫不决……”，这是实用主义在作祟，属于保守派，因此必须选一个温和派做副手。经过激烈的幕后交易，大家认为能够帮助里根的人就是乔治·布什了。虽然布什同里根曾一度激烈角逐党内的预选提名，但里根一直很喜欢他，也很钦佩布什的卓越能力和丰富经验。里根还考虑到，在共和党内，布什拥有很大的势力，这对他接下来的大选非常有利。

布什夫妇当时就住在里根所在饭店的楼上。当里根给布什打电话邀请他作为副总统候选人参加大选时，布什高兴地跳了起来，毫不犹豫地说他愿意接受这个邀请。布什的态度让里根很高兴。这时，很多人都在乔·路易斯剧场等着里根宣布副总统人选的决定。当他对会场宣布“乔治·布什将作为副总统候选人”时，会场的人都站起来报以雷鸣般的掌声。里根和布什站在一起，整个共和党似乎更团结了。

现在，里根和布什共同面临着一个挑战——与现任总统吉米·卡特和副总统沃尔特·蒙代尔决一胜负。

前面简单讲过，美国的总统选举分几个阶段。第一阶段：2 月底到年中，共和党、民主党各自在党内展开内战；第二阶段：7～8 月，经“全国代表大会”推出各自党内的总统候选人；第三阶段：9～10 月，两党候选人在全国决战。

1980 年的总统竞选，是美国历史上最长的一次，历时 3 个多月。现在共和党、民主党都已经经历了第一、第二阶段的党内“厮杀”，如今该进入第三阶段的党与党之间的竞争了。

共和党内，里根已经获得了总统提名，而且也找到了合适的竞选伙伴。虽然前总统福特与里根在副总统的问题上没有达成共识，但他们毕竟是“窝里斗”，现在是一致对外的时候了，更何况现任总统卡特曾在 1976 年击败了福特，这让福特很不舒服，他和前国务卿基辛格一起来了个 180 度的大转弯，公开宣称“全力以赴支持里根”。而民主党内，经过一番较量，肯尼迪宣布退出总统竞选，所以卡特成为里根的竞争对手。

里根获得了这么多人的支持，于是开始了信心十足的与民主党的争夺战。他发表演说，呼吁美国人民：“现在我们要夺回我们的命运，让我们一起从新的起点开始，恢复美国精神……”他用尖刻的语言猛烈抨击卡特政府，说卡特政府“软弱、优柔寡断、平庸、不称职……在他的领导下，美国越来越糟糕，正在面临很多威胁，比如经济正在瓦解、国防正在削弱、能源处于危机状态……”他还提议用信心来拯救美国。

当时的卡特政府正陷入“伊朗人质”的危机之中，卡特单方面实行了代号“蓝光行动”的营救活动。营救行动不但失败，还造成 8 名机组人员死亡，3 人被烧伤。这次事件令卡特焦头烂额。眼看就要进入 1980 年大选的关键时刻，人质还没有获得解救，而且美国也正经历着严重的通货膨胀危机。

与此同时，卡特不争气的弟弟比利·卡特还导演了一场“比利门事件”，这为卡特的竞选“雪上加霜”。1980年7月，《纽约时报》报道说，比利·卡特与利比亚的关系非同一般，曾接受利比亚22万美元的贿赂。对于卡特有极大杀伤力的这个事件，共和党人怎会轻易放过？他们还记得民主党曾经借助“水门事件”，大肆渲染，最终将共和党人尼克松赶下了台。对于“比利门事件”，经过特别委员会调查，加上卡特发表演说，证明“自己和自己的政府都没有违反法律，也没有任何不正当的举动”。这个事件算是平息下去了。

虽然里根在民众中的支持率很高，但他也不敢小瞧卡特的实力。尽管卡特的政绩不佳，但在任总统的影响力总是比候选人要大一些。为了击败卡特，里根想尽办法。8月间，里根对国外战争退伍军人协会发表讲话：“……现在对越战争事实上是一种崇高的事业。”一石激起千层浪，那些曾经反对越南战争的人立刻就此掀起了一场抗议的风暴。这次口无遮拦的讲话，给里根造成了负面影响。

也许是被竞选冲昏了头脑，里根没有吸取前次的教训，又建议美国同中国台湾建立正式的外交关系。当然这个建议被1979年通过的《对台湾关系法》所否定，却使美国与中华人民共和国的关系紧张起来。里根后来又推翻了他的这一观点，这使他又丢了一次人。谁知9月间，里根再一次出言不逊，惹恼了一些人。他说，卡特总统当时打响竞选第一炮的阿拉巴马州的托斯克姆比亚市是“三K党”的诞生地。几个小时后，里根又不得不为此道歉。

正当里根四面出击，却又四处碰壁的时候，尼克松站出来替里根出谋划策。尼克松说，里根应该抓住卡特的死穴——经济问题——给其重重一击。他还建议，里根不应该给人一种好战的印象，而要给人不会危及和平的形象。听取尼克松的建议，里根慢慢减少了有关其他话题的演讲和评论，集中火力猛攻卡特的经济问题。

另外，里根能言善辩，他急于要和卡特在全国性的电视节目上进行公开辩论，但卡特的政治民意测验员卡德尔坚决反对卡特这么做。卡德尔列举了美国历史上的许多事实说明这对卡特非常不利，他说，当一个在职总统和一个在野总统候选人同处一室辩论的话，在职总统总是吃亏，因为在职总统在任期内难免会有失误之处，很容易被人抓住把柄。但是里根不断地向卡特施加压力，最终卡特被迫同里根辩论。卡特说，他知道里根当过演员，是个辩论高手，但是美国人不会只看谁是演说家或辩论高手就选谁做总统。虽然卡特嘴上这么说，但心里没底。于是10月的一个周末，卡特召集竞选班子成员，齐集戴维营，开始模拟训练。

10月28日，也就是选举日的前一个星期，卡特与里根在俄亥俄州伊利湖畔的名城克里夫兰市的会议中心，举行了面对面的辩论，整个辩论过程通过电视向全美国各地转播。里根非常高兴，一来自己是辩论能手，二来越是接近选举日，辩论的影响将会越大。

在那场辩论会上，卡特和里根站在各自的讲台前准备开始辩论。辩论前经过商议，决定对于每个记者的提问，每人各回答一次。

首先辩论的是“战争与和平”的问题。卡特说：这是一个复杂的问题。他的政府已经做了很多工作，如增加军费开支，还为以色列与埃及之间的和平做出了贡献；里根反驳道：过去3年的政策，几乎使局势失去控制。世界和平很重要，只有在万不得已的时候才能使用武力。卡特说，里根是个战争骗子，一旦当选，将会把世界带入战争。

谈到“伊朗人质事件”时，卡特说，为了使人质获释，政府答应了伊朗的一些条件，但只允许解冻1979年11月冻结的伊朗资产；里根说，关于人质事件，应当全面调查谁的责任最大，为什么人质被关了那么久还没有被解救出来？

接着，卡特攻击里根提出的3年内减税10%的计划是荒谬的。他说，里根反对“失业补助、最低工资、福利、全国医疗保险”等对穷人的援助计划，说明他是一个冷漠的人，不关心穷人的人；里根反驳道，卡特曾保证4年内使通货膨胀率降下来，而现在一切都没有实现。

从整个辩论的过程来看，确实如卡德尔所说的那样，辩论对于现任总统不利。里根紧紧抓住卡特没能完成的计划，实打实地攻击了他一番。

当辩论快要结束时，两人分别进行总结。里根总结说：问问人们，现在的生活是否比4年前更好了？与4年前相比，现在的东西是贵了还是便宜了？失业率增加了还是减少了？美国的国际地位升了还是降了？其实里根的这些问题，是在提醒选民在投票之前，应该好好审视一下卡特总统的任内业绩如何。

卡特总结说：虽然两党政见不同，但是美国仍要保持强大，坚持和

1980年，里根与夫人南希在“空军一号”专机上。

平，高举人权的旗帜，为世界其他国家树立榜样。

有评论家分析，卡特与里根的总统争夺战，可以说是一场“和平与战争”之间的角逐。

当里根和南希做完最后一周的竞选活动后，他们回到洛杉矶等待结果，他们认为总统之位一定是里根的。而卡特在辩论结束后，又不辞辛劳地继续奔走，希望能挽回败局。11月3日晚，卡特飞抵西雅图，这是他1980年总统竞选的最后一站。但一切仿佛已成定局。

1980年11月4日，全国投票开始。美国东部时间晚上20时15分，全国广播公司宣布，里根所获的总统选票已超过2 700万张。听到这个消息，尽管投票还没有结束，卡特已经意识到自己输了。当天晚上，里根正在淋浴。突然，刚洗过澡还裹着浴巾的南希走进浴室，大声对里根说：“有电话找你，是吉米·卡特。”

里根关掉水龙头，稍微擦了擦身子，便拿起了装在浴室里的电话分机。南希站在他旁边，但是并不知道他们谈话的具体内容。过了一会儿，里根放下电话对南希说：“他认输了，打电话向我表示祝贺呢!”听到这个好消息，南希激动地抱住了里根。

当时，加利福尼亚的投票站还有两小时才关闭，无论该地区的结果如何，对整个大选的结果都构不成影响了。里根站在浴室里，裹着浴巾，头上滴着水。在这一刻，他已成为美利坚合众国第40任总统了。

当天晚上10点钟，卡特驱车来到设在华盛顿一家旅馆的竞选总部，发表了演说："1个小时前，我已经打电话向里根州长表示了祝贺。我希望今后几周，我们能密切合作……完成历史上最好的交接。"

11月5日下午，各大新闻机构都公布了竞选结果：里根获得了4 309万张选民选票，占投票人数的51%；卡特获得了3 475万张选民选票，占投票人数的41%；其他7%为独立候选人获得，共557万张。共和党在参议院一举成为多数党，虽然众议院民主党仍占多数，但较上届少了33席。可以说1980年大选，共和党大获全胜，引起了舆论界的关注。《华盛顿邮报》称："这可能是自1952年以来，华盛顿最大的一次权力交接。"《波士顿环球报》评论说："选民很想夺回美国在国外失去的力量，才投了里根的票。"《纽约时报》认为："失业、通货膨胀、财政赤字等经济问题，把选民推到了里根的一边。"《华尔街时报》则说："新政府在今后4年，将面临巨大的考验。"

5 组建内阁
RONALD REAGAN

选举获胜后，里根首先需要做的事情就是立即着手组建自己的内阁。1980年11月22日，在美国洛杉矶，里根召开了美国很多总统都会召开的著名的"厨房内阁"会议。这些人都与里根有着千丝万缕的关系：不是他的亲密老友，就是曾经支持过他竞选的百万或亿万富翁，要不就是在他的竞选中鞍前马后，出过汗马功劳的功臣们。有报道说，向里根提供人才的，主要是以"保守派思想库"著称的"胡佛研究所"和"乔治城研究所"。后来，据统计，截至11月中旬，里根的过渡班子中，有近40人来自这两个研究所。比如，国内政策顾问马丁·安德逊来自"胡佛研究所"，外交政策顾问查德·艾伦来自"乔治城研究所"。毫无疑问，自里根开始的若干年，美国的政策将会受到这些人的重大影响。

12月11日，里根宣布他的第一批内阁成员名单，并附上了各自的简介：

任命斯阳·温伯格为国防部长。温伯格毕业于哈佛大学。1917 年 8 月 18 日生于旧金山，60 年代曾担任里根州长金融方面的负责人。尼克松和福特政府期间，温伯格在不同时期分别担任过行政管理和预算局局长，卫生、教育和福利部部长等职。

任命威廉·史密斯为司法部长。史密斯生于 1917 年 8 月 26 日。1942 年获得哈佛大学学位。曾任洛杉矶世界事务委员会主席、乔治城大学战略和国际问题研究中心咨询委员会成员。

任命唐纳德·里甘为财政部长。里甘 1918 年 12 月 21 日生于马萨诸塞州的坎布里奇。哈佛大学毕业后参加了海军陆战队。曾担任过美国最大的经纪人企业梅里尔—林奇公司的董事长。

任命马尔科姆·鲍德里奇为商务部长，安德鲁·刘易斯为交通部长，理查德·施韦克为卫生与公共服务部长，戴维·斯托克曼为行政管理和预算局长，威廉·凯西为中央情报局长，

美国国务卿主要负责外交事务，马虎不得，否则就会影响美国的国际声誉和地位。经过严格筛选，12 月 16 日，里根宣布任命亚历山大·黑格为国务卿。又宣布劳工部长是雷蒙德·多诺万。

以后的两个月中，里根不断充实自己的内阁队伍：内政部长詹姆斯·瓦特，住房和城市部长塞缪尔·皮尔斯，能源部长詹姆斯·爱德华兹，总统内政事务助理马丁·安德森，总统国家安全事务助理理查德·艾伦，教育部长特雷尔·贝尔，农业部长约翰·布洛克……

评论家说，里根的内阁队伍，年龄段层次分明，而且多数人具有丰富的金融和经济管理经验，其中还有不少人在尼克松、福特政府期间担任过要职。很明显，里根是真的想在自己的任期内大刀阔斧地把美国经济好好作一番调整，使之重新振兴起来。之后，里根政府的一系列政策和举措确实反映了这一特点，并且真真实实地取得了一定的成效。

6 宣誓就职

RONALD REAGAN

1981 年 1 月 20 日，里根宣誓就任美国第 40 任总统。按照美国宪法规

定，在新总统入主白宫之前，前总统必须于当天中午搬出白宫。

上午10点钟，卡特总统仍在为伊朗人质事件到处打电话，或者就此事与其他官员协商。与此同时，卡特的工作人员忙着整理卡特的文件和行李，再把这些东西送往卡特的家乡——亚特兰大市普兰斯镇。作为前任美国总统，卡特从办公室拿走的文件多达20卡车，可见他的工作是繁忙而尽职的。卡特为自己的离任很伤心，觉得自己是那样地辛勤工作，到头来却由一位新的白宫主人来接替他。他的工作人员也对此感到惋惜，有些人还流下了动情的眼泪。

不一会儿，里根夫妇的轿车驶入白宫大院，在南门台阶前停了下来。车门打开，里根夫妇从里面走了出来。那天，里根穿着灰色礼服，夫人南希穿着一身喜庆的红色服装，头戴一顶红帽子，他们神清气爽地走上台阶。

按照白宫传统，原总统夫妇要带着新总统夫妇在白宫内仔细参观。但由于卡特夫妇十分伤感而没有带里根夫妇参观，而是直接让工作人员完成了这件事。里根夫妇觉得卡特夫妇的这种行为是对他们的侮辱，但并没有跟他们计较。8年以后，当里根从总统职位上退下来时，才真正理解了卡特当年的心情。当一个人从一份费尽心思的工作上离开的时候，那种伤心是难以言表的。但是，美国的一个伟大之处就在于总统权力的交接总是十分顺利的，这些小小的不快不会对政府工作造成任何影响。

当里根夫妇匆匆参观完白宫后，和卡特夫妇乘车前往国会大厦，到那里参加总统就职仪式。里根同卡特同乘一辆车，南希和卡特的妻子罗莎琳在随后的一辆车里。一路上，卡特同里根几乎没有说一句话，车里的气氛十分冷淡。也许是卡特不愿面对里根的缘故吧！

美国历届总统的就职仪式都是在国会大厦的东门外举行的，但这次不知出于什么原因，就职典礼的地点转移到了国会大厦西门外。就职典礼的场面十分隆重，光是出席的政府职员就多达4万多人。这些人中有国会参、众两院的议员，最高法院的成员，50个州的州长以及里根内阁的成员。

当里根一行人到达国会大厦时，广场上已经聚集了成千上万的人，一直延续到广场旁的林荫道上。会场的气氛十分热烈，到处飘扬着旗帜和彩带。里根站在广场的台阶上，目光越过人群，停在远处的华盛顿纪念碑上。在阳光的照耀下，白色的大理石碑身散发出柔和的光芒。再往远处看是林肯纪念馆，纪念馆的上方飘着朵朵白云，把下面的建筑衬托得更加庄严而美丽。林肯纪念馆的旁边是杰斐逊纪念馆，那是一座淡白色的圆顶房子，同林肯纪念馆相比，这个建筑似乎显得更加亲切一些，更像一个普通住宅。里根把这些建筑一一打量一番，并把这个场景深深地记在了脑海里。

里根的搭档乔治·布什首先宣誓就任副总统，之后便是里根宣誓就任总统。当里根走到就职仪式的位置上，开始手按圣经宣誓时，心情无比激动。里根就职宣誓时所用的圣经是母亲内莉留给他的，里根打开圣经，翻到第二篇第七章第14节，这节是先人对治理国家的看法。内莉在这页批注道："治愈国家最美妙的话。"

宣誓就职完毕之后，里根发表了长达几页的就职演说，再一次向民众阐明了他的政治观点和改革计划。里根的就职演说用了相当长的篇幅介绍了他的经济改革计划，因为这个问题是全美国人最关注的。

里根首先指出了现任政府在经济政策上的弊端，他说："美利坚合众国眼下正面临着极大的经济困难，经历着有史以来持续时间最久，情况最糟糕的通货膨胀。这一问题严重地影响了美国的经济发展，并使千百万失业的年轻人和没有工作能力的老年人受到了沉重的打击，甚至使他们难以维持生计。"

对于美国经济的现状，里根还提出了他的一系列解决办法："我们不能依靠政府来解救这场危机，因为政府本身就存在着巨大的问题。庞大的政府机构和政府浪费已经成为严重的经济问题之一。我的意图是缩减联邦政府的规模并降低政府开支，这样就能够极大地缓解预算赤字的压力。同时我还将缩减联邦政府的权力，让自由竞争重新在经济发展中发挥重要作用。"

减税是里根经济政策的重要部分，这个政策也让他赢得了无数选民的信任，现在他又把这个提议强调了一遍："政府的高额征税政策不仅没能缓解赤字问题，反而使赤字加大。如果这样的情况长期继续下去，美国社会的其他方面就会受到严重影响。现在我们要把局势扭转过来，通过降低税率来重新带动经济的增长，从而实现美国经济的全面复苏。"

里根的经济政策还没有投入实施，所以对于这些计划能否产生显著的效果他并没有完全的把握，因而，他在演讲时为他的经济政策留了些余地。他强调美国的经济问题已经存在了几十年，不可能在短期内得到完全的解决。但他同时也表示，他所领导的政府将会像全体美国人民一样，发挥英勇无畏的作风，全力以赴地为这件事不断奋斗。里根表示，进展也许是缓慢的，但他有足够的信心让美国这个工业巨人重新振作起来。

在演讲中，里根还着重谈到了一个十分重要的问题，那就是美国的国家安全问题与世界和平问题："美国将继续为本国及全世界的和平作出不断的努力。我们将会为和平而进行一系列的谈判，同时我们还将不断提高美国的军事实力，以便在必要的时候采取有力的行动。我们必须在战略上保持足够的优势和实力，只有建立在实力上的国家安全政策才是最有效的。"

里根的就职演说是他日后工作的一个囊括，以后的4年里他一直在为他的这些承诺奋斗着。观众对他的演说十分满意，会场里爆发出经久不息的掌声。

里根的演说完毕之后，就职典礼也随之结束了。里根和南希走进国会大厦，与国会议员和其他贵宾们一起参加就职午宴。在去宴会的路上，里根在一个总统专用的房间里签署了一项法令，第一次行使了他的总统权力。当里根来到午宴的会场时，人们立刻用热烈的掌声和欢呼声对这位新总统表示了祝贺。席间不断有人向里根举杯，里根像往常一样，抱以亲切的微笑，并喝上一小口葡萄酒。里根那天最兴奋的事就是宣布被扣押在伊朗长达444天之久的52名美国人质终于获得了释放，而且马上就要到达美国境内的消息。人们又为此欢呼不已，认为这是一个好兆头，新总统上任伊始就有了朝气蓬勃的新气象。

午饭后，里根和南希驱车回到宾夕法尼亚大街，在那里观看群众们的庆祝游行。里根夫妇被安排在白宫前草坪上的一个临时看台上就座。在欢迎的乐队中有一支是来自里根曾就读过的中学——迪克森中学。看到这支乐队，里根不禁想起了自己少年时期的一些画面，再看看眼前的热闹情景，心里感到十分欣慰和自豪。

参观完游行庆祝之后，里根便挽着南希的手来到了他们的新家——白宫。里根和南希在白宫周围的铁栅栏旁边站了一会儿。里根凝视着白宫门前大片的碧绿草坪，不禁感慨万千。还是在孩提时期，里根就对白宫这个历史性的建筑充满了向往，无数次地想象着白宫到底是个什么样子，但却从未想过有一天他会住在这里，并成为这里的主人。里根在好莱坞时，也曾代表电影工会访问过白宫，但当时他和南希都是以一名看客的身份打量着白宫，与现在的心情截然不同。里根从回忆中缓过神来，和南希一起走进前门，踏上了电梯。

他们乘坐电梯来到白宫二楼，那是他们居住的地方。一下电梯，里根和南希走进一个巨大的长形大厅里，大厅西侧有一个拱形过道，穿过这个过道就可以看见里根夫妇的新卧室。白宫工作人员十分细心，把里根从加州带来的家具都妥当地放在了卧室里，里根夫妇看到这些熟悉的家具后，一种温馨的家庭之感油然而生。这些老家具，连同游行队伍中的迪克森中学乐队，都让里根不断地把眼前的一切与从前联系起来，对比往昔的生活，里根忍不住有些泪眼朦胧。

里根和南希逐个查看二楼的各个房间。在查看房间的时候，他们仿佛感觉到前几任总统依然在这里一样——罗斯福、杜鲁门、艾森豪威尔和其他的美国总统。当里根走到林肯卧室时，他不由自主地停留了一会儿。白宫工作人员为了表示对林肯总统的纪念，没有改变这个住房的布局，还保留着林肯在世时的样子。房间的最里面是一张大型木制床架，这张床是林肯的夫人玛丽为丈夫备置的，但是林肯却因为连任后遭到刺杀而没能用上。在林肯卧室的隔壁是条约室，这里陈列着许多历史条约和文件，其中还包括著名的《解放宣言》。

里根从二楼下来，来到他以后将要工作的地方——椭圆形办公室。一走进那间屋子，里根立刻感觉到一种无形的巨大压力落在了他的肩膀上。里根默默祈祷，请求上帝在他的新工作里给他帮助。

里根把白宫里里外外看了个遍，白宫的一切让他惊奇不已。尽管他现在已经成为这里的主人，但对眼前的一切还是有一种不真实感，仿佛有个声音在对他说："难道这一切都是真的吗？"

到了晚上，里根和南希穿上正式的礼服，去参加政府为他举办的庆祝舞会。大概有十多场舞会在那天晚上同时举行，里根和南希每个舞会都去看了看，并跳上一曲。结果一晚下来，他们的脚都快被跳断了。

第二天，里根开始正式工作了，他的人生又翻到了新的一页。

7 三巨头

RONALD REAGAN

提起里根起初的贴身助手，很多人马上会想起里根的夫人南希、迈克·迪弗、詹姆斯·贝克、埃德·米斯，后三者被称为里根身边的“三巨头”，也有人说他们是里根政府的一个特殊的“直辖机构”。他们4人在政坛上，给予了里根极大的帮助。南希后来在回忆录中写道：当“三巨头”依次离开白宫后，她感觉好像失去了很多东西似的。南希作为第一夫人，里根的贤内助，前面已经有了详细介绍，下面来看一下“三巨头”的情况。

首先来谈谈迈克·迪弗。他是“三巨头”中公开露面最少的一个，却是里根夫妇最欣赏的一个。因为迪弗最会揣摩里根夫妇的心思，总是把事情做到最好。作为里根的助手，他既是保护人又是日程安排人，他常常会把总统与夫人的时间安排得恰到好处，既让他们把事情做得很圆满，又能使总统夫妇不感到有压力。

迪弗是美国圣何塞州的高材生，可以说是个音乐天才，经常在学校酒吧或校园乐队里演奏。他的一个大学同学还记得，迪弗比较文静，还有点腼腆，但不失幽默感。

迪弗早年的志向并不在于政治，在大学毕业时，他最想从事的工作是圣公会牧师。但由于种种原因，他的这一想法没有实现，却跑到美国商用机器公司工作。后来，他觉得这份工作非常乏味无聊，于是就辞掉了工作，开始浪迹天涯。最后，他来到了加利福尼亚州，加入共和党。迪弗28岁那年，里根成为加州州长，威廉·克拉克是里根身边的行政秘书。于是，迪弗来到克拉克身边，成为克拉克的助手。迪弗的工作能力很强，也很会琢磨人的心思，但是就是办事有些拘谨，因此一些议员觉得他待在克拉克身边很不合适。但是迪弗还是凭着自己的能力取得了克拉克的信任。后来，克拉克把他推荐给里根夫妇。由于迪弗工作出色，非常符合里根夫妇提出的助理条件，于是，他在州长办公室得到不断晋升，最后成为里根的日程安排人。一直以来，迪弗与克拉克和里根州长保持着相当好的关系。在里根任州长期间，迪弗的助理工作做得非常出色。他一直工作到1974年底里根离开州长职位。1975年开始，迪弗与彼得·汉纳福德一起创办了一所咨询公司，他们的任务很多都是为里根服务的，有时还会借助业务咨询的机会，传播里根的政治见解。因此，在这期间，里根的许多演讲稿都是从这里流传出去的。

随着迪弗事业上的不断成功，他自己也越来越自信了。1976年，里根决定去竞选总统。于是，迪弗马上成为他竞选班子的主要顾问之一。尽管这次竞选里根失败了，但是迪弗的才能却让里根夫妇刮目相看。

从迪弗到里根身边工作开始，里根夫妇和迪弗夫妇一直就没有断绝来往，他们经常互帮互助。尽管里根表现得很友好，但是仍然有许多人对他敬而远之。可迪弗不怕他，还觉得他很亲切。因为迪弗比里根小得多，所以里根就像照顾自己的“儿子”一样关照迪弗；而迪弗则抱着对里根的敬仰之情，从各方面帮助里根竞选。他一直相信里根终有一天会当上总统。

《华盛顿邮报》的专栏记者曾打趣地问里根：“您是不是真把迪弗当儿子看待？”里根看着自己心爱的助手，回答道：“应该说，我比当父亲的还更想着他。”在南希的回忆录中，也曾提到迪弗与她的关系。南希说，在里根周围的顾问中，她与迪弗的关系最密切，也可以说他相当于白宫办公厅的副主任，只要南希打电话想找某个人，迪弗就一定会帮她联系到。

有段时间，迪弗因为与里根走得太近，引起了一些人的猜疑和不满，大家都说迪弗心怀私利。为了避嫌，不影响里根的竞选声誉，迪弗决定离开里根的竞选班子。后来，里根同意了他的这个决定。

在迪弗离开里根的那段时间，里根仿佛觉得失去了什么似的；迪弗也觉得自己应该回去协助里根竞选。在得知大选获胜后，里根开始邀请迪弗，希望他能进入白宫，帮助里根料理事务，因为里根太了解迪弗的时间安排能力了。1981 年春天，迪弗开始进入白宫工作，他成为里根的时间使者，也负责向里根传递重要信息。他太了解里根的生活习惯了，所以总能把事情安排得紧凑却不紧张。他自己也曾骄傲地说：“凭着我多年跟着他的经验，我凭直觉就能知道他想干什么。他非常清楚我能为他省去很多时间，因此极为信任我。”新闻界对迪弗的评价是：他是“最优秀的副官”和“最忠实的助手”，但没有一点自己的个性可言，似乎完全是为里根而生的。就连迪弗的妻子卡罗琳有时也会嗔怪他“太缺乏个性”。

不管怎样，迪弗成为里根夫妇的得力助手后，在白宫内外都受到了不同程度的重视。迪弗在职期间总是想办法维护里根的政治形象。当里根身边的助手出现差错而影响到里根的声誉时，迪弗总是采取果断的措施来解决问题。比如，国家安全事务助理理查德·艾伦因为接受日本人的礼物而遭到了公众的指责。事发后，迪弗担心里根的形象会因此受到影响，便要求解雇艾伦。还有一次，里根的预算局长戴维·斯托克曼公开说：“里根的减税改革是‘特洛伊木马’！”这在国内引起了很大反响，当时里根正在推行自己的“经济政策”。迪弗认为，身为预算局长竟然公然抨击总统的主张，这很不利于总统政策的执行。因此，他建议里根辞掉斯托克曼。斯托克曼在各方的压力下递交了辞呈，里根接受了。

在里根身边多年，迪弗已经养成了凡事先替里根夫妇考虑的习惯，他不让任何人为难总统。尽管迪弗在里根面前非常吃香，但他很清楚，“政治如浮云”，变换很快，将来里根下台了，那么自己的好日子也就结束了；即使里根还在台上，但是政治斗争这么残酷，也许会因为自己一时的疏忽而落入万丈深渊。一想到这些，迪弗的心里就很不是滋味。有一次的经历更增加了迪弗的这种失落感。一天，迪弗乘着一辆擦得很亮的黑色高级轿车行驶在宾夕法尼亚大街上，他的轿车是一种身份的象征，因此他挺得意的。这时，他突然看见了前总统新闻秘书乔迪·鲍威尔孤零零地在街上行走，这个世界仿佛已经忘记了他曾经也风光过。迪弗把这一切看在眼里，想起了自己的将来，心里不免一阵酸楚。他喃喃自语：“也许这就是我的将来!”几个月后，他对此事仍然念念不忘，每每感叹道：“如果里根不在其位了，他周围的那些人到时会是什么下场？到时每个人的心里又会是什么滋味?”

迪弗还时刻注意为里根处理好各种各样的政治关系，他把一些重要人物的照片交给里根，让他尽量多记住这些人的样子，这样在处理政务的时候就方便多了。他与里根的支持者和捐助者保持着密切的联系，以便在里根需要帮助的时候能够随时联系到他们。他还邀请那些认为自己同里根总统有交情的政客参加白宫举行的各种活动，并随时为里根发现政界的新朋友。有一次，里根在白宫为著名的棒球运动员举行午餐会，到场的嘉宾里有国会议员、众议院民主党竞选委员会主席托尼·科埃略，他是一个癫痫病患者。科埃略利用自己的影响，在媒体上做了不少预防癫痫病的宣传工作。迪弗知道里根在好莱坞时曾扮演过一个患癫痫病的著名棒球投手亚历山大，于是，他建议里根同科埃略聊聊那部影片里的人物。由于找到了共同话题，里根和托尼·科埃略谈得非常投机。

迪弗还很会帮里根夫妇调节业余生活，他知道里根夫妇早年都是演员，就经常安排他们看一些非常有意义的电影。一次，迪弗把一部纪念二次大战的电影介绍给里根夫妇。为了让片子的观看效果达到最佳程度，迪弗想办法安排里根夫妇到诺曼底的杜霍克地峡去，他在那里为里根夫妇放映影片，并让他们从空中俯瞰。这时呈现在里根夫妇眼前的是一块孤独的悬崖，加上影片的气氛渲染，让他们有点身临其境的感觉。那次的经历让南希记忆很深。

1985 年，迪弗辞去办公厅副主任的职务，重操旧业，成立了一家咨询公司，只不过业务有所改变——受外国政府委托，在美国国会游说。美国民众对他的这种做法存有异议。1986 年，《时代》周刊的封面刊登了一张迪弗的照片，并附有标题，大标题是《这家伙在对谁讲话?》，小标题是《影响华盛顿的琐事》。照片的内容是：国会大厦前面，一辆飞奔的汽车上，迪弗坐在车尾，正对着一个话筒讲话。

没过多久，迪弗便以违反“政府道德标准法”的罪名，被指控为欺骗国会和联邦大陪审团。该法对政府官员所能施加的影响力作了严格的限制。后来，迪弗就很少和里根夫妇联系了。

在“三巨头”里，很多人说詹姆斯·贝克应该排在第一。以才能而论，他确实很出众。詹姆斯·贝克曾经是休斯敦公司的一名律师，有很强的组织、管理才能，并且有着非凡的决断能力。贝克生于一个三代律师之家，与布什家族是世交。1980 年，布什与里根在共和党内展开竞选总统候选人的活动时，贝克曾是布什竞选团队的主要干将。

后来，里根战胜布什之后，选布什为副总统。贝克便改旗易帜，站到了里根这边，并成为里根的三巨头之一，担任白宫办公厅主任。他早年的政治经历非常值得玩味：1970 年，操纵着老布什角逐参议员；1975 年，成为福特政府的商务部副部长；1976 年，主持福特的总统连任竞选活动。

在进入白宫的第一天，贝克就显示出了他的魄力。当时国务卿黑格提出一项方案，旨在扩大自己的权力，使之能够参与国务院所做的任何一项跨部门计划。接到这个方案时，贝克三言两语就说明了不能批准黑格这个提案的缘由。里根同意贝克的说法，因此没有签署这个提案。贝克的能力很快得到大家的认同，就连有点挑剔的南希也佩服贝克的能力，认为他完全适合坐这个位置。

贝克不仅熟悉政策，而且与国会的关系也不错。很多时候，他的表现似乎比里根还要老练些。他为人忠厚，比里根更易作出妥协、达成交易。

里根上台后，很想让国会通过有争议的“税收和预算一揽子计划”，但是不知道怎样做才能奏效，于是求助于贝克。贝克运筹帷幄，告诉里根何时装红脸，何时扮黑脸，何时给那些兴风作浪的议员打电话。最终，法案得以在国会通过。

从另一方面说，贝克是迪弗的直接上司，他也因为迪弗对里根生活习惯与性情的熟知而受益匪浅。虽然贝克是白宫的办公厅主任，但接触里根比较晚，对里根各方面了解得不是很透彻，因此，他便用迪弗来弥补这个缺陷。他和迪弗一见如故，很快就成为私交好友。迪弗非常佩服贝克的管理能力和迅速的决策能力，当遇到不能解决的问题时，总是向贝克求助。与迪弗不同的是，贝克有一种优越感，这也许是因为出身所致吧！他出身于一个古老的家族，高贵而自信，富有且有教养，既有实力又不乏同情心。

因为贝克具有敏锐的政治观察力，所以能够及时预测到政治风暴的来临。“社会福利改革”是里根“经济复苏计划”的重要一环，但是在推行过程中遇到了一些阻力，尤其是“社会保险问题”最具争议性。这时，贝克站出来极力劝说里根不要轻易卷入其中。

1981 年，里根政府为实现“年度预算平衡”，寄希望于福利改革。预算局长斯托克曼为了实现这一平衡，提出：不顾一切地削减 1982 年的财政年度预算开支，提高享受社会保险的退休年龄，减少最低福利等建议。斯托克曼还在卫生与公共服务部部长理查德·施韦克的支持下，制定了具体数字目标：5 年内减少 820 亿美元的社会保险福利，包括取消每月 122 美元的最低福利金；把享受社会保险的退休年龄从 62 岁改为 65 岁。

这项建议一经提出，贝克马上想到了它将引起的一系列政治以及社会问题，于是建议里根，尽量让卫生与公共服务部部长施韦克去做，里根要与此项计划减少联系，否则会麻烦缠身。情况正如贝克所预料的，民主党人抓住此项计划不放，称这个计划“卑鄙无耻”。眼看舆论压力越来越大，在不得已的情况下，里根听取贝克的建议，马上采取补救措施。最后，里根政府放弃了要对早退休的工人减少福利的建议，并且决定遵从当年竞选时提出的主张，“成立一个独立的委员会来研究解决社会保险问题”。但反对者仍抓住“取消最低福利金”的建议大做文章，里根政府最后决定完全让步，并公开承认这是新政府 1981 年犯的最大的政治错误。至此，这项社会福利改革风波才慢慢平息下来。后来，斯托克曼在《大西洋》月刊上也承认“当时忽略了政治问题”。

这件事之后，很多人要求斯托克曼下台。贝克挺身而出，为斯托克曼辩护。他说：预算局长在这件事上是犯了很大的错误，他也承认自己失职；但是按照目前的情况，政府还不能没有这位预算局长，毕竟他在其他方面做得很好。里根很赞同贝克的建议，留下了斯托克曼，直到 1985 年 8 月 1 日，他因为反对里根的减税政策而辞职。

前面讲过，贝克出身名门，目标性很强。正是由于这个原因，他做事很多时候都带有一种目的性。当贝克觉得白宫办公厅主任不能完全施展他的才能时，他便明确提出自己希望出任国务卿一职。里根没有同意他的提议，坚持要乔治·舒尔茨继任国务卿。1985 年，里根成功连任，贝克出任财政部长。当布什成为总统后，他终于实现了自己的愿望，当上了国务卿。

1992 年，老布什任期将满，在克林顿的强大攻势下，节节败退。贝克顾全大局，含泪告别国务卿职位，帮助老布什争夺总统之位。但此时的贝克已经回天乏力了，最后，老布什以失败告终。8 年后，贝克再度出山，成为小布什的“竞选总管”。在整个竞选过程中，他运筹帷幄，决胜千里，最终把小布什扶上了总统的宝座。

其实，为保全律师世家的名节，贝克的爷爷曾经教导贝克要“努力学习，努力工作，远离政治”。因为老贝克认为：政治是黑暗的，充满了权钱交易。因此，老贝克一生都固守这样的信念，谁知自己亲自教导的孙子日后会从政，而且一干就是几十年。

功成名就后，从政坛上退休的贝克，为自己从政多年还能全身而退感到自豪。他认为自己出淤泥而不染，没有玷污律师世家的好传统。

最后，让我们来谈谈埃德·米斯。在白宫，埃德·米斯可说是“掌管政策”的人（尽管政策不是他制定的），通俗一点来说，就是负责概括、综合、归纳里根的主张，并把这些主张及时传达出去，有时还会向里根提出一些政策建议。他也是律师出身，能言善辩，有极强的决断能力。他在里根竞选加州州长时，就曾出过力。从外表看，米斯很文静，也很年轻，像个大学生，但是他有着敏锐的头脑和强烈的保守主义思想。米斯还有一个最大的特点：遇事头脑冷静。最突出的一件事情就是他在 1969 年处理旧金山州立学院发生动乱的事情。当时，形势很难控制，于是他果断地做出决定：把该校校长关进浴室。

米斯与里根的接触比较早，1968 年 11 月 25 日，他接替威廉·克拉克，成为里根州长的行政秘书。在 6 年的州长办公室工作中，米斯逐渐了解了里根的想法，也知道了里根的喜好，他能把里根简单的主张变成法律语言和立法文稿。

里根接任总统的第一年，在贝克的建议下，米斯成为白宫顾问。贝克知道必须与这位“顾问”搞好关系，于是在大选后的第二天就与米斯进行了明确分工。米斯负责国家安全委员会和政策研究办公室的工作，所以有人说米斯是“掌管政策”的，一点都不假。虽然他也是三巨头之一，但是与主管人事的白宫办公厅主任比起来，地位还是差了点。有句话说得好：“谁掌管了白宫人事权，谁就控制了整个白宫。”

米斯对里根也是很了解的，知道里根遇事有时会犹豫不决，于是他巧妙地使用方法，把里根那些还在大脑中转悠的想法变成完整的主张。事实证明确实如此，在里根政府组成的头 8 个月中，总统政策在一定程度上确定是受到了米斯的影响。

不过，米斯的聪明之处还在于——自己虽然插手了政策，但不会留下任何痕迹。比如：前联邦调查局高级特务人员弗尔特和米勒在里根上台后遭到豁免，这其中的策划者就是米斯。按照美国的法律，这两个人是不可能赦免的。因为他们在尼克松政府时期，在调查“越战的激进反对者”时，违规操作，犯了“非法闯入罪”。

米斯还帮助白宫摆脱了许多烦恼。当里根政府身陷“堕胎”等社会问题的泥潭中时，米斯、贝克、迪弗一起将其从泥潭中拔出来，然后继续集中精力搞经济；他曾经想办法把“近海石油租赁计划”缩小到可以控制的范围之内。尤其是当日本进口汽车对美国本土汽车产生巨大冲击时，米斯等人又想办法保全了本土汽车行业的利益。里根政府的很多内阁成员都坚持“自由贸易”的看法，但是日本进口汽车的冲击力太大，里根政府虽然有心遵守竞选时的宣言“帮助美国有困难的汽车工业走出困境”，但是又不能强迫日本减少对美国出口汽车。当时的交通部长安德鲁·刘易斯等人都抱有保护主义思想，主张限制日本汽车进口。这时，米斯建议，美国可以通过与日本秘密协商，达成一项不公开的“限制汽车进口的协议”。这样的话，对美国政府、汽车工业和日本都有好处。

起先，他说服里根成立了一个特别工作小组，任命刘易斯为执行主席。这个小组的主要任务是着手拟定出帮助美国汽车工业的方案。谁知刘易斯却利用职权，动员工业、劳工等部门以及中西部著名的共和党州长们一起公开支持“限制日本汽车进口”法案。后来，一向对汽车工业抱乐观态度的财政部长里甘强烈反对刘易斯的做法。里甘认为，美国根本没必要这样做。结果他们二人之间的冲突竟然发展到当着总统的面争吵起来的地步。于是，米斯在贝克和农业部长布洛克的支持下，开始研讨其他具体可行，且能够让美国不失体面的办法。特别工作小组与日本进行了漫长且十分复杂的谈判。美国与日本最终达成协议：1981 年 3 月到 1982 年 4 月，美国从日本进口汽车限制在 168 万辆。虽然没有完成控制在 120 万辆的目标，可毕竟减少了许多。

1981 年 3 月 19 日，米斯和贝克向里根总统汇报工作时，称这个协议绝对是日本“自愿”的，丝毫没有把方案强加给日本。白宫对这个协议做了特别的保密工作。人们把这次谈判戏称为“非谈判”的谈判。这次“自愿限制”的谈判为里根政府的自由贸易提供了一块遮羞布，保住了面子。用里根自己的话来说，就是：“日本宣布自愿减少对美国的汽车出口……，从而避免了一场激烈的国际贸易战。”虽然这个保存美国政府面子的方案没有挂出米斯的名字，但谁都知道，米斯的手印印得非常深。

外界评论说：米斯一直把华盛顿当成权力空间扩大了的萨克拉门托，因此他的很多行事方式仍然没有改变。他这样做是有原因的，因为当时加利福尼亚州的预算，要远远大于世界上的大多数国家，它可以说是一个国家的缩影。

1984 年，里根成功连任，任命米斯为司法部长。1986 年，发生了一件最让里根政府难堪的“伊朗门事件”。报界揭露这件事后，里根政府显得无所适从。作为司法部长的米斯受里根之命，于同年 11 月 21 日开始负责调查这件事。11 月 25 日，米斯在白宫的新闻发布会上宣布：卖给伊朗武器的部分款项确实被转到了尼加拉瓜政府军的手中，但是直到 11 月 24 日晚上之前，里根总统根本不知道这件事；这件事情的经手人——海军中校诺斯和他的顶头上司、国家安全事务助理波因德克斯特等人负全部责任。由于米斯的有意袒护，里根在这件丑闻中得到了保护。1986 年 11 月 26 日的《华盛顿邮报》发表评论说：“在保护总统方面，再没有人比米斯做得更好了。”

不管米斯为里根政府怎样卖力，但有些事情终归是逃不过去的。1988 年，米斯因为私人财产问题无法说清楚来由，而被迫辞职。

RONALD REAGAN

RONALD REAGAN
第六章
年龄最大的总统

面对陷入困境的美国经济，里根上台后开始了他伟大的“经济复兴计划”。这个计划的主要内容可概括为“三大砍，一稳定”。所谓“三大砍”就是：大砍联邦预算开支、大砍个人和企业的税负、大砍政府限制企业的各种规章和条例；所谓的“一稳定”就是要制定一项稳定的货币政策。

1 白宫生活

RONALD REAGAN

提起白宫，人们总是感到很神秘，因为它是美国在任总统的官邸。白宫里面到底是什么样子？总统们又是过着怎样的一种生活呢？

作为平民出身的里根总统，在生活方面比较朴素。在里根入住白宫的头几个星期里，他依然保持着随和轻松的本性和积极的态度。白宫是总统办公室和住宅连在一地的，面对这种布局，里根不禁回忆起了他早年在伊利诺伊州坦皮科市的生活，并同别人开玩笑地说："我又一次过上了楼下开店，楼上住家的生活。"

总统的工作十分繁忙，所以这些住在白宫里的主人大部分生活节奏都很紧张。在前几任总统中，杰拉尔德·福特清晨5点30分就起床，稍事锻炼后便开始一天的工作。吉米·卡特大致也是在这个时间点起床。而第36任总统林登·约翰逊自1963年入主白宫以来一共在白宫待了5年多，他的工作最为卖命：早晨10点起床，到下午4点结束白天的工作，然后睡上两个小时，晚上6点又开始工作，一直到午夜。像约翰逊那样把一天当成两天过的总统不在少数，但里根对这种工作方式不敢苟同。他的工作习惯早已定型，并不想做任何改变。他必须保证充足的休息时间。

还是在竞选期间，里根就曾对工作时间的安排问题向他的工作人员抱怨，他的助手们总是咧嘴笑着说："州长，您最好还是习惯一下。等您当上了总统，工作的时间会更多，每天早晨7点30分就会有人向您汇报工作。"里根说："那好，到时就让他先等着吧，而且他要等很久呢！"里根没有开玩笑，他成为总统后，便把每天早晨的工作时间挪到了上午9点30分。

里根通常在早晨7点30分起床。一名固定的电话员负责在这个时间拨通里根床边的电话，说道："早安，总统！现在是7点30分。"里根立刻精神抖擞地起床，开始一天的工作和生活。

里根在起床后，只要按一下床边的按钮，就会有专门的白宫人员把早餐和报纸送到他的房间，里根喜欢边看报纸边吃早餐。早餐通常比较简单，水果或果汁、麦片、不带咖啡因的咖啡，里根最喜欢的早餐食物是烙饼，有时还喝上一小杯蜂蜜。

在吃早餐的时候，里根还习惯打开电视看一会儿“早安美国”节目。这个节目通常会播报一些国内和国际的要闻，里根经常出现在这个节目中。如果节目中播出了重要内容而里根又漏掉没看的话，里根的助手们就会在办公室里为里根重新播放一次，这样里根就会对当天的重大事件了如指掌。

里根家里还养了一条长毛灰耳狗，在里根享用早餐的时候，也会有专人负责服侍这条狗的饮食，把狗食装在碟子里放到它跟前。

快9点时，里根收拾妥当，乘电梯下到白宫一楼，步行穿过一座玫瑰花园，来到位于白宫西侧的总统办公室，负责保卫里根安全的特工人员早已赶到那里，里根高高兴兴地对他们说声“嗨”，以表示问候。

一到椭圆形办公室，里根先同他的私人秘书打个招呼，然后把头天晚上阅读或签署过的文件交给秘书。接着，他就坐到巨大的栎木办公桌后面的黑皮面转椅上，等待会见他的3名高级顾问，之后便同副总统和白宫其他高级工作人员开会，制定当天的日程。9点30分，国家安全顾问来向里根汇报前一天晚上在世界各地发生的重大新闻。

当里根有重大事件要同顾问委员会的人共同商量时，他们就去内阁会议室。内阁会议室位于总统办公室旁边，房间又明亮又舒适，而且面向着玫瑰花园，从房间里一眼就能看到室外的美景。作为内阁会议的主持者，里根通常是以轻松愉快的谈话方式来主持整个会议的。内阁会议上没有多少值得兴奋的事，很多前任总统在主持会议时，一些与会人员会在开会过程中打瞌睡，但在里根这儿从未发生过这种事，他不时会插入一些有趣的话，以调节一下气氛，这真的要得益于他的良好的演讲口才。

中午12点，是总统的午餐时间。午餐室就位于办公室旁边，由一间小书房改建而成。里根的午餐食谱里通常有肉汤和水果。里根比较喜欢独自享受午餐，但星期一和星期四他无法享受这段休息时间。在星期一，他的高级助手要在这段时间里和他讨论一些当前的“热门”话题，星期四则是和副总统乔治·布什一起商讨一些决策。为了让就餐过程不至于太沉闷，里根通常会讲些笑话来活跃气氛。同父亲杰克一样，里根有讲笑话的才能，他的笑话经常让人捧腹大笑。

午餐后，里根回到自己的办公室，开始下午的工作，通常是会见内阁成员、工作人员或是外国来访者，有时也会离开白宫去做些演讲或访问活动。

下午 5 点左右，里根忙完了一天的工作后返回家中。上楼后，他会立刻脱下工作装，穿上轻便的运动服，去健身室锻炼身体。如果没有特别的事情，里根通常要练上一个半小时左右，锻炼完之后再冲个澡。

接着，里根就到卧室隔壁的一间小书房，和南希共进晚餐。晚餐的食物很丰盛，夹肉面包、小牛肉、牛排块、羊肉块等是最常见的食物。他们偶尔也吃鸡和鱼，如果运气好，里根还会吃到意大利通心粉条和奶酪。里根不喜欢吃肝，只要有肝类食物在餐桌上出现，他就会很不高兴。南希只好劝他："亲爱的，多少吃一点吧，对身体有益。"可里根从来不听。他喜欢吃甜食，因为这些东西对身体没好处，所以南希总是劝阻他，还对工作人员说少提供这类食物。只有在一些重大节日里，南希才会放宽"政策"，允许里根多吃一些甜食。

里根在吃晚饭时喜欢边吃边看电视。电视在里根的生活中一直占据着重要的位置。他偏爱政治性的电视节目，譬如一些新闻节目和严肃的杂志节目，像"时事 60 分"。有时，里根也会用电影来取代电视节目，当然这些电影都是由他主演的。他的片子有些共同的特点，那是当时的社会风潮——性被表现得含而不露，犯罪后得到应有的惩罚，身高体壮的男人给长着雀斑脸的小男孩以父亲般的忠告。里根和南希每周都要看两到三部这类影片，边看边吃爆米花等美味的零食。

有时，里根和南希也会应邀出去吃晚饭，他们喜欢这类活动。出去吃饭前，里根会把自己打扮得仪表堂堂，例如，在头上多抹一点发油，穿上定做的燕尾服等等。平常吃晚饭时，里根总是蓬松着头发，穿着宽松的睡衣。

晚饭过后，里根回到私人书房里，把白天没完成的工作做完，然后写日记。里根一直保持着写日记的习惯，日记内容大多只有几行，都是当天众多事情中最重要的几件。

晚上 10 点左右，里根会结束一天的工作。他准备上床就寝时，南希就会按两下按钮给总务长办公室发一个信号，说明他们已经就寝了。于是，负责人就会关上其他所有的房灯。

里根喜欢躺在床上看书，他偏爱体育方面的杂志，总是津津有味地看上一个小时，然后才睡觉。里根对睡眠的要求很高，每晚要睡足 8 个小时，因此有人说里根是个懒惰的人。但里根并不在乎这些言论，也不替自己辩解。虽然他花很多时间在睡眠上，反而比那些工作狂类型的总统却更能游刃有余地工作。他按照适合自己的方式来安排时间，该工作时就工作，该休息时就休息，而且坚持锻炼身体，一生从未间断。

由于里根的工作日程太紧张，他经常叫手下的工作人员把那些复杂的问题压缩成一页纸的备忘录，供他阅读和批示。这个习惯在他任加州州长时就一直保持，当总统时也不例外。只是，现在的备忘录变长了，里面的内容也更复杂了。在每份备忘录的结尾，都有一块空格，列出4种选择，供总统签批。这几个选择是：同意、经修改后同意、否决、不采取任何行动。

每周三下午是里根的休息时间。这一天他在下午2点就下班了，可以在家好好休息，所以他总盼望着这一天快点到来。

里根夫妇的好客是美国人熟知的一件事，他们几乎每月都举行一次宴会，款待一些朋友。在宴会上，他们总是显得温文尔雅。前任总统吉米·卡特反对奢侈，因而把豪华的宴请仪式大大简化了，可里根夫妇又把场面恢复过来，还把宴会上的菜肴变得更精美更丰富了。里根经常宴请的朋友大部分是好莱坞的旧友，包括歌手弗兰克·辛纳特拉、演员吉米·史蒂华与卡雷·格兰、滑稽大师鲍勃·霍普等等。

除了朋友们来看望里根夫妇外，里根的大女儿莫琳和女婿丹尼斯也经常来白宫看望父母。在白宫期间，他们住在林肯卧室。因为丹尼斯长得太高，只有在林肯卧室的那个大床上，他才能睡得比较舒服。可是，在这间屋子里，曾经发生了一件奇怪的事情。一天晚上，丹尼斯起来拿东西，突然看见一个阴影站在壁橱旁边。于是，他把莫琳叫醒，跟她讲了这件事。莫琳以为是丹尼斯眼花了，就没有放在心上。过了不久，莫琳也碰到了同样的事。那天晚上，她睡得不好，半夜就醒了，她刚睁开眼就看见一个穿着红色上衣的身影。起初，她还以为是丹尼斯，但仔细一瞧不是。那个影子先是面朝窗外，然后又转过身来看着她，接着便消失得无影无踪了。

莫琳认为她和丹尼斯看到的影子可能是林肯总统的鬼魂，于是她把这件诡异的事告诉了父亲。里根听后，没有相信，并跟她开玩笑说："如果你再见到他，就请他到我的房间来，我正好有几个问题要请教他呢！"

时间长了，里根一家就把这件事淡忘了。但是有一天晚上，里根的爱犬雷克斯对着林肯卧室不停地狂叫，可那晚林肯卧室里根本没有住人。里根听到狗叫后，就去那个房间查看，但什么也没发现。里根去林肯卧室时，雷克斯就跟在他身后，却不敢进去，只在门口待着。此后，里根对于林肯鬼魂的事也有些相信了。

后来，里根和南希就这件事询问了一些在白宫工作多年的服务人员。这些人中有的肯定了这件事，有的表示不知道或不清楚。其中一位负责打扫房间的女服务员说，她有一次在打扫林肯卧室时看见了林肯总统。一个男服务员说，他有一次在厨房做事时，突然听到大厅里传来钢琴声，他便走出去看。可当他走到那儿时，钢琴声突然停了。对于这些传说，里根夫妇总是半信半疑，不过他们一直想看看林肯的鬼魂到底是什么样，却一直没见着。

尽管林肯鬼魂的事让里根和南希感到烦恼，但并不妨碍他们喜欢白宫。不过，他们在白宫时却碰到了另外一个烦人的问题。他们都喜欢户外活动，但白宫却没有这样的条件，这让他们在刚住进白宫时很不适应。后来，这一问题解决了。因为他们在周末的时候，可以去戴维营度假。

戴维营位于卡托克廷山，离华盛顿大约75英里。富兰克林·罗斯福是使用它的第一位总统，并给它取名香格里拉。到了艾森豪威尔执政时，为了表达他对孙子戴维的喜爱之情，就把这个度假地改名为戴维营。

戴维营是完全属于美国总统的度假场所，总统在这里可以免除外界的所有干扰，因为没有总统的允许，任何人都不能进去，就连新闻记者也不例外。而这样的环境对里根来说是很有益处的，因为一个人只有在不受干扰的情况下，才能做出正确的决定，所以里根的一些重要决定都是在那里做出的。

有时，里根总统会在这里接见一些外国领导人。里根在任期间，英国首相撒切尔夫人就曾两次到过戴维营，墨西哥总统洛佩斯·波蒂略也曾来过一次。除此之外，几乎很少有人被邀请到戴维营来，就连里根最亲密的白宫助手也不例外。

可里根去戴维营时，除了有南希在身边外，还会带上几位生活助理，以及他的爱犬雷克斯。他们去的时间一般是星期五下午3点，交通工具一般是总统专用的直升飞机。如果遇上雨雪天气，他们就乘车前往，但在路上花的时间要比坐飞机长一些。不过坐车也有一个好处，就是可以欣赏沿途那些可爱的小镇风景。有时热情的人们还向里根挥手致意，这让里根产生一种亲切感。里根到达戴维营时，一队驻扎在那里的海军陆战队士兵就把总统旗升起来，表示总统来了；里根离开戴维营时，旗子就会被降下来，表示总统走了。

虽然里根是来这里度假的，但作为一位总统不可能有真正的假期，所以他还得工作。在戴维营里，他的生活情况大致是这样的：星期六上午，他开始准备广播演讲稿。从 12 点 06 分开始，里根会在戴维营广播站发表 5 分钟的简短讲话。广播结束后，他去体育馆，在那里做运动，锻炼身体。如果天气好的话，他就和南希一起骑一会儿马。他们骑着马到处逛一逛，有时还会骑马到一栋石房子前看一看。

关于这座房子还有一段不平凡的来历。房子原来的主人是一位名叫贝西·达林的女人，她有一个嫉妒心很强的医生情人。这个医生老是怀疑贝西另有所爱，于是，有一天晚上，他偷偷来到贝西的房前看她是否在与别的男人鬼混，去的时候，他还带着猎枪。贝西有一个女侍，住在前面的屋子，她并不认识这个医生。当女侍看到一个陌生男人走进来时，便竭力想把他关在门外。医生以为女侍是贝西派出来替她放风的人，于是怒火中烧，不顾一切地闯了进去。贝西住在后面的屋子里，当她看见情人拿枪进来时，知道事情不妙，便想起身拿枪自卫。她刚一动，医生便开枪将她打死了。后来，这位医生知道自己误会了贝西，很后悔自己的莽撞和冲动，但一切都晚了。贝西的那个女侍现在还活着，每当里根和南希来到这里，就不禁会想起这个故事，并为贝西感到惋惜。

如果天气十分恶劣，不能骑马，里根和南希就围在火炉旁一边看书，一边愉快地聊天。他们还经常用看电影来打发时间，影片都是 20 世纪 50 年代的老片子。

虽然戴维营有很多设施可供娱乐和休闲，但南希一直希望戴维营能够有一个小教堂。自从里根遭遇枪击事件后，她和里根就再也没有去教堂做礼拜了。因为如果他们去的话，教堂里的工作人员为了确保他们的安全，会对每个做礼拜的人进行搜身检查，这样会给很多人带来麻烦，所以他们就干脆不去了。

在戴维营，里根和南希通常一直会待到星期天午饭后。当天下午 3 点钟，他们乘飞机回白宫。一回到白宫，就有一大堆文件等着里根处理，他不得不埋首其间，抓紧时间办公。白宫的生活节奏太快，尽管周末可以到戴维营度假，放松一下，但里根最喜欢的还是去他的“空中牧场”度假。

只有在那里，他才能真正体会到自由自在、毫无拘束的感觉，才能让自己彻底放松。里根曾经告诉朋友，“空中牧场”才是他真正能够休息的地方。

从白宫到那个牧场，必须经过一条弯弯曲曲的盘山公路，这条公路的两边都是山沟和深谷，行车十分危险。不过，里根现在是总统了，不用坐车去，而是乘总统专机“空军一号”前往。每次里根来这里，总要干些体力活。比如，他自己动手劈木头，为壁炉储存足够的柴火。

里根的爱马一直在牧场养着。他来到这里后，总要和南希一起骑马在山坡上兜风。每次，只要骑马的时间稍微长一点，南希就劝他早点回去。因为里根年纪大了，万一摔下来可不得了。他们的牧场里还养了几头牛、几只狗，里根夫妇都非常喜欢狗。有一段时间，里根养了好几只狗，这些狗在牧场里跑来跑去，使牧场显得十分热闹。

在“空中牧场”度假期间，里根夫妇生活得很轻松，也很惬意。但里根在白宫的工作要按时完成。每天都有专车给里根送来当天要批阅的文件，里根审批之后再转运回白宫。只有在发生重大事件时，他才立刻赶回白宫。

1983 年的韩国飞机失事案就属于紧急重大事件。当里根在空中牧场接到这个报告时，立刻明白了事态的严重性。情报人员告诉他，韩国的客机是被俄罗斯人击落的。美国和韩国的关系不错，但和俄罗斯的关系一直处于紧张状态。这次事件对美国的影响十分重大，所以必须慎重对待。里根在第一时间返回了华盛顿，迅速对这件事做了处理。

空中牧场不允许记者随便进入，因而记者们只能在附近安营扎寨，找一些偶然碰到的事情进行报道，例如，总统下午和夫人一起骑马，午饭后和夫人宴请朋友等等。虽然记者们没有什么可报道的，但他们很少发出抱怨。因为里根和这些记者相处得很好，每年夏天还会安排宴会招待他们。里根在任的最后一年里，他在空中牧场为记者们举行了一场宴会。在宴会上，里根对记者们说：“我一离任就将着手提出一项宪法修正案……”。记者们以为他要修改总统任期的限制，结果他话锋一转：“让每个总统都到空中牧场来度假。”记者们为里根的幽默大声喝彩，宴会的气氛更加热烈了。

空中牧场的客人不仅有白宫里的人员和新闻记者，有时还会有重要的嘉宾来访，其中最引人注目的就是英国女王伊丽莎白。

1983 年 3 月，应里根的邀请，伊丽莎白女王和菲利普亲王来牧场参观。他们来访的当天，正好赶上可怕的暴风雨。面对如此恶劣的天气，女王表现得十分勇敢。她并没有要求更改日期，而是直接乘轮船从伦敦赶了过来。轮船在港口靠岸后，女王换乘汽车前往牧场。通往牧场的道路十分泥泞，而且大雾挡住了人的视线，车辆行驶起来十分困难。当伊丽莎白女王和菲利普亲王到达牧场时，里根表达了诚挚的歉意。伊丽莎白女王大度地说："别这么说，这是一次有趣的冒险。"伊丽莎白女王兴致勃勃地参观了牧场的大部分房间，她亲切的态度一下子拉近了宾主之间的距离。参观结束后，里根夫妇同伊丽莎白女王一起离开牧场，去了伊丽莎白女王来时乘坐的皇家游艇"大不列颠号"上。那天晚上，南希和女王坐在大起居室的沙发上，像老朋友一样地谈论着各自的孩子。

在女王访问的最后一段日子里，正好赶上里根同南希的结婚纪念日。为了给里根夫妇庆祝这一难忘的日子，女王在私人游艇上举办了一场盛大的晚宴，邀请里根夫妇和他们的朋友参加。厨师为里根夫妇制作了一个大蛋糕，艇上的人员把写有祝福话语的贺卡送给里根夫妇作礼物，女王和菲利普亲王送给他们的礼物是一个刻有图案的银盒子。里根夫妇十分珍惜那个银盒子，一直精心地保存着。但这个礼物并不是一开始就属于他们的，而是他们自己花钱从美国政府手中买下的。因为美国政府有这样一条规定：任何外国官员赠给本国官员的纪念品，只要其价值超过 180 美元，都得上缴国家。美国的法律制度十分严格，虽然这个礼物上面刻着里根的名字，但里根还得自己花钱把它买下来。当里根离开白宫时，他还花了一笔钱从政府手中买下了一些外国官员送给他的礼物。

里根在白宫一共生活了 8 年，在这 8 年中，他几乎身上从不带钱，因为用不着。白宫里应有尽有，里根夫妇从来不用去超级市场或商店购物，一切都有人替他们打点。虽然里根夫妇省掉了去超级市场购物的麻烦，但他们日常所需并不是政府免费提供的，而是要自己出钱。譬如说食物、日常用品、洗衣等生活费用都是由总统自己支付。每到月底，总务官办公室就会把他们一个月的生活花销列成一个账单，送给南希，南希再把生活费如数交上去。

在里根就任总统期间，唯一的一次外出采购就是他和南希一起去买房子。那时，正值里根总统第二个任期的中期，南希决定为里根卸任后的生活做些准备，最重要的就是应该买栋适于居住的房子。南希看上了位于洛杉矶贝莱尔区的一套房子，但里根还没有看过，所以南希想让里根去看一下。南希去的时候，不想劳师动众，也不想惊动记者。她与里根商量后，决定这样做：出去时，由南希开车，里根藏在车的座位下面，这样别人就不会发现总统私自出游了。这个办法不但瞒过了工作人员，还成功地避开了记者。事后，他们一直为此事感到骄傲。

2 逃出鬼门关
RONALD REAGAN

1981 年 3 月 30 日，是一个春风徐徐的日子。这天也是里根入主白宫的两个月零 10 天，对里根和全体美国人民来说，这是一个黑色的日子。

那天午后，里根应“劳联—产联”之邀，到位于华盛顿康涅狄格大街的希尔顿饭店出席建筑业理事会的工会会议。希尔顿饭店门口拉起了警戒线，街上到处是着装警察和便衣警察，大约有 200 多名围观者站在警戒线外，摄影和录像记者早已把镜头对准了饭店门口。

为了在此次公开露面中，表现出新总统与工人阶级走得近，里根特意穿了一件崭新的蓝色外套。到达会场后，只见台下坐着大约 4 000 多名建筑业工会会员，主持人邀请里根上台发言，里根满怀激情地对大家说：“请大家放心，政府的第一职能就是保护人民，而不是要管理他们。如果政府背离了这个基本原则，那么将会产生非常严重的后果。如果政府不能保证人民的安全，那么暴力犯罪率就会直线上升，社会动荡不安，人民就没有安全感……”里根的这次演说，吸引了台下的听众。当时报纸报道说：里根总统的演说颇有感染力，声音铿锵有力，语调抑扬顿挫，而且他能及时配合适当的手势。

下午 2 时许，演讲结束，会场响起了热烈的掌声。之后，在贴身保镖和陪同官员的簇拥下，里根从侧门离开了会场，然后在门边的休息室等候了片刻，这样做是为了让总统卫队有时间变换岗位，重新布置警卫路线。2 点 25 分，里根一行出现在饭店朝南的要人出口处，朝他的那辆黑色防弹车径直走去。里根一边走一边向大门外拥挤的人群招手致意。当他快要上车的时候，不幸发生了：在距总统专车大约 3 米远的地方，一个隐匿在那里许久的、身穿西装、外裹棕色雨衣的金发青年，突然掏出一把口径为

20 mm 的手枪朝总统方向射来。只听见“啪、啪、啪”几声枪响，周围人知道情况不妙，肯定出事了。这时，里根还没有明白过来，竟转过身问道：“发生了什么事?”特工处小组组长杰里·帕尔眼疾手快，赶忙抱住里根的腰，像扔什么东西似的，把里根塞到汽车后座上。因为用力过大，杰里倒在了里根的身上，而里根的脸则紧紧贴在了后座的扶手上。当时，里根只感到身上一阵阵剧烈疼痛，他还以为是因为杰里压得太狠了，于是对杰里说：“杰里，快起来，我的肋骨就要被你压断了!”杰里没有理会里根的话，只对司机说：“快，去白宫!”

本来美国总统的车都是高级防弹轿车，几乎完全可以防止子弹穿透的。可是谁也没想到，这次刺客是在接近轿车的地方下手的。其实，总统遇刺，在美国历史上也不是什么新鲜事。美国历史上遇刺的总统达 9 人之多。美国第 16 任总统亚伯拉罕·林肯、第 35 任总统约翰·肯尼迪都是遇刺而亡的。

里根的司机听到杰里的命令，立刻启动引擎，黑色防弹车风驰电掣般地驶向白宫。车内，杰里从里根身上爬起来，坐在旁边的座位上。里根总统竭力想坐起来，却痛得几乎不能动弹。在杰里的帮助下，他艰难地坐了起来。紧接着，杰里为总统做身体检查，没有发现中弹痕迹。与此同时，里根总统抱怨杰里压痛了自己，可抱怨的话还没说几句，就剧烈地咳嗽起来。他下意识地用手去捂自己的口，手放下时，却发现手上全是殷红的鲜血，并且觉得呼吸困难。杰里见总统满手是血，嘴上也是血，而且呼吸异常，凭着丰富的特工经验，杰里判断总统一定是由于断了肋骨而导致肺部受伤。他马上让司机开车直奔白宫以西的华盛顿大学医院急救处，同时用车内电话通知医院，告诉他们有关总统受伤的事，让医护人员提前做好准备。

车在医院的急救室入口处停了下来，里根总统觉得自己呼吸越来越困难。医护人员立即把里根推入急救室，并立即采取急救措施、进行检查，却发现总统的肋骨并没有断。

医生凯尼格对里根总统进行血压测量时发现，他的血压值非常低，低到可能会突然休克的程度。医院马上成立了医疗救护组，决定对总统实施抢救。一位医生告诉里根要对他做手术。里根虚弱地笑了笑，开玩笑地说：“但愿您是一位共和党人。”这位医生看着里根，非常认真地说：“总统先生，今天我们都是共和党人。”

1865 年，林肯就是在福特剧院的这一间包厢里遭到暗杀。

1865 年 4 月 19 日，美国政府和民众为林肯举行了盛大的送葬仪式。

参加医疗救护组的人员有威廉·奥尼尔医生、韦斯利·普莱顿医生、外科大夫德鲁·谢勒、约瑟夫·乔达诺医生和艾伦医生。其中乔达诺医生是救护组长；谢勒医生参加过越南战争，经历过无数枪伤。

由于总统受伤原因不明，医生们很仔细地给他做了全面检查。奥尼尔医生扒开总统的眼皮，检查了一下眼球，接着又测了一下呼吸，发现总统的左右胸呼吸不均匀，左边呼吸明显减弱。奥尼尔医生得出的结论是：总统生命垂危，必须立即查出出血原因。普莱顿医生和谢勒医生开始对总统进行全面检查。普莱顿医生解开总统的衣服，惊异地发现，在总统左胸第七根肋骨下，有一个像纽扣似的小洞，小洞周围有少量的血迹。谢勒医生一看到创口，就断定有子弹射入总统体内。他们两人轻轻地把总统翻了个身，寻找子弹的出口。但是总统背后没有其他伤口，由此可以断定子弹还留在总统体内。

子弹到底在总统体内的什么地方？他们就伤口判断，可能是在胸部。如果子弹确实在胸部，那么胸腔内一定有大量积血。乔达诺医生决定来确认一下他们的推测。里根总统被上了麻醉药，乔达诺医生在总统左胸开了一个小口子，接着小心翼翼地插进一支导管，用胸膜排液器往外抽吸。从导管里果然涌出大量的血。这说明他们的判断是对的。为了找到子弹的确切位置，医生们用 X 光做了透视，发现有一小块金属进入里根总统左肺 6 英寸处，离心脏只有 1 英寸远。这块金属就是射入总统体内的子弹。

艾伦医生按照 X 光片中金属所在的位置，在总统胸部左侧切开一道 6 英寸的刀口，可是并没有看到子弹。他有些害怕了：如果子弹射进了肺静脉，就很有可能进入心脏。这样的话，总统的生命将危在旦夕。艾伦医生紧张得满头大汗，他要求再拍一张 X 光片，来证实一下自己的猜测。光片显示，子弹仍在肺叶下部。这让艾伦感到欣慰，他开始继续寻找总统体内的子弹。在总统的肺叶下部，他用手指仔仔细细、一遍又一遍地来回摸索。随着秒针的滴答声，手术室里的空气越来越紧张。几分钟过去了，艾伦医生的手指终于触到一个硬东西：子弹找到了。整个手术室里的人紧张心情也随之放松了。接着，他小心翼翼、一点一点地把子弹从肺叶里挤出来。只听“咣当”一声，子弹落到了盘子里，手术室里的人都松了一口气。这场手术，历时 3 个小时。

晚上 6 点 30 分，里根总统被带离手术室。7 点 30 分的时候，里根醒了过来，但呼吸仍有困难，而且意识有些模糊。他的气管中插了导管，不能说话，只能通过纸笔与人交流。那时，他的妻子南希已经在他身边陪他了。

里根总统遇刺时，南希正在家里与人聊天。这时，负责南希个人安全事务的特工处主任乔治·奥普弗来找她，告诉她，希尔顿饭店门口发生了枪击事件，并说里根总统被送进了医院。南希一听就慌了，她要求奥普弗马上给她备车，她要去医院看望里根。奥普弗劝她说医院现在正处于混乱之中，而且里根总统并无大碍，她没有必要去医院，在家里等消息就行了。南希生气了，毕竟那是发生在她丈夫身上的事，她怎么能不担心，能不着急呢？她威胁奥普弗，如果不给她备车，她就走着去医院。奥普弗只得照她说的做了。

在去医院的路上，南希心急如焚，突然，她回想起里根中午离开白宫时的情形：他穿着崭新的蓝色外套，还摘下手上戴着的那块最好的手表，而戴上了南希送给他的一块旧表。通常，里根到牧场干活的时候，才会戴上这块旧表。当时，南希觉得这好像是不祥之兆，但她以为自己多心了，也就没多想。现在发生了枪击事件，南希心里当然很着急，她担心里根的伤势。

到了医院，南希得知确切消息，里根被枪击中了。她震惊了，甚至有些疯狂，强烈要求马上去看看里根，可是医护人员阻止了她。他们担心她见了里根，会受不住打击。手术结束后，他们才让南希进去看里根。

里根醒来后，见到的第一个人就是南希。他吃力地拉开氧气罩，虚弱地说："亲爱的，我忘记躲开了。"南希本来想给里根一个安慰的笑脸，可看到他这个样子，怎么也笑不出来。于是，她弯腰亲了里根一下，帮他把氧气罩重新戴好。看到南希在身边，里根的心情好多了。他很感激在他危难的时候，南希能在他身边陪他。后来，里根在日记中写道："希望我一辈子都不会失去南希……上帝把她赐给我，是我今生最大的福分。"

里根总统遇刺的消息不仅南希知道了，白宫其他的人都知道了，白宫办公厅主任贝克和白宫顾问米斯急忙赶往华盛顿大学医院。在医院，他们了解了里根总统的伤势后，马上打电话给国防部长温伯格，让他处理国防上的一切事务，其他政务由国务卿黑格做主。于是，里根总统受伤期间，由国务卿黑格同国防部长温伯格等人坐镇白宫。远在德克萨斯州的副总统布什听到里根总统受伤的消息后，当天傍晚赶回了华盛顿，为了安抚人心，他发表了简短的声明："美国政府正在充分而有效地行使其职能……里根总统已经安全地度过了这场危机，并对痊愈很有信心。"

事实上，里根总统遇刺时，还有其他人受了伤。由于行刺总统的人一共射出了 6 发子弹，除了总统身上的那发子弹之外，其余的 5 颗子弹有的击中了总统身边的人，有的则打空了。

这第一发子弹击中了白宫新闻秘书詹姆斯・布雷迪左眼上方的前额，布雷迪应声倒下，脸部贴地，头上鲜血直流。这发子弹导致布雷迪脑部严重受损，左半身完全失去了知觉。第二发子弹擦过办公厅副主任迈克・迪弗的肩头。第三发子弹打中了站在警戒线前、背对记者的警察托马斯・德拉亨特的脖颈，他被人群挤倒在布雷迪身旁。第四声枪响时，特工人员蒂莫西・麦卡锡不顾一切地挺身挡在总统前面，被击中胸部后倒地。第五发子弹打在了总统乘坐的轿车的防弹玻璃上。

枪击事件发生后，令詹姆斯・布雷迪的妻子萨拉・布雷迪感到吃惊。她怎么也不会想到，她丈夫竟然会和总统一同遭到枪击。通过这件事，萨拉再次体会到了美国枪支泛滥到了何种严重的地步。在此之前，有一天，她看到 5 岁的儿子在外面玩一把"玩具"手枪。可当她走近一看，却发现那是一支真枪，而且枪里装满了子弹。

这件事之后，萨拉致力于阻止随意买卖枪支的活动，成为反暴力中心的主席。她还促成了布雷迪法案的诞生。布雷迪法案规定，人们在购买枪支前必须接受背景调查。这条法案于 1993 年 11 月 30 日，被克林顿总统写进了宪法。

对于其他人受伤的事，里根总统在醒后不久就知道了。对此，他感到很愧疚，也很感激，特别是对麦卡锡。如果不是麦卡锡奋不顾身地用身体挡住飞来的子弹，那么里根总统会被直接击中，就会有生命危险。由于麦卡锡的这次突出表现，他被授予特工的最高荣誉奖章——勇敢奖章。

在此期间，里根还弄清楚了他受伤的原因：不是杰里・帕尔压断了他的肋骨，而是他的肺里射进了一颗子弹。为此，里根对自己当初的想法感到十分内疚。

在住院的这段时间里，里根很感谢这所医院里的医护人员对他的细心照料。不过，在住院的这段时间里，大多数的时候，里根总统都不是一个好病人，这让医护人员感到有些头疼。里根总统在住院开始的几天里，由于刚动过手术，身上系着静脉注射装置，因而只能一直躺在床上。有一次，他想上厕所，又不想麻烦护士，于是自己下了床，推着带有静脉注射装置的手扶车，来到洗手间。护士发现后严厉地训斥了他，因为他的伤势还很不稳定，一旦出现意外情况，就很难控制了。过了一段时间，里根的伤势减轻了。他是个好动的人，不想一直待在床上，就请求医护人员允许他多下床走走，医护人员开始不同意，但经不住他软缠硬磨，只得答应了。

里根的伤势稳定了以后，就在医院待不住了。他要回白宫去，因为那里还有一大堆工作在等着他呢！可是，医护人员担心他有什么闪失，没有答应。在他强烈的抗议下，最后，他如愿以偿了。

回到白宫的第一天，里根总统的心情非常好：终于脱离医院了。虽然每天照例要验血，做X光透视和吃药，但已经比住院时自由了许多。而且随着抗生素剂量的减少，他的胃口也逐渐好起来了。里根总统从来没有睡午觉的习惯，可由于身体需要恢复，而且工作太累，因而，在回到家的前三四周，他每天都要睡午觉。

这次大难不死，里根心存感激，他在日记中这样感慨道："我要把我的有生之年献给赐予我第二次生命的上帝。"

这次枪击事件的另一个主角，即行刺之人，在开枪之后，马上被警察逮捕了。此人名叫约翰·欣克利，时年25岁，家境富裕，上大学时，中途辍学。之后，他在一家广播站工作。他曾看过一部名叫《出租车司机》的电影，狂热地爱上了饰演女主角的乔迪·福斯特。《出租车司机》这部电影里有一个片段，男主角对女主角说："如果你不爱我了，我就去行刺总统。"为了让福斯特爱上自己，欣克利决定像电影里说得那样，去刺杀总统。据说欣克利曾一度想刺杀吉米·卡特，而且一直在努力寻找机会，卡特到哪里，他就携枪跟到哪里，但一直没有找到机会。于是，里根成了卡特的替罪羊。

欣克利被捕后，心理医生对他做了检查，发现他有严重的精神问题。因此，他被无罪释放后，进了精神病院接受治疗。

这次枪击事件发生后，对枪械管理的问题又被美国政府提上了日程。美国建国早期的宪法明文规定，人民有携带和保持武器的权利。1963年，肯尼迪总统被枪杀后，美国政府就要不要对枪械进行管制做了争论，但却一直没有结果。

里根总统被刺后，肯尼迪总统的弟弟爱德华·肯尼迪参议员大声疾呼“要对枪支实行管制”。他还提出一项法案，要求政府禁止人们使用枪支，并对那些使用枪支进行犯罪活动的人判刑。但是由于美国的全国枪支协会在国会中占有很大势力，这个协会反对对枪支实行管制的提法，因而，枪支管制法案根本无法通过。

3 第一夫人钟爱“星相学”

RONALD REAGAN

1987 年 3 月，里根辞退了财政部长、白宫办公厅主任唐纳德·里甘。原因是里甘在任期间多次违抗里根的提议，并擅自做主向其他部门传达命令，俨然成了里根的代言人，所以里根忍无可忍，把里甘辞退了。

辞职后的里甘为报复里根，对媒体揭发了一个不为人知的秘密：里根在安排政务活动时，必须事先请教一位女占星师。这个消息一经披露，民众大为吃惊，里根的威信也降到了就职以来的最低点。

这件事到底是怎么一回事呢？这还要从里根遇刺的事件说起。

里根遭遇枪击事件后，最不安的人就是他的妻子南希。里根遇刺后的那段时间，政治刺杀事件频频传出。在里根遇刺后的第 7 周，罗马教皇在圣彼得广场遇刺负伤；4 个月后，萨达特总统在开罗阅兵时遭枪击身亡。接连不断的刺杀事件更让南希整天焦虑不安，总担心里根会再出事。

有一种说法更让南希感到恐惧。有人总结说：每隔 20 年，就会有一位美国总统死亡。1880 年当选的加菲尔德总统和 1900 年当选的麦金利总统在任内遭到刺杀；1920 当选的哈丁总统和 1940 年当选的罗斯福总统在任内逝世；1960 年当选的约翰·肯尼迪总统也在任期内遭到暗杀。眼下到了 1980 年，正好满 20 年，此时里根成为新一届美国总统，是不是也会遭受同样的命运呢？先前里根已经经历了一次刺杀，接下来会不会有更严重的事发生呢？南希不停地做祷告，希望上帝保佑里根平安无事。为了放松一下紧绷的神经，她还经常同一些老朋友聊聊天。

有一次，南希同一位好莱坞旧友默伏·格里芬通电话，在电话中默伏向她提起了一位占星师琼·奎格利。默伏说琼·奎格利曾预测到里根在遇刺的那天会发生不吉利的事，结果真让她猜中了。默伏说的这位占星师，南希也认识。在里根竞选时，这位占星师还为他提了一些建议，例如，里根哪天适宜出行等等。这次南希又听默伏提到这个人，于是决定找这位占星师谈一谈。

南希向默伏要来了占星师琼的电话号码，随后把电话打了过去。南希和琼在电话里聊了很久，除了里根遇刺的事之外，南希还同这位占星师聊起了自己的几个孩子。而琼给南希提的建议，对南希来讲帮助很大。很快，南希就把她当成了一位无话不谈的知心朋友。

琼利用她的星相学知识就里根的日期安排提了一些建议，比如说，哪天不宜出行；哪天有危险，应加强防范等等。南希对她的建议十分重视，并按照她的提议对里根的出行时间做了些调整。

南希从来不认为占星术是个稀奇的玩意儿，她自己也对这方面很感兴趣，每天读报时都会先看一看占星图。但她只是把这当成一种兴趣，并不沉迷于此。从某些方面来讲，南希对于星座也相信一些。南希是巨蟹座，星相学里说巨蟹座的人擅长做家庭主妇，而且直观、脆弱、经不起嘲讽，他们像螃蟹一样，坚硬的外壳下面包裹着脆弱的内心。这个说法同南希的真实情况十分吻合。

南希在好莱坞的朋友也十分迷信星相学，在好莱坞那个形势变幻不定、每个人浮沉难料的地方，演员们总是依靠占星术来寻求一些安慰。同时，他们还迷信一些圈内流行的说法，譬如在化妆间不能吹口哨，不要把鞋子放在比自己高的架子上等等。

尽管占星术在美国比较流行，但南希知道这件事被公众知道后一定会对里根造成不好的影响，因此，她做这些事的时候尽量小心谨慎，不让别人抓住把柄。占星师琼并不是免费为她服务的，而是会收取一笔巨额的咨询费。南希总是先把钱交给加利福尼亚的一位朋友，再让那个朋友转交给琼。

南希还尽量不让别人知道这个事情，就连里根也不告诉。南希直接同里根的办公厅副主任迈克·迪弗交流这些事。迈克·迪弗是里根和南希多年的老友，南希十分信任他。迪弗在里根遭遇枪击时也在现场，而且被子弹击中了肩部，所以他十分理解南希的心情。尽管用占星术来作为制定行程的依据，似乎不是一个明智的选择，但谁又能想出更好的办法来保证里根在出行时不会遇到危险呢？而且占星术已经有几千年的历史了，或许它真能对里根有所帮助。

后来，南希慢慢地把关心这件事变成了一个习惯。她原来并不完全相信星相学里所说的，但为了里根的安全，眼下只有这个办法了。而且在接下来的两年里，里根确实再也没有遭遇过枪击事件。

不过，尽管南希一直瞒着里根做这件事，里根最后还是知道了。那天，南希同琼打电话聊天。当南希放下电话时，里根问了一句："亲爱的，你在跟谁打电话？"南希当时手里拿着里根的日程表，见事情瞒不住了，便向里根坦白，说她在同一位占星师商量他的行程问题。里根没有表示反对，但他叫南希小心一些，他也深知这件事泄露出去的后果。

不幸的是，这件事最终传到了唐纳德·里甘的耳朵里。里甘一向同南希不和，南希对这个人的印象也不好。当里甘知道南希求助占星师后，既不表示支持，也不表示反对，更没有像往常一样冷嘲热讽。南希对他的这种态度起了疑心，因为助手们如果直截了当地说出他们的想法，她反而会安心一些；而里甘默不作声，让人难以捉摸。南希的担心不是没有道理，里甘被辞退后，采取了疯狂的报复行为，这件事就成了他兴风作浪的把柄。里甘不断地在电视上、报纸上把这件事添油加醋地加以描绘。一时间，里根威信扫地。

最开始，人们并不十分在意里甘的言论。里甘首先在《新闻周刊》的"潜望镜"专栏透漏了这件事，但篇幅很短。当这篇文章传到南希手中时，她有些不安，但仍然认为这个小篇幅的文章不会引起什么反应。可她错了，《新闻周刊》上的报道只不过是个开端，严重的事情还在后头呢。

仅仅过了几天，全华盛顿的媒体都对这件事产生了浓厚的兴趣，开始竞相报道。媒体的大肆宣传引起了民众的关心，美国人开始对里根总统的这件事议论纷纷。

媒体总是喜欢用夸张的语言来报道事情。《纽约邮报》在头版头条用大字体写着"占星术统治着白宫"，人们很快就被这种暗示性的语言误导了。他们没有关注到占星师只是对里根的行程时间提出建议，而没有干涉到任何的具体事件。人们忘记了美国有数以万计的人相信星相学，更忘记了大部分报纸都开辟了专栏，每天都在刊登新的星相学知识。

有的报纸还形象地把南希和琼的关系描绘成美国最大的秘密，这把南希气得不轻。南希认为她和琼只是朋友关系，琼为她排忧解难，和她探讨家庭问题，最重要的是，琼让她对里根的安全问题不那么担心了。可是媒体的报道把她们俩描绘成了两个女巫。南希对事情的后果感到内疚，而让她最不能忍受的是里根的形象因此遭到了破坏。但里根并没有责怪南希，反而大度地说“没什么大不了的”。里根这句话让南希感动不已。

里根虽不怪南希，但他很生媒体的气。媒体对南希实在是有些不公平，而唐纳德·里甘则因为不遗余力地打击南希而成为一个轰动一时的人物。那段时间里，南希只要一打开电视，就能看到里甘在那里夸夸其谈，用最为尖刻的语言嘲讽着南希。南希对他歪曲事实的做法十分气愤，但并没有回击他。她认为对付谎言最有效的方法就是不予理睬。

但南希也没有完全保持沉默，在一次公开讲话中，她开玩笑似地回应了一句：“我才知道里甘原来这么喜欢我。”她的这句话又成了里甘攻击她的新武器，南希接受教训，干脆对此事不再发表任何看法。

记者们还想在这件事上找到更多的新闻材料，因此想方设法地得到了占星师琼的行踪。当时，琼正在度假，记者们在机场截住了她，向她询问这件事的前因后果。琼回答说，她对此事完全不知情，但还是说了些不该说的话。事后，南希立刻给她打电话，告诉她不要对这件事再发表任何意见，因为琼的每句话都可能被记者移花接木并加以有意地曲解。

这件事发生后，最后悔的人就是南希，她平时总是小心谨慎，唯恐里根的形象受到影响，没想到在这件事上栽了个大跟头。她意识到从一开始就不应该给占星师打电话，因为她所在的地方是白宫。对于一位长期居住在白宫的人来说，是没有秘密可言的。

4 责难

RONALD REAGAN

1980 年 11 月 4 日，里根成功当选美国第 40 任总统，一夜之间，南希也成了公众人物，成了备受瞩目的白宫第一夫人。作为第一夫人，南希曾多次让政府人员感到不快，其中最大的一次争议是由装修白宫引起的。

南希是个持家的能手，每次搬家，她都要想方设法把房子收拾得整整齐齐。南希对待任何事情都喜欢有条不紊。作为妻子，她努力给丈夫营造出一个舒适、温暖的安乐窝。这一点，她一直做得都很好。现在，里根当了总统，工作更加繁忙了，南希觉得家对于里根来说更为重要了。

在没有进驻白宫之前，南希就意识到这次搬家一定会有一番大清理。等他们搬进去以后，她才意识到，实际工作比她想象中的要多得多。特别是白宫里的住宅区，有些已经十分破旧了，比如三楼一间卧室里面的油漆都剥落了，地板上也布满了灰尘，墙壁因为多年没有修整，已经出现了一道道裂缝。面对眼前新的居住环境，南希茫然无措。白宫毕竟不是他们的房子，他们只是在这里居住 4 年或是 8 年，白宫的真正所有者是全体美国人，它是美国人的骄傲之一。

南希并没有把白宫布置成富丽堂皇的宫殿一般的想法，但她确实想为这个世界闻名的建筑恢复一下声望和尊严。南希一直认为，公众愿意让白宫成为一个风姿绰约的建筑，因为白宫每天都有成千上万的游客。每天早晨，参观者们都会在门前排起长长的队伍，只为一睹白宫那些开放房间的风采。南希认为白宫应该给游客们留下美好的印象。她还以为她的工作一定会得到一些称赞。

首先，南希把白宫里那些放在很不起眼的位置上的珍宝重新挪到一个显眼的位置。例如，有一块镶有普通钻石的波斯地毯，以前一直悬挂在一楼的门后面，那个位置十分不起眼。南希就把这块地毯移到总统的书房里，挂在办公桌后面，这样这块美丽的地毯就可以供人观赏了。

接着，她打算把其他地方也重新修葺一番。其实，每当新的总统入主白宫时，国会都会专门拨款 5 万美元对白宫进行改建和装修。南希决定不用这笔款项，原因之一是，有些房间已经多年失修，这笔钱远远不能满足开销；原因之二是，南希认为通过私人捐助赢得一笔装修费更合适一些。南希计划筹集 20 万美元，可是当款子到手时，数目远远超过了她预期的数目。美国有许多富人乐善好施，对参与修葺白宫的工作十分感兴趣，他们 20 美元、100 美元、或是 1 万美元地给南希捐款，以此来表达他们对政府的关心。

南希喜欢漂亮的房间，比如她就把在太平崖的家装修得十分漂亮，这样她住着才感觉舒服。在里根就任总统后的头3个星期里，南希把整个心思都用到装修白宫房子上去了。里根和南希都有早睡的习惯，可有时到了夜晚，南希若是突然想到一盏灯换个地方可能会更合适一些，就会马上去查看一番，然后把它摆好。有时，在大厅下面的黄色椭圆形屋子里，南希常把茶几或其他家具移来移去，努力把它们摆到最合适的位置。

在南希装修白宫的时候，特德·格雷伯给她帮了不少忙。格雷伯是里根的老朋友，里根在太平崖的家就是格雷伯帮忙装修的。格雷伯与南希一起想办法布置白宫，改善环境。

南希认为白宫还应该收藏一些其他珍品，于是她和格雷伯一起驱车前往位于弗吉尼亚州亚历山大的白宫库房去挑选物品。这个库房位于国家机场附近，是由第二次世界大战时遗留下来的仓库改建而成的。仓库里设备简陋，连空调都没有。在这些破旧的屋子里，却堆满了数以千计的历史珍品——有些珍品由于搁置时间过长已经开始慢慢失去光彩。南希对此十分不理解：为什么把这些美丽的东西锁在仓库里而不拿出去让人欣赏呢？南希从满屋子的东西中挑了几件。在挑选东西时，仓库管理人员一直对南希说："多拿点，多拿点，这些东西在白宫里才能体现出它们的价值。"南希最终挑选了几把椅子、几张餐桌和一些漂亮的大镜子。她叫人把它们擦洗干净，搬到白宫去。

由于筹集到了大量的款项，南希决定把白宫里的许多红木门和地板都修整一番。宴会厅的大理石墙壁和地板多年没有人管理了，南希派人用硫酸对它们进行了清洗。房间里的壁炉最难清洗，南希和格雷伯等人用了几天的时间才彻底清理完毕。

中央大厅是南希最先完工的一项工程，墙壁都涂成了淡黄色，整个房间显得更明亮了，南希还利用从仓库里拿来的桌椅布置了几个座区。其中一个座区里放着一张18世纪的英国沙发，两把伯格尔式的椅子和一条奇彭代尔式的长桌。这些东西上布满了玫瑰花图案。为了让大厅显得不至于十分空旷，格雷伯还放置了一张18世纪的八边形写字台。这张写字台是全球唱片MCA公司创始人朱尔斯·斯坦送给肯尼迪总统的。格雷伯在库房中发现了它，当辨认出这张桌子后，就把这张桌子搬回了白宫。南希给朱尔斯打了个电话，告诉了他这件事，朱尔斯听到这个消息后非常高兴。这件事没过多久，朱尔斯就因病去世了。南希为自己做的这件事而感到欣慰，因为她认为自己在朱尔斯生前为他做了件有意义的事。

南希还处理了白宫住宅区的一些不合时宜的摆设。自杜鲁门当政以来，这些问题就被搁到一旁，无人问津。比如，有些厨房和浴室里的东西最初是手工制作的，经过十几年的使用已经严重破损，如果重新修理，不但麻烦而且花费更多，于是南希决定干脆换新的。南希把这些要解决的问题列了一个单子，便开始准备实施。这项工作十分复杂，比如：电线要安置，旧地毯要统统换掉，地板要重新油漆，供热和空调设备要加以改善……最后，南希还是完成了全部替换。

尽管装修的工作十分辛苦，但南希得到了一些夸奖。一天晚上，南希和里根在二楼西厅共进晚餐。一位白宫的老管家负责服侍他们，这名老管家已经为白宫服务了 37 年，他为南希放盘子的时候说：“白宫又开始恢复它本来的面貌了。”那一刻，南希感觉自己像是得到了国会最高荣誉勋章一般自豪。

大约在同一天，里根在黄色的椭圆形会议室召开了国会领导人会议。当会议结束后，众议院议长蒂普·奥尼尔对里根说：“南希做得真不错，我从未见过白宫这么漂亮。”

可南希做梦也没有想到，她的这些努力会受到公众和舆论的批评。当外界得知白宫装修的消息之后，各种批评的声音接踵而至。白宫要装修的最初报道出现在 1981 年 12 月的《建筑文摘》上，这是一本内容虽好却价格昂贵的杂志，该杂志对这件事进行了特写报道。

这样一来，南希在美国人民心中的形象变得糟糕了。那些一直对她抱有成见的人认为她是一个不切实际的阔太太，对贵重物品的收集贪得无厌。电视上也故意把白宫维修的报道与失业人数的上升相提并论；有些新闻评论员含沙射影地说南希是用公共基金的款子搞了这次装修；还有一些报道批评南希因为筹集装修资金而发动捐款，认为这样做十分不合适。

紧接着，新闻媒体纷纷采用上述的态度报道了此事，而且像狗衔着骨头一样紧紧揪住不放。对南希刺激最大的是刊登在《华盛顿邮报》上的一篇文章，这篇文章是一位名叫朱迪·曼的专栏记者撰写的。朱迪·曼在文章中说，南希·里根不去帮助全体美国人民，却利用她的职务和地位，为白宫里的人提高生活水平。

这些文章和评论与南希最初装修白宫的目的简直是天壤之别，南希感到茫然不知所措。她不禁想起了克莱尔·布旭·卢斯的那句名言：好心不得好报。

南希装修白宫的事已经让外界对南希产生了反感，后来白宫使用瓷具的事也被一些人乱说一通，差点把南希气昏了。

有一次，里根设国宴款待英国首相玛格丽特·撒切尔，记者们报道说南希在宴会上使用的瓷具五花八门，不知廉耻地把过去几任总统用过的拿来用。南希辩解说，她这样做不是要占用他人的东西，而是因为白宫根本就没有一套完整的瓷具可供使用。事情也确实如南希所说，自杜鲁门执政以来，这个问题就一直存在着。1967 年，约翰逊总统夫妇购买过新瓷具，但缺少上菜的大浅盘、餐后洗手碗、牛肉清汤杯和甜点心用具。尽管约翰逊夫妇购置的瓷器很精美，镶着各种各样的花边，但这些餐具更适合用于日常午餐，而不适用于隆重的国宴。前总统卡特夫妇又提倡节俭，也没有添置任何餐具，因此很多时候不得不七拼八凑来招待客人。

迫于无奈，南希希望购置一些新瓷具，可是外界又评论说，南希不知节俭地乱添置瓷具，是一个只知道享受的人。对于这样的评论，南希只得辩白说，原来就没有什么完整的餐具，加上瓷具很容易破损，尤其是那些质量上乘的瓷器很脆弱，使用过几次之后，不少就因为洗刷或放置不小心等原因破损了，带茶托的茶杯坏得最多，瓷具怎能不减少？她还说，偷窃也是瓷具损失的一个重要原因。来参加宴会的客人当中，大多数行为检点。但每次总有那么几个人，要是不带回去一两件纪念品，就不肯离开白宫。在 20 世纪 30 年代，罗斯福就曾为此事大伤脑筋。有些客人偷偷地把瓷具装进口袋或手提包带走。后来，罗斯福不得不改用一些较大的日常生活用盘。肯尼迪总统也遭遇过这样的麻烦，比如他在白宫招待会上不再使用亚麻鸡尾酒餐巾，因为这些漂亮的餐巾都被赴宴者带回家了。

不管怎么样，南希还是决定定做一套新的瓷具。一般来说，白宫的餐具都是由新泽西州波莫纳的伦诺克斯公司制作的。这家瓷器公司还曾为威尔逊、罗斯福和杜鲁门做过瓷具。在公司相关人员的建议下，南希选择了一种最流行的式样，瓷具呈乳白色，并镶有红边。在上菜盘和甜点心盘上，公司还特别加上了总统印玺的标志。最后，这批瓷具被送到了白宫。但南希并没有出钱，因为马里兰州的克纳普基金会以成本价格买了下来，赠送给了白宫，并且对外没有公开这件事。后来，一些人就对白宫购进新瓷具开始进行谴责。一时间谣言四起，还有人说这套瓷具是德克萨斯的石油大王所购，是用来贿赂白宫的。于是，克纳普基金会的一名负责人给白宫打电话说："里根夫人因为这件事受了冤枉，所以我们要发表声明，告诉人们这些瓷具是基金会捐献的"。

听到这番话，南希很高兴。可是，基金会的声明并没有引起多大的影响，报纸杂志对这种解释毫无兴趣，仍旧大势渲染。南希不得不一遍又一遍地跟别人解释说：我没有买这套瓷具，但也不是受贿。

新闻界把这套瓷具看成是南希奢侈腐化的象征。在一片谴责声中，南希也得到了一些支援。一位民主党人站出来为南希辩护。她叫玛格丽特·杜鲁门·丹尼尔，是美国第 33 任总统杜鲁门的女儿。在杜鲁门执政期间，她一直在白宫生活。玛格丽特·杜鲁门发表文章说，《纽约时报》因为总统夫人做的一些小事而展开激烈的争论是没有意义的，第一夫人只是做了她应该做的事，而且使用新瓷具并不是什么大不了的事。再说用那些五花八门的瓷具来举行国宴，的确很难看。每一位招待过客人的女主人都明白，杂七杂八的瓷具看起来很不雅观。因而，美国举行国宴，瓷具应该配套，那就更应该置办配套的瓷具了。

为白宫购买瓷具的风波平息后，接下来，人们对南希的服装又展开了批评。外界对南希衣服的批评是在她身穿总统夫人就职礼服的第一天就开始了：就职那天，南希穿的是由詹姆斯·加拉洛斯设计的一件白色单肩镶珠礼服。礼服制作得非常漂亮，有人估价这套衣服值 2.6 万美元。南希并不知道它确切的价格，但可以肯定的是"价格一定相当高"。詹姆斯·加拉洛斯把这件衣服赠给了南希，后来，南希又把它转给了收藏就职礼服的史密森。于是，外界说南希奢侈，完全就是一个阔太太。

事实上，南希一直喜欢詹姆斯的服装式样，多年来，她的衣服都是詹姆斯设计的。而且南希认识詹姆斯·加拉洛斯的时间比认识里根的时间还要长。在她刚到好莱坞的时候，一位米高梅影片公司广告部的女孩把爱米利娅·格雷介绍给了南希。爱米利娅在贝弗利希尔斯市经营着一家商店，同詹姆斯是老相识，她向南希推荐了詹姆斯的服装。于是，南希买了詹姆斯设计的一件衣服。那是一件黑色的鸡尾酒礼服，白领，白袖口，配一条礼裙。当时，南希花 125 美元买下了它。

里根当选总统后，南希就给詹姆斯打电话，让他设计一套自己在里根就职典礼上要穿的衣服。听到为总统夫人设计就职礼服的消息，詹姆斯欣喜若狂。他设计了几种样式，和南希一起决定该用哪一种。最后，他们决定做一套白色的镶珠服装。南希对这套礼服爱不释手，穿着它觉得分外自豪。几个星期后，在一次为外交使团举行的白宫招待会上，南希又一次穿着它出席了活动。

其实，南希喜欢漂亮衣服是事实，穿着漂亮的衣服，会让她感到心情格外舒畅。还有每当南希做了一个新发型时，她也会产生这种感觉。南希出身于电影界，在那个圈子里，如果不讲究服装就难以立足。现在，她成了总统夫人，舞台搬到了华盛顿，出席的活动也更多了。南希意识到，华盛顿的人同样以挑剔的目光在注视着她。她一直认为，作为美国第一夫人，她应该有一个最好的仪表。毕竟，她代表美国的形象。南希的观点是，着装应该力求简单大方，所以南希从不过分地追赶时髦，也不追求最新的款式。她尽量买那些今天看起来美，明天看起来仍然不错的衣服。俗话说得好："时髦会消逝，式样将永存。"

南希有很多衣服，她也喜欢能够永存的东西，让她放弃这些东西的确很难。里根曾取笑她，说在成为第一夫人后，她还保留着中学时的体操灯笼裤。不错，南希是有不少这样的东西，她刚到白宫时，就从加利福尼亚带去了不少旧服装。在1981年的第一次国宴上，南希还穿着加拉洛斯为她设计的礼服。此后，那套衣服一直被她精心保存着。南希从不预先计划穿什么衣服，只在最后关头才做出决定。她的新闻秘书常常在晚上给她打电话，问她明天要穿什么样的服装，因为新闻界对这些内容十分感兴趣。这时，南希总是说："我还不知道，这要取决于我明天是什么心情。"于是外界说，南希有很多衣服，也爱换衣服，太浪费，他们不知道很多衣服是她以前的。

南希积攒衣服还有一个原因，因为白宫有很多场合让南希不得不精心选择服装。要不是白宫主管克里斯·利默里克和利什·哈格蒂的帮助，南希真不知该怎样去应付这件事——克里斯曾经为前总统卡特夫人罗莎琳·卡特安排过出席各种活动的所有服装。克里斯把各式服装用塑料袋包起来，标签上写着设计师的名字、颜色及购买日期。更为重要的是，他还记下了什么场合应穿哪种衣服。南希觉得这个主意不错，为她的生活提供了很多方便。

在人们眼里，南希一天24小时都穿着价钱昂贵的名牌服装。但事实是，只要她不参加重要的场合，服装就尽量简便。在牧场、总统的休养地戴维营，或是长途旅行时，她总是穿着最简单的便装。她同里根乘飞机旅行时，做的第一件事就是换上平时穿的那件丝绒运动服。这件衣服既舒服又暖和。如果她和里根晚上没有活动，南希就穿着睡衣或罩袍。

虽然南希喜欢穿好衣服，但这绝不是她生活上的主流风格。她认为一个女人不仅要穿得好，还要能做许多别的事情。的确，南希与一般的女性不同，她是一个有品位的女性。作为第一夫人，她还会帮助丈夫处理一些政务。

为缓解外界对她的压力，也为了减少一些经济开支，还为了应酬那些特别场合，南希开始向一些老朋友和著名的服装设计师借服装。谁知在借服装的事情上，南希又犯了一个大错误——她事先没说明白只是借穿，以后还会归还。于是外界又有了宣传的题材。

像以往一样，南希借服装的事情很快见诸报端。其实借名牌服装的事，在美国时装界非常普遍，而南希却因此受到了批评。在欧洲，第一夫人借服装的情况也一直普遍存在。例如，法国的总统夫人和英国的首相夫人经常穿着著名设计师借给她们的衣服出现在各种场合。法国政府对此还表示了赞赏，甚至给予支持，因为这一行为对服装行业的发展起了很大的促进作用。英国人对南希为此而遭到责难，感到惊讶。南希也搞不懂为什么会发生这样的事。在她看来，很多第一夫人可以经常借服装，为什么自己不可以？

不过，也有人赞赏南希的借衣服做法，还给她颁了一项奖。在南希快要离开白宫的时候，英国服装界为她颁发了终身成就奖。电视新闻史上第一个女主播芭芭拉·沃尔特斯介绍了南希的情况，她鼓励第一夫人借名牌服装。她说："这可以促进时装界的快速发展，是个对谁都有好处的事。而且还让美国的时装界增加了自豪感。"

因为南希是第一夫人，所以任何举动都会受到关注。1981 年，美国的经济又出现了不景气的情况，南希因为穿漂亮服装而受到一些人的指责。可是，那些指责她的人也不好好想一想，即使她改变了穿着，对美国经济的发展也不会起到任何作用。更何况第一夫人的着装还可以被看成是时装潮流的发展趋势，对那些服装设计师们来说，南希的宣传起到了不可估量的作用，而且还可以带动服装业的发展。因为当时，服装业是美国的第七大工业，纽约又是服装业的中心。如果说让南希对经济滑坡做点什么的话，还不如让她继续为那些服装设计师做宣传，让从事服装行业的人们改善一下经济状况。

第一夫人就是难当，人们既要批评南希穿衣服奢侈，还要要求她给公众一个美好的形象。这让南希十分为难。很多时候，南希都为自己穿什么而为难。在一期《时代》杂志上，关于南希借服装的问题又引起了一场轩然大波。那时，南希已经快要离开白宫了。杂志上说，里根夫人可能继续向服装设计大师们借衣服，并对外界守口如瓶。

正当南希对这件事疑惑不解时，有些人引用了南希新闻秘书伊莱恩·克里斯彭的话："她做过许诺，却从未遵守。"南希不理解伊莱恩为什么那么说，显然伊莱恩的话是不对的。南希曾明确地告诉过伊莱恩，没有一套服装被留了下来，这些衣服有的交给了博物馆，有的还给了那些服装设计师，而伊莱恩还是抨击了南希。

南希也清楚，要是她不借衣服，而是穿那些自己买得起的衣服，用不了多长时间，传播媒介又会有新的说辞，比如"土里土气、不合时宜"等批评就会纷至沓来，报纸上就会不厌其烦地报道说第一夫人有多少次是穿着同一套衣服出席活动的。南希可不想落到那种下场。

关于服装的问题，南希也有许多同盟者，这些人开始逐渐了解她，更加理解她。《芝加哥论坛》甚至还在文章中暗示南希可以向服装设计师们收取一些适当的酬劳，因为第一夫人为他们的最新时装当了模特儿。

在经过白宫维修、瓷器、服装等一系列问题后，南希在人们心目中的形象越来越糟糕。这些事真让南希难过，她不知道如何应付这些人和事。

除了以上这些问题，很多人还抓住女权大做文章。在南希成为第一夫人前，《华盛顿邮报》的女出版人凯瑟琳·格林厄姆指出，1980 年以前抨击南希的一些文章都是由女权运动的年轻妇女所写的，因为这些妇女不同意南希的观点，所以才站出来反对南希。

南希原来没有意识到这一点，听凯瑟琳这么一说，才恍然大悟。那些女权主义的妇女不能理解南希为了丈夫和家庭而放弃职业的想法，于是大放厥词讽刺南希。尤其是当南希说过"我和里根结婚后，生活才真正开始了"这句话后。这番在南希看来是理所当然的话，在这些女权主义者看起来却十分地荒诞，她们认为南希为了丈夫放弃自己的事业是不对的，是不会维护女性权益的典型代表。

这些女权主义者还批评南希，说“南希和里根的婚姻有很多作秀的成分”，在经过多年后，他们一定彼此不可能再满意的。这些女权主义者还说，当里根作报告时，南希深情而崇拜地看着里根，也只不过是装装样子罢了，毕竟他们是演员，这种事只是另一种形式的演出罢了。但对生活，南希从来没有演戏，一直都没有，她和里根的关系根本就是真正的爱。

凯瑟琳还说，当南希和里根刚刚入主白宫时，南希完全是无名之辈。人们对她之所以有些了解是因为读了琼·迪迪恩在《星期六晚邮报》上写的讽刺文章。听到凯瑟琳的话，南希不觉一震。1968 年时，琼·迪迪恩和南希一起在她们加州州长的府邸度过了愉快的一天。南希还以为她们谈得很投机，可是几个星期过后，在南希乘飞机飞往芝加哥的途中，无意中读到了迪迪恩写的文章。在那篇文章中，她惊奇地发现，迪迪恩字里行间竟充满了挖苦讽刺之意。文章中说：“南希·里根心满意足地微笑着，完全是贤妻良母的样子；她的微笑似乎在向人们表演着她的美国中产阶级妇女的白日梦，舞台上的每一个人都在表演一个完美无缺的家庭，从私人秘书到警卫人员，从厨师到园林工人。”于是，那些女权主义者判定，南希一切都在装。

看到这样的评论，南希不禁哑然失笑：“会见客人时，总不能板着脸吧？”当时，南希开门欢迎迪迪恩时，确实微笑了。显然，这也成了一项错误，她的微笑成了“呆板和伪善的典型”。看完这个评论后，她不禁想告诉那个专栏作家：“要是我大声喊叫，你可能会更喜欢一些。”

此时，南希才真正知道，作为名人的夫人，任何一举一动都可能成为别人做文章的题目，因此她时刻提醒自己“要小心”，千万别再出任何差错。

继迪迪恩之后，另外几个画家也对南希进行了讽刺，说南希太斯文、太守女人规矩，以致显得刻板守礼。

1980 年进行的总统竞选活动中，《华盛顿邮报》上也发表了一篇批评南希的文章，这篇文章说南希在听里根做报告时，坐姿不对，文章说：“她身上似乎从不发痒，双唇也从不合上，甚至眼睛都没有眨过一下。难道她的双腿从不感到麻木？难道他们在演讲之前就从没打过架？她一遍又一遍地听那些不断重复的报告，难道就没有厌烦过？”另一位刻薄的作家朱莉娅·鲍姆戈德在《纽约》杂志上进一步写道：“她从不生气，但是总把怨气埋在心底。”南希对这些报纸的说法十分生气。

后来，随着总统竞选活动的继续进行，专栏作家对南希的批评开始变本加厉。在大选前的两个星期，《洛杉矶先驱审查报》发表了题为“想当皇后的女人”的故事连载。文章内容极为荒谬可笑，跟事实完全不相符。其中一个故事说，南希不让女演员李·鲁塔与另一位妇女乘坐电梯，因为南希和里根正在电梯中，南希不准任何漂亮的女人接近里根，她嫉妒这些人。文章的结尾，还说如果里根当选，南希·里根就会使白宫变得舒舒服服，并把所有的非犹太人朋友都请到那儿去。

作者在文章中还反复提及到一点：“南希的父亲是个极右分子，在他的影响下，里根从自由党人转变为保守党人。于是，一个新的右翼分子诞生了，这个人就是罗纳德·里根。”在文章下面，还画了一幅漫画：南希身着王室服装，头戴王冠，俯视着一个棋盘。文章作者竭力把南希描绘成一个削尖脑袋想钻进白宫的幕后操纵者。这些编造的故事让南希感到十分心痛。后来，每当南希想到此事，就不由得感到心生寒意。这些文章确实严重地影响了南希的生活，因为自从她进入政治圈的那天起，这样的事就一直发生着。一些女作家似乎商量好了，无一例外地把南希描绘成这样一个人：只对富人和华丽的时装感兴趣，为人傲慢浅薄，爱逛商店、高级餐厅的阔太太。《芝加哥论坛》则把恶毒的攻击压缩成一段话：“奢侈女王南希，演员出身，曾在好莱坞当二流影星，性格冷漠，主要兴趣为流行服装、室内装饰及结交富豪女友。她情窦初开时便委身于她的丈夫里根，这让她的热情追随者们目瞪口呆。”

除了伪善的微笑，爱穿漂亮衣服外，南希又有了新罪名——她被指控为兴趣太多，尤其是对政治的兴趣。1981 年，《新闻周刊》曾评价南希说“她不可能因为对国家大事感兴趣而受到指责”。有时，南希还被人冠以各种诨名：“南希女王”、“铁蝴蝶”、“赛牧美女”、“断电的洋娃娃”……在美国备受欢迎的电视节目“今晚”中，脱口秀主持人约翰尼·卡森还造谣说南希最喜爱的主食是贵重的鱼子酱。

这些编造的故事让南希怒不可遏，报纸不但为她编出形形色色的丑闻，还给她加了一班她从不认识的、声名狼藉的朋友，而南希真正的朋友报纸上却只字未提。事实上，美国有很多妇女是报纸上所说的那种，每天逛商店、整天想着去高级餐厅的女人根本不是南希，她从一位影星的妻子到白宫第一夫人，始终没有任何改变。

尽管身为第一夫人的压力非常大，但南希一直努力做好一切份内的事，为里根的工作扫除障碍。在里根的一生中，南希占据着极其重要的位置，在历经一次失恋和一次失败的婚姻后，里根终于遇见了给他带来幸福的南希。里根曾多次感谢上帝把南希带进了他的生活。里根自己说，他可以用演说发表自己的政治主张，却不能用语言圆满地表达他对南希的爱。里根经常这样说，他的生活只有在认识南希之后才真正开始，而这句话南希也曾多次说过，这句话似乎是他们心有灵犀的最好验证。

在里根总统任期结束后，他和南希回到了加利福尼亚的洛杉矶市。不久，里根不幸患上了老年痴呆症，开始对所有事物都失去了记忆，到最后连曾经深爱的妻子也不认识了。南希精心照料着患病的里根，尽管病床上躺着的人并不了解她的辛苦。完美的南希，缔造了她和里根的完美爱情，他们的故事成了美国总统的一段佳话。

5 经济成就

RONALD REAGAN

在卡特任总统期间，尽管做出了一些成绩，比如促成埃及和以色列签署《戴维营协议》；中、美建立正常外交关系等。但是也留下了一些难以解决的经济难题。美国经济形势严峻，通货膨胀率和失业率居高不下，截至 1980 年，联邦预算赤字将近 800 亿美元。

面对陷入困境的美国经济，里根上台后开始了他伟大的“经济复兴计划”。这个计划的主要内容可概括成“三大砍，一稳定”。所谓“三大砍”就是：大砍联邦预算开支、大砍个人和企业的税负、大砍政府限制企业的各种规章和条例；另外的“一稳定”就是要制定一项稳定的货币政策。

里根的经济复兴计划的思想来源于几个学派：货币学派、供应学派、传统的保守经济学派，因此人们说他的经济学是几个学派的混合物，被称为“里根经济学”或“里根革命”。里根的这个经济计划有划时代的意义，标志着与过去美国政府的经济思想和政策的决裂。因为以前美国的经济政策有些单纯。里根信誓旦旦地希望依靠“自由企业”的积极性，一举打破美国经济15年来的停滞局面，从而使美国经济恢复增长。

下面我们需要先来解释一下组成里根经济学的、当时在美国盛行的这几派经济学。

首先来看货币学派。这一学派的经济观点主要来自米尔顿·弗里德曼。1956年，弗里德曼发表了《货币数量论》一文，明确提出了货币主义经济观点。他的货币思想可以归结为以下几点：首先，极力提倡自由竞争的市场经济。他认为市场有自我调节的作用，市场本身就可以使社会经济达到最均衡的状态，并能有效地推动技术革新。如果政府干预过多，只能破坏经济的平衡发展，阻碍技术革新进步；其次，指出货币供应增加过速才是导致通货膨胀的直接因素，政府要控制货币发行量。因此通过加大政府开支、增加预算赤字、多发钞票等办法来刺激经济增长、扩大就业，这一做法是错误的。再者，主张自由效率，反对福利主义。弗里德曼认为滥用福利的结果只能是增加政府开支，降低劳动生产率。由于弗里德曼十分强调货币对经济发展的影响，因此被称为"货币学派"。里根即采用了这一学派的货币政策，反对货币的增长速度持续超过商品和劳务的增长速度。

到1980年，美国出现了"供应学派经济学"。供应学派是这样逐渐形成的：30年代经济大萧条时期，民主党击败共和党，连续30多年执政。民主党执政期间，奉行凯恩斯经济理论，即通过扩大需求来刺激经济发展，保持就业，缓解经济危机。这一经济思想曾经为推进美国经济起到很大的作用。70年代开始，美国经济陷入了又一次困境，经济增长极为缓慢，通货膨胀率和失业率都很高，凯恩斯的理论失去了原来的威力，在这样的背景下，一些原来的保守主义经济学家，如杰克·肯普、阿瑟·拉弗等人认为，要使经济复兴，摆脱"滞胀"的阻碍，就不能再采用凯恩斯刺激需求的办法来盘活经济，而应采用刺激生产这样相反的方式，还要不断增加商品和劳务的供应。后来，尼克松总统当政期间，把这种办法真正落到了实处。当时的经济顾问委员会主席斯坦在一次会议中，把单方面强调"供应"的经济学派称为"供应学派"。

接下来，我们需要简单介绍一下传统的保守经济学派。这一派经济学的主要理论是削减政府开支、平衡预算。里根的经济复兴计划中减少政府开支、平衡预算就来源于这一理论。尼克松政府时期担任总统经济顾问的斯坦因、里根政府的总统经济顾问费尔德斯坦等曾经都是这一学派的经济学家。后来，费尔德斯坦因提出了货币经济学理念，而成为这一思想的创始人。因此，货币学派削减政府开支的观点与保守经济学派的观点有些相似。

有人说，里根只信奉供应学派经济理论，看来有些片面。

在讲到“里根经济学”时，不能不提到几个重要人物，他们对里根的思想产生了深远的影响：纽约州共和党参议员杰克·肯普，南加利福尼亚州大学教授阿瑟·拉弗，“新右派”经济学家乔治·吉德，预算局长斯托克曼。

杰克·肯普曾提出过一项“肯普—罗斯法案”。该法案主要是提倡重视经济供应，建议3年内减税30%。它是1978年，肯普同特拉华州选出的共和党众议员罗斯一起向联邦议会提出的，因此，称为“肯普—罗斯法案”。里根衷心支持“肯普—罗斯法案”，因为此法案的目的是更多地刺激生产，从而促进真正的经济增长。

而阿瑟·拉弗提出的“拉弗曲线”对里根产生了巨大的吸引力。他是一位比较年轻的经济学家，平时喜欢穿工装裤，带着宠物乌龟一起游泳，偶尔会脚穿牧牛靴躺在沙发上听欢快的摇滚舞曲。他在里根竞选总统期间，就论述过减税、储蓄、投资与经济增长之间的关系。早在1974年，就提出了著名的“拉弗曲线”，他用简明的示意图即表述了减税理论，使其变得绝妙而简单。拉弗曲线认为：税率与税收呈抛物线状，有个最高点。税率可以看成横坐标，税收可以看成纵坐标。当税率为零时，就表明政府完全不征税，所得也为零；当税率为100%时，政府税收仍然为零。因为这等于征收了人民的所有收入，人民没有资料去生产，生产必然停止，当然导致收入为零，税收也同时没有了。只有当税率到达“最佳税率点”时，税收也最高。税率超过最佳点，再往上涨，表明人们的收入高，纳税的额度也越大，这就导致人们不再去努力工作和储蓄，政府税收当然减少了。同时，如果税率过高，还会助长避税和逃税的风气，也会导致税收减少。拉弗没有提出“最佳税率点”的具体数字。但是他认为，美国的个人所得税已经远远超过了税率的最佳水平。如果此时降低税率，能对经济构成极大的刺激，政府总收入就会增加。

1981年初，乔治·吉德出版了一本名叫《财富与贫困》的书，为里根经济政策进一步提供了理论依据。吉德的观点是，如果政府支出所产生的利益少于私人支出所产生的利益，那么最好是撤掉这种政府支出。里根十分欣赏吉德的看法。在里根就任总统以后，他将《财富与贫困》这本书赠给了每一位内阁成员阅读。

斯托克曼对里根政策的影响也特别大。斯托克曼曾是密执安州的众议员，大选前曾给里根就财政政策出过主意。他曾强烈主张“供应学派”的经济理论，在学者来尔曼给里根提出“要马上整顿财政金融混乱状况”的建议后，他马上吸收了其中的一些内容和观点，从此与供应学派分了家。他曾起草过一份文件，指出不应该只强调减税，还要控制政府开支，减少预算支出、减少举借公债。里根觉得他的观点很有道理，于是任命他为预算局长。

有这么多的理论依据，里根深信他的计划一定可以使美国经济复活。但是他又深知美国所面临的这些问题不可能在一夜之间扭转过来。

根据里根经济的观点，目前美国经济出现的问题大部分都是联邦政府几十年政策不变更的结果，而税率过高是问题的核心。所以，里根经济计划的理论核心就是，让联邦储备系统控制货币发行量，用减税来刺激储蓄和投资，同时减少政府对经济发展的干预，并大幅度削减政府福利开支。

1981 年 2 月 18 日，里根在参、众两院联席会议上发表国情讲话，把他的经济政策形成了条文，正式提出“经济复兴计划”。

关于减税刺激生产，他曾说过：“由于税务的压力过重，美国在经济上已经处于不能自拔的状态。我们丧失了很多有利的经济增长因素，现在这种状况必须制止。我们要停止自我破坏的财政政策，必须把经济体制恢复到正常的状态上来。”具体做法是：首先，大幅度削减所得税率，以增加对就业和企业投资的刺激。在 3 年内力争削减 30%的所得税，以后的税率将根据通货膨胀率来具体确定。在 1981 年，里根政府把高收入阶层的个人所得税率从原来的 70%降到 63%，把低收入阶层的税率从原来的 14%降到 12%。按照这个政策，3 年之后的税率将下降到 10%～50%。其次，实行新的折旧政策，加速折旧以实现企业税的降低。里根提出，厂房的折旧时间为 10 年，设备折旧为 5 年，车辆等的折旧期限为 3 年。

关于货币政策，他说：“我们需要减慢货币的供应速度……还要充分认识到联邦储备系统的独立性，不能破坏这种独立性……但是需要与其协商，使他们降低货币增长。”“如果实现货币供应量稳定，那么就会使通货膨胀和利率下降，从而恢复金融市场的活力。”

弗里德曼赞同里根的货币政策，他说：“这个计划意味着同过去经济政策彻底决裂。主要任务应该是减税，其次是减少政府开支。这是美国几十年来第一次就经济政策做出了认真的尝试，力求减少联邦开支在国民收入中的比例，并为此制定了一项详细而全面的计划。在税收这一问题上，政府提前制定了为期 3 年的立法。”但是他反对减税政策。《华盛顿邮报》引述了他的发言，“我从来不相信依靠减税就能增加生产和扩大就业……”他还说，减税会导致更大的预算赤字。

1981 年 11 月 9 日，《国际先驱论坛报》突然报道了斯托克曼与财政部长里甘围绕减税问题的争论。报道说，斯托克曼和里甘竟然当着总统的面激烈辩论。斯托克曼建议增加对香烟、饮料或能源的税收，并给出了必须减少联邦赤字的理由；而里甘坚持“决不再加重纳税人负担”的原则，认为如果增税，就是一种倒退，会步前总统卡特的后尘，并强调减少赤字最好的办法是削减预算开支，这一项必须由时任预算局长的斯托克曼来完成。

对于斯托克曼与里甘的争论，《大西洋》杂志认为斯托克曼是在攻击总统的减税政策。这引起了斯托克曼和总统的不满。斯托克曼的发言人当晚即回应道：《大西洋》杂志上的文章是一种误导，斯托克曼先生是支持总统的计划的。

对此，政府内部和国会也一片哗然。当夜，里根也看了这篇报道，并要求同斯托克曼当面谈话。政府中的一些官员和议员认为斯托克曼缺乏政治信誉，要求他辞职。

民主党和一些反对人士借此机会，大肆攻击里根的经济政策。渐渐地，人们也开始怀疑里根整个经济计划的信誉度问题。白宫一些官员认为是斯托克曼给反对派制造了这次机会，要求他马上辞职。

在各方面的压力下，斯托克曼面见总统，要求辞职。为了给总统挽回一些信誉，他还召开了一次记者招待会，解释说，“总统的经济政策是健全且富有建设性的”，他对自己的“判断力差和随便说话”表示道歉。

总统对斯托克曼进行了挽留。留任后，斯托克曼继续鼓吹里根的经济政策。但是他对于里根经济学的一些减税做法仍然不满，认为货币政策是成功的，而减税需要的时间太长。1985 年 8 月 1 日，斯托克曼因为反对里根的减税政策被迫辞去预算局长的职位。辞职后不到一年，他在他的著作《权术的胜利》中反驳里根，说里根的“革命”是一场灾难性的失败，美国将被推入“空前的经济性的危险境地”，总有一天，人们会发现白宫只会说漂亮的谎话，而实际不是那么回事。

“经济复兴计划”公之于众后，里根及其支持者大力吹捧它，说该计划可以促进节约、增加投资、提高就业率，并创造一个全新的美国。那些支持者吹嘘里根是“一场经济革命的创始人”。

但是民主党和一些劳工组织对里根的经济计划表示反对，民主党人、众议院议长奥尼尔得知里根的经济计划时，说：“我们不会让这些共和党人，把我们多年来建立的福利计划彻底否决。”拥有 1 300 万会员的劳联—产联发表正式声明，表示不支持里根的经济计划。

舆论界对里根的计划保持中立的态度。在经济计划出笼的第二天，《纽约时报》发表评论文章说：里根的经济计划也许不是解决问题的最好办法，但是，正如他昨晚说过的那样，谁有更好的解决办法呢？《华盛顿邮报》的一篇专栏文章说道：“从 60 年代起，凯恩斯学派的经济记录很糟。现在应该让新右派来试试他们的理论。至于这个理论是否奏效，只有等着瞧了。”

其实里根实施“经济复兴计划”的过程，也是一场一直存在着争论的过程。里根一直认为大多数公众会支持他的经济计划。1981 年 2 月 24 日，里根在记者发布会上鼓吹说：“已有相当多的美国人写信或打电报给我，表示支持我的经济计划。我们做出了最新统计：表示支持的电报有 2 490 封，表示反对的只有 43 封，其中支持我们的人占 98%。”里根还在会上说，前一天他同各州州长讨论了他的经济计划，他发现他们中有很多人同意他的看法。不过他的计划将要求人们勒紧点裤腰带。

在支持者一方，有人认为，正如凯恩斯经济学是 30 年代对古典经济学的革命一样，“里根经济学”现在革了凯恩斯经济学的命；美国著名经济学家亨利·考夫曼评论说，里根的经济政策综合了膨胀性的财政政策和紧缩性的货币政策，把两者完美地结合在了一起；美联社评论说，里根今天把无法控制的美国经济引上了一条从未尝试过的全新轨道，是当代对所谓供应学派经济理论的第一次考验。

路透社报道说，西方国家的一些领导人十分欢迎里根经济计划，认为它能使美国经济得以回升。日本外相说，里根的政策“异常坚决”。法国经济部长认为，里根是朝着正确的方向迈进了一大步。不过，英国政界持怀疑态度，联邦德国企业界和意大利银行家持谨慎态度。

持反对和怀疑态度的也有很多。美联社后来发表言论说，此次出台的经济政策在本质上有些“劫贫济富”的性质；《基督教科学箴言报》同样认为里根经济计划减税省下的钱，几乎有一半落到了那些收入最高的人手中；《新闻周刊》引述了美国著名经济学家罗伯特·萨缪尔森的观点：罗斯福的“新政”实施40年来，美国是朝着一个福利国家的目标前进的，而里根的计划将结束这个时代，所有被涉及的人都会认为减税是不公平分配。萨缪尔森之所以这样说，是基于在削减政府开支的过程中大幅减少了福利的开支。

香港《明报》也刊登了一篇梁厚甫的特稿：里根的经济计划是一种劫贫的不明智举措，将会引发示威游行。对比英国与美国的经济政策，两者都属于病态的肿瘤范畴，不同的是前者为良性，后者为恶性。

还有经济学家评论说，里根经济政策是失败的，他的主要矛盾是松弛的财政政策和紧缩的货币政策之间的矛盾。经济学家罗伯特·萨缪尔森说：“里根经济学将不会长久，其原因在于它一开始就是骗人的。”

1982年，里根的一些重要理论家相继辞职而去，包括：保守派经济学家、总统内政事务助理马丁·安德森；供应学派经济学家、财政部副部长诺曼·图尔；财政部助理部长保罗·罗伯茨；经济顾问委员会高级经济学家斯蒂文·汉克。

不管支持者和反对者各自的评论怎样，只有事实最有发言权。事情的结果是这样的：从1982年12月起，美国经济开始回升。1982年第四季度到1984年第四季度这两年，国民生产总值平均增长了6%。但财政赤字也随之大幅度增加：在里根第一任期（1981～1984），财政赤字总计达5 741.3亿美元，比卡特任期（1977～1980）的2 564.53亿美元高出一倍以上，留给美国人民的债务负担日益沉重。

里根当初曾向人民许下许多诺言，比如：将在1984年财政年度实现预算平衡。但实际结果是，财政赤字在不断扩大。1981年财政年度的联邦赤字为579亿美元，第二年就高达1107亿美元。有报道讽刺说，里根执政两年，美国经济处于战后最严重的危机之中，失业率为40年来最高，破产数量为 50 年来最高，财政赤字为有史以来最大。

1985 年，里根连任后，被迫调整经济政策，但是仍然坚持税制改革。

从 1985 年开始，美国政府着手干预外汇市场，下调美元汇率；干预对外贸易，力图减少外贸逆差；紧缩预算开支，减少财政赤字。1985 年 12 月 12 日，通过了“格拉姆—鲁德曼平衡预算法”。计划将 1986 年财政年度的联邦预算开支削减 117 亿美元，预算赤字降至 1 719 亿美元，以后逐年减少，争取在 1991 年，实现预算平衡。

税制改革方案主要包括：降低个人所得税税率；降低公司所得税税率；取消或减少 60 多项优惠赋税待遇，废除各种免税优待；制定防止偷税漏税的各种措施。

总体来看，新税法对促进经济发展是有利的，直接刺激了美国经济的复苏。在里根的带领下，美国经济于 1982 年走出危机，到 1988 年 5 月，一直持续长达 65 个月的经济增长，是战后美国经济增长持续时间最长的第一次。此外，劳动生产率也得到了提高，通货膨胀率和失业率下降。

里根经济政策的一个重大失误就是没有为政府积累足够的财富，财政赤字一直居高不下，而且海外资产不断流失，变成了世界上欠债最多的国家。

对于“里根经济学”的评价，经济学家们认为是得失参半。但无论如何，里根对美国经济产生了巨大的影响，而且这种影响一直持续到 21 世纪。

6 成功连任

RONALD REAGAN

尽管里根已经 70 多岁了，但是他的身体很健康，精神很饱满，可谓“老骥伏枥，志在千里”。眼看第一任期将满，里根还想继续坐镇白宫。于是，1983 年年底，里根在椭圆形办公室通过广播正式宣布将参加 1984 年总统选举。

对于里根的这一决定，大部分人都没有感到意外，支持里根竞选连任的电话络绎不绝。里根说，自己准备连任不是因为留恋白宫的位置，而是想在接下来的 4 年任期内完成自己的计划，因为他的很多计划还没有实现。

1983年，美国推行了3年多的里根“经济复苏计划”，尽管呈现出一些弊病，但是毕竟使美国经济走出了低谷，而且呈现上升的势头。

在里根过去的4年任期中，唯一让他感到遗憾的就是，政府赤字没有削减，预算也没有实现平衡。所以他很想在下届任期内实现这些计划。

但在南希看来，里根不应该再连任，因为一来他年龄大了，二来他曾经动过手术，担心他的身体吃不消，毕竟总统工作是一件非常劳心和劳神的事。8年的加州州长、4年的华盛顿白宫生活，让南希很少能真正过上平常家庭的生活，她毕竟是个女人，太希望过上平常家庭的生活了。而且她觉得再次竞选，一定又是一次艰辛的旅程。

但不管怎样，南希一直都是里根政治上的好帮手，总是给人“夫唱妇随”的感觉，因此当里根决定竞选连任后，南希还是从各方面给了他最大的支持。

美国总统里根与妻子南希出席一个悼念仪式。

相对于1976年和1980年的那两次竞选，这一次要轻松得多。因为前两次是向在任总统发出挑战，而且还要参加党内的初选。而这一次因为里根是在任总统，所以可以直接进入大选。但这次竞选也不是想象中的那么容易，因为里根是在任总统，很容易被对手抓住政绩中不好的一面而大做文章。而对手没有这些后顾之忧，可以发动猛烈的攻势。

里根这次的竞争对手主要是民主党候选人沃尔特·蒙代尔，与里根的年纪比起来，蒙代尔就年轻多了，占了年龄优势。蒙代尔曾经是卡特时期的副总统，主张征税、自由开支，是来自民主党的一个新经济学派。而原民主党的创始人托马斯·杰斐逊认为政府不是人民的主人，而是人民的仆人。但是蒙代尔所属的新经济学派关于政府的思想正好与托马斯的思想背道而驰。有些人说蒙代尔缺乏领导人的素质，因为他所属的集团是一个政党集团和特殊利益集团的混合体，每个集团都是以谋私利或掠夺国民财富为目的的。但是从蒙代尔在民主党旧金山大会上接受提名的演讲内容来看，他又似乎不是民主党的新经济学派，因为他的一些价值观念与共和党的一些理念非常相似，并且表示他上台后要提高政府的工作效率，为人民做一些实事。在他被提名时，他还表示多征富人的税，以削减赤字。共和党人认为蒙代尔肯定会失败，因为他的职位是与卡特政府一起诞生的，与伊朗扣押美国人质等事件有着难以摆脱的关系。

因为在第一任期内，里根与乔治·布什合作得非常愉快，从很多方面来看，布什确实是里根的好帮手，所以里根这次仍推选布什做副总统候选人。在这之前，布什曾是代表明尼苏达州的参议员。而蒙代尔也许是为了能寻找到一点兴奋剂来提高自己的知名度和选票，他竟然于1984年7月中旬宣布选一名女民主党人为他的副总统竞选伙伴。这位女副总统竞选人就是纽约市昆士区杰出的众议员杰拉尔·费拉罗。从这一点来看，蒙代尔确实很有胆识，因为之前从来没有哪个主要政党的总统候选人敢选一个妇女作为其副总统候选人。

里根认为，蒙代尔选杰拉尔·费拉罗作为他的副总统竞选伙伴是一个失误。并不是因为杰拉尔·费拉罗是个女的，而是因为当时杰拉尔·费拉罗是一位几乎无人知晓的国会议员。里根还说，如果蒙代尔能够选一位在当时有成就的女州长，那么胜算就会大些，比如当时美国驻联合国的大使让·柯克帕特里克。

除此之外，蒙代尔的竞选旅行也不是很顺。里根的支持者太多，给蒙代尔出了很多难题。在加利福尼亚大学，人们认为蒙代尔谈论问题的方式过于复杂，演讲风格也不能振奋民心。而里根天生就是一个乐观主义者，且精明强悍、勇敢果断，演讲也非常具有说服力。这些更让蒙代尔的支持率降低了不少。

大选一天天逼近，蒙代尔越来越不冷静，有时竟然对里根进行人身攻击，说里根爱说谎，不诚实。还说只要里根连任会改变初衷，一定会增加税收的。尽管蒙代尔这么说，但是里根的支持者仍然对他很有信心，并对里根和布什说："不用担心，现在经济正处于繁荣期，人民的眼睛是雪亮的，他们知道谁在为他们谋福利。"确实与4年前相比，美国的通货膨胀率降到了4.6%，失业率直线下降，利率也大大低于4年前，舆论调查显示里根在人们心中还是有很高地位的。

不管支持者怎么说，整个夏季和秋季，里根还是有点紧张不安。他知道之前的几次失败都是犯了太过自信的毛病，所以这一次不管做什么事都得小心翼翼，不敢有半点马虎。

美国党派间的竞争是十分残酷的，民主党和共和党互相攻击，有时因为这种党派间的攻击，很多原本相处愉快的朋友甚至成了势不两立的仇敌。里根在这次竞选中就遇到了这样的情况。里根有一个朋友，名叫特德·肯尼迪，是个民主党人。南希还曾在白宫热情地接待过肯尼迪的母亲。肯尼迪在此次竞选中是蒙代尔的支持者，为蒙代尔做了不少工作。他在支持蒙代尔的同时，也恶毒地攻击了里根。在一次公众演说中，肯尼迪为蒙代尔的出场做介绍，发言时他歇斯底里地喊道："里根已经老糊涂了，他经常要到医院去做X光检查，去医院前他要按一下小按钮，以呼唤他的直升飞机，以他现在的年龄很可能就会把这个按钮给按错了。"

对于肯尼迪的攻击，里根并没有过多地计较，但南希却相当愤慨，又迷惑不解。因为这次竞选过后，肯尼迪对他们的态度又变得友好了。南希想，难道这就是政治？在公共场合对你大肆攻击，却仍然期望与你保持友好的私人关系。

里根在政界已经是个老手了，对于任何攻击都会冷静地面对，但他的家人往往做不到这一点。在里根竞选期间，他的小儿子罗恩正在《花花公子》杂志社担任记者。有一次，他去一个民主党全国代表大会做采访，结果发现这次大会上的发言人激烈地抨击自己的父亲。罗恩感到十分气愤，一怒之下写了一篇稿子来指责这些民主党人的恶劣行径，文章中有些话是这样说的："民主党人企图运用各种手段使全国人民相信，罗纳德·里根是这样的一个人：怂恿老人和伤残人士在南草坪上煎烙少数民族的孩子，而他和他的那帮'乡村肥猫俱乐部'的狐朋狗友们则舒舒服服地坐在一旁舔手指。"罗恩的措辞虽然有些夸张，却是事实，因为民主党一直把少数民族问题作为攻击里根的靶子。

作为总统大选的两个热门候选人，里根和蒙代尔很少在同一场合出现，即使碰巧遇见，也会发生一些不愉快的事。在一次美籍意大利人协会举办的晚宴上，里根和蒙代尔都接受了邀请并且答应到场。晚宴上要求两位总统候选人同时露面，以增加晚会的热烈气氛。里根和南希先赶到了，但蒙代尔夫妇却迟迟没有露面。过了一会儿，蒙代尔打来电话说，他夫人的晚会礼服还没有送来，所以他们要等礼服送来后再出席宴会。

里根怕观众等得太久，于是先和南希入场了。可里根夫妇刚入场不到几分钟，蒙代尔夫妇走了进来，他们对自己的迟到没有表示任何歉意，对里根夫妇的态度也十分冷淡。当里根做现场演讲时，蒙代尔也没有鼓掌，还不停地同夫人交谈，连最起码的礼貌都没有。从此以后，里根就避免在公共场合和这位候选人共同出场了。

1984 年的竞选主题是辩论，里根本身就是个辩论高手，这一点是有利的。比如 1980 年赢得本党总统候选人提名以及击败卡特当选总统，就得益于他的辩论才能。

10 月 7 日，在肯塔基的路易斯维尔，里根与沃尔特·蒙代尔举行了第一场辩论。在第一次辩论前，里根举行了智囊会议、操练辩论。但是智囊团给里根灌输了太多的东西，以致里根无法全部记住。特别是辩论的那个晚上，还训练过了头。因此，在这场辩论中，里根失利了。

这场辩论的失败对里根打击很大。他在回忆录中说："确实那场训练有点过头了，以致我当场有点犯蒙。但是我并不责怪他们，因为他们也是为了帮助我。不过却帮了倒忙。"外面的报界不知道详情，认为里根当场的卡壳是因为他太老了。一些人甚至扬言，老年因素是里根这次辩论失败的主要原因。在南希的回忆录中，详细记录了那天晚上的情形。南希说："当时，我在一旁观战。我看到里根显得很紧张，很不镇定。虽然他表面看起来很正常，但是我知道这次他有点缺乏信心。这在以前是从来不可能看到的。"后来的几次民意测验，显示里根的支持率因为这次辩论的失败而有所下降。

第一场失败了，因此里根坚定信心绝不能在第二场再失败。因为如果再失败，他就要和南希卷铺盖走人，然后回到他们的牧场了此余生。第二场的辩论预定在两周后，在堪萨斯城举行，这次辩论的主题是外交事务。为了帮助里根在第二次辩论中取胜，南希和女儿莫琳、儿子罗恩等家人一起飞往堪萨斯城，为里根助阵。南希后来说，那天晚上她非常紧张，心里七上八下，双手冷如冰块。

第二场辩论如期举行。辩论刚开始几分钟，《巴尔的摩太阳报》的记者亨利·特里惠特便就“年龄因素”问题向里根发问，虽然他的问法比较隐讳，但还是引起了大家的关注。里根镇定地回答道：“我认为年龄不是这次竞选的主要问题。”停顿一会后，他接着说，“虽然我的对手比我年轻，但是我不打算出于政治目的就说他不成熟，况且我也不想就此大做文章。”

观众中迸发出一阵善意的笑声，显然他们都赞成里根的回答。坐在台下的南希一直为里根捏着一把汗，现在她又对里根恢复了信心。

从里根的这次发言开始，竞选的局势朝着越来越有利于里根的方向发展。里根巧妙地消除了在大选中唯一可能被击败的年龄因素。他的那句巧妙的回答出现在所有的电视新闻中，人们几乎能天天看到当时的情景。里根又用出色的言语让选民相信——他上次辩论会上的失误只是一个偶然。现在，他又在大多数选民中赢得了信任。这次辩论，里根赢了。

在所有支持者中，蓝领工人的热情让里根最为感动。他所到之处，成群的男女工人都对他表示热烈欢迎。里根问他们是否觉得日子比 4 年前好过了，大家都热烈回应道：国家又在前进，美国经济复兴给百姓带来了实惠。

里根意外地还获得了大学生的支持。在他任加州州长期间，曾对大学的学生运动采取过强硬政策，他原本以为大学生会因为这次事件而不支持他。然而他看到了这样的结果：每次他到各大学演讲，都会赢得热烈的掌声和欢呼声，大学生对他前 4 年的工作表示满意，里根极少遇见挑剌的学生。在这种情况下，里根接连又访问了一些大学，里根和这些学生相处得十分愉快。在整个竞选过程中，学生给了他很大的支持，也使里根过得很轻松。

现在离大选之日越来越近了。民意测验显示，此时里根的支持率已经远远超过了蒙代尔。面对大好形势，里根不敢有半点疏忽。他担心他的支持者知道这个民意测验结果后，认为他已经稳操胜券，就不再积极为他投票了。基于这个原因，里根不断鼓励身边的工作人员，要继续努力，他自己也频频出席各种活动，为竞选赢得更多的支持。

眼看胜利就要到手了，里根却经历了另外一场让他十分担心的事。在竞选的最后一天晚上，他和南希在萨克拉门托的红狮饭店过夜，在他们入住的那个房间里，床是放在一个台子上的。到了半夜，南希被冻醒了，就翻身下床去找毯子。因为睡得迷迷糊糊，她忘了床是放在台子上的，脚下没踩稳，一下子摔了下来，头正好撞到旁边的一把椅子上。由于里根睡得很熟，所以没发现这一状况。第二天起床时他才发现，南希的头上有一个鸡蛋大的肿包。

里根对此十分担心，立刻请医生来查看。当得知南希不会因此而留下任何后遗症时，他才放了心。坚强的南希带病同里根一起出席了当天在圣地亚哥的一个集会，陪同里根做完了竞选的最后一次演讲。

在大选的当晚，里根夫妇在一起共进晚餐。与此同时，选票统计工作也在紧锣密鼓进行着。在各电视系统的统计表格里，一个州又一个州的名字相继填入里根的栏下。当晚 8 点 01 分时，里根已经赢得得了超过半数的选票，胜局已定。选票工作还没有结束，更多的州被划在了里根的统计栏下。最后，里根席卷了 49 个州的选票，只在肯尼迪家乡明尼苏达州和哥伦比亚特区这两处受挫。

蒙代尔主要获得了黑人的选票，里根的支持者则包括了所有社会阶层：青年人、中年人、老年人、低收入者、中等收入者以及高薪阶层等，各种类别的选民都对里根给予了大力支持，里根还获得了绝大多数妇女选民的支持。

1984 年 1 月 20 日这一天，天气非常寒冷，在白宫的中央大厅里，74 岁的罗纳德·里根正式宣誓就职，并宣读了就职誓言。当时在场的共有 84 人，大部分是其家人和内阁官员，里根和南希站在主楼梯的台阶上，整个仪式显得亲切而愉快。

在白宫宣誓就职后，里根还将在第二天举行一个面对公众的就职仪式和游行庆祝。就在 20 日的这天下午，就职委员会来到白宫，建议里根取消游行和户外仪式。因为据气象员预测，第二天将会出现零下 20 度的低温天气，在这种情况下，暴露在外的皮肤会在 15 秒内出现冻伤。里根听取了委员会的建议，取消了游行，但户外就职仪式照常举行。

第二天正午之前，里根和副总统布什又在约千名美国民众的面前宣读他的就职誓言，地点还是设在白宫。

1月21日晚，白宫负责人还为里根举办了就职狂欢舞会。里根在每个舞会上都露了面，所到之处都受到了人们的热烈欢迎，舞会上的人们一片欢腾，不停地高喊着："再干4年……再干4年。"面对人们的热情，里根再度喊出竞选期间用过的一句口号："这算不了什么，精彩的还在后头呢！"

7 华尔街风暴

RONALD REAGAN

提起华尔街，人们马上会想起它是世界上最重要的金融中心，华尔街任何的风吹草动都有可能引起世界其他地方的经济波动。起先，华尔街是曼哈顿南端一条窄而短的街道，窄得勉强可以容两辆汽车并行通过，短得只要步行几分钟就可走完。这一带原是印第安人的聚居地。1664年，印第安人把这块地皮卖给了荷兰殖民者，荷兰人筑起了一道墙，隔开了这条街，从此得名华尔（wall）街。再后来，英国人夺走了这块土地，改名纽约。现在华尔街有时是纽约的代名词。如今它已成为世界金融中心，聚集着世界上大多数的大银行经营机构。这里的房地产是全世界最贵的，一间20平方米的办公室，月租金上万美元。

这里既是商人、代理人、投资者的天堂，同时也可能是他们的地狱。投资者在这里买卖有价证券，如股票和债券。当这些股票和债券在投资者之间进行交易时，价值是很难界定的，因为外界的其他因素和供求关系都会对其产生影响。

但是自1929年以来，这个金融中心曾经发生过9次股市暴跌，其中1929年的一次暴跌导致了世界性经济大萧条，人们把那年的10月24日称为"黑色星期四"：股票暴跌，很多银行倒闭，不少老板和破产者自杀，一时"血染华尔街"，四分之一的工人失业。

将近60年后，这一幕又重现了。1987年10月19日，星期一，清晨，华尔街笼罩在一片阴霾之中。股市开盘，荧屏闪烁，人头攒动。9时30分，开盘钟声急促而又沉闷地敲响了。股价急速下落，华尔街上空空气凝滞，街面上喊声震天，久违了半个多世纪的恐怖重现。道·琼斯30种工业股票平均指数在荧光屏上一开始显示，就少了67点。惊慌失措的股民竞相抛售，叫卖声此起彼伏。下午4点，股市收盘了。短短6个半小时之内，道·琼斯30种工业股票平均指数下跌508.32点，跌幅达22.62%，是30年代的两倍。它意味着5 000亿美元随风而去，这些钱相当于当时美国全年国民生产总值的八分之一，相当于当时法国一年的国民生产总值。

第二天，美国各大报纸在显要的位置上报道了这一事件。黑压压的通栏大标题刺激了人们的神经："黑色星期一!""10月大屠杀!""血溅华尔街!"华尔街股市的狂跌，也诱发了世界上所有股票市场的暴跌。伦敦股市开始以前所未有的速度下跌；东京股市的225种日经股票正在剧烈波动；香港股市一落千丈之后已宣布关门一周。从多伦多到东京，从伦敦到悉尼，从布宜诺斯艾利斯到巴西利亚，各个股票市场都血泪斑斑，似乎都在哀悼。这时的华尔街真是一呼百应的"大王"，但又随着全球股市的共振，它自己也在抖动。华尔街和全球的投资者都失去了自卫的能力，痛苦地等待着一个极为凄凉的金融冬天的到来。

报纸也许有些夸张的成分，但股票下跌却意味着股民们一夜之间变成穷光蛋，自杀事件层出不穷。纽约的一位投资者甚至发疯似地喊出了"打倒里根"的口号。到底是什么原因导致了这次股票的狂跌呢?

俗话说：冰冻三尺，非一日之寒。在美国，大多数掌管投资业务或财产可观的投资人，在政治上拥戴政府，信奉政府曾经宣誓的宗旨，并且相信因此产生的经济利益。1929年是这样，1987年也是这样。

自80年代初以来，国际股票价格大幅度上升。道·琼斯工业股票平均指数上涨最为显著，由1982年8月11日到1987年8月25日，该股票平均指数由原来的776.91点上升到2 722.42点，5年之内上升了2.5倍。实际上，华尔街的股市看好也已进入第6个年头。即便如此，华尔街却人心不定。因为里根政府的巨额财政赤字不见明显萎缩，不能总靠借外国人的钱来塞自己的钱包吧；而且贷款利率降、升不定。贷款利率如果降，则可能诱发通货膨胀；如果不降，那么股票市场的投资就会流到银行里去。另外，一些其他的不定因素，也让股票市场飘忽不定。

不料，9月4日，联邦委员会将贴现率从5.5%提高到6%。10月7日，美国7大银行也分别上调优惠贷款利率。随着优惠贷款利率的提高，国库券和其他债券的利率跟着上升，这样投资者都愿意从事债券投资。

这些情况与西方 6 国没有遵守 1986 年 2 月的卢浮宫协议有关。1986 年 2 月，西方 6 国财长达成协议，与会国家协调政策，稳定汇率。实际上，美国、日本、联邦德国都没有把这项协议落到实处。刚才提到美国的各大银行分别提高利率，美国政府意识到这样是不行的。谁知贸易盈余的国家也在提高利率，尤其是日本和联邦德国。这让美国财政部长贝克大为不满。1987 年 10 月 18 日（星期日）早晨，美国财长贝克通过电视节目警告这些国家：如果联邦德国不降低利率，美国将考虑让美元继续下跌。有评论家讽刺道：美财政部长一句话，引发了华尔街股市风暴。

其实，这些只是诱因，只起到了推波助澜的作用。这次股市狂跌的直接原因仍是对股票价格的高估造成的。一般来说，股票上涨，就要有相应的经济基础。但是近几年，西方的经济增长并不是很快。尤其是美国，自 1982 年经济复苏以来，除 1984 年增长 6.4%以外，紧接着的两年都低于 3%。这样股票价格上升同实际经济增长就出现了严重的脱离，因此，股票市场的繁荣在很大程度上是虚假的。

股票狂跌的另一个原因是财政赤字的巨大压力。刚才提到，尽管华尔街的股市被看好，但里根政府的巨额财政赤字不见明显萎缩，加上巨大的外债压力，导致人心不稳。

在里根执政期间，美国经济开始出现回升，结束了之前增长缓慢甚或负增长的局面。这次经济回升持续了 59 个月，美国经济又一次进入繁荣时期。但这些繁荣是有代价的，美国的外债不断增加，成为世界上最大的债务国。而且联邦政府的预算赤字也居高不下，政府的各项工作陷入了困境。因此，在这种股票价格过高的情况下，任何风吹草动都有可能触发股票市场的大崩溃。

里根政府对这次事件给予了高度重视，非常担心如果处理不好的话，就会重新上演 30 年代的全球经济危机。

一些经济学家对比了美国 1929 年与 1987 年的华尔街风暴，认为这次如果处理及时，方法得当，30 年代的经济大萧条就不会上演。

首先，经济背景不同。1929 年的股市暴跌主要源于市场供过于求，因此大批公司相继倒闭，加上股市暴跌后经济生产进一步下降，于是触发了资本主义经济史上最严重的一次经济危机。但这次华尔街股市暴跌的主要原因是缓慢的经济增长同上涨快速的股票价格之间有些脱离。再者，美国经济中供过于求的矛盾还不尖锐，经济继续增长的余地还很大。

其次，金融体系与机制不同。30年代，美国奉行的是自由竞争、自由调节的经济原则，商业银行可以直接参与股票市场的活动。一旦股票价格暴跌，大批银行也会随之倒闭，从而造成银行系统的崩溃，加重了经济影响。后来，美国加强了对经济活动的宏观干预，规定商业银行不得从事股票投资业务。这样当股市出现大幅度波动时，银行就可以提供大量的资金支持，保证经济的正常运营。

再次，国际协调机制不同。30年代以前，资本主义国家之间的经济联系并不密切。二战以后，西方国家之间的经济关系越来越相互依存。这次华尔街股市崩盘后，其他西方国家都表示愿意同美国合作，这对经济的回升会起一定的作用。

确实，里根政府迅速采取了应对措施，使得30年代的一幕真的没有上演。措施主要有以下几个方面：

首先，力争削减预算赤字。里根政府同国会经过4个星期的激烈争吵，互相做了让步，就削减预算赤字达成协议。这项协议力争在未来两个财政年度内削减760亿美元的联邦政府预算赤字。尽管完全实现预算平衡很困难，但逐步削减财政赤字是可以达到的。

其次，控制通货膨胀率，为扩大货币供应量提供了保证。在华尔街股市暴跌的第二天，联邦储备委员会就发表声明说，它将为遇到困难的银行提供足够的资金，以确保国家经济和金融体系正常运行。

再次，要求其他西方国家同美国合作，采取经济协调政策。华尔街股票市场的全面崩溃也影响到了其他西方国家。于是美国要求其他西方国家在经济上采取同美国协调的政策，英、日、德等国家都对这一要求表示合作。

由于里根政府及时采取了正确措施，所以这次华尔街股票事件没有造成严重的经济衰退，美国的经济仍然保持了一定的增长势头。虽然这次华尔街股市暴跌事件的损失降到了最低，但它还是在美国社会中产生了极其恶劣的影响。对于美国人来说，这次事件所带来的心理影响远远大于实际影响。人们对政府经济增长越来越不信任，因此谨慎地减少开支，从而引起整体经济的下降。

一些经济学家则认为，美国无法避免地要再一次遭遇一场经济衰退，这次股市狂跌只是美国经济脆弱性的一种反映。只是现在的美国经济还有强大的承受能力和应变能力，因此暂时不会出现经济大滑坡现象。

在这次金融风暴中，有一个关键人物——美国联邦储备委员会主席艾伦·格林斯潘起了重要作用。评论家认为他在错误的时间却做出了正确的决定。从此，格林斯潘平步青云，使得他对全球经济产生了史无前例的影响力。

1926 年 3 月 6 日，格林斯潘生于纽约，1977 年获得纽约州立大学的经济学博士学位。1981 年到 1983 年间，他担任美国全国社会安全改革委员会主席。在此期间，还曾担任过里根总统经济政策顾问委员会成员等职务。1987 年，美国联邦储备委员会主席沃尔克退休，8 月，格林斯潘被里根总统任命为美联储主席。这次任命出人意料，因为在美联储的历史上，主席从来都是内部产生，而这次却不是。于是人们对这位外来者普遍持观望态度。恰恰这年的 10 月，华尔街股票市场突然崩盘，也就是前面谈到的“华尔街风暴”。此时此刻，所有人都在猜想：新上任的美联储主席能行吗？

就在此时，格林斯潘果断采取措施，将大量的货币投入到金融市场，并降低投资者的贷款成本，劝告各大银行积极响应并实行他的政策。这一方法果然起到了作用，加上里根政府及时地进行政策调整，全球股价在仅仅数周之后就趋于稳定，10 月股市大崩盘的颓势被彻底扭转。从此，格林斯潘声名鹊起，成为一时的风云人物，也成了华尔街和全球投资者心目中的宠儿。此后他连续 12 年担任联邦储备委员会主席，历经里根、布什和克林顿三位总统，这在美国历史上是极为罕见的。

有人说，格林斯潘一开口，全球股市就有风暴来临。然而有意思的是，身为华尔街股市最大的庄家，他对炒股没有丝毫兴趣。

8 与苏联抗衡
RONALD REAGAN

1980 年，里根上台时，正是美苏关系处于 20 年来的最低谷。虽然他的前任总统卡特采取了一系列的缓和政策，例如裁军和减少军费投资，但也没能提升两国的关系。里根对苏联的态度绝对是一个强硬派，他毫不留情地痛斥美国70年代的对外政策。他说华盛顿绝不可能与一个社会主义国家保持稳定关系；而且认为美国的军事优势已明显丧失，必须加强。

里根一改往日美国政府的退让策略，与前苏联展开了新一轮军备竞赛。其中最突出的表现是制订和推行“战略防御计划”，因为它主要以太空为基地，故有人称其为“星球大战计划”（SDI）。1983年3月，里根正式宣布，美国将开始战略防御计划。该计划是研究并建立一种能在敌国的核武器刚发射出来时就能够予以拦截并摧毁的防御性武器。当时，美国国防部得知苏联已拥有类似的防御系统和更现代化的反弹道导弹技术，这对美国来说构成了军事上的重大威胁。

1985年，SDI正式启动。该计划决定从1985年到2015年，美国将用30年的时间，分4个阶段，在200～1 000公里的高空，建立起陆基定点防御系统和太空反弹道导弹系统。这一系统是多层次、多手段的，它可以保护美国及其盟国不受苏联核导弹的攻击，估计耗资5 000～8 000亿美元。美国政府中的支持者认为，太空是新时期经济发展的希望之所在，如果SDI能够很好地实施并完成，则可以与苏联争夺“太空边疆”。

前面提到里根在实施“经济复兴计划”时，要削减政府开支，而国防开支不仅没削减反而不断增加，就是为了保证SDI的顺利进行。但在1993年，该计划因为技术和资金原因被正式放弃。

那么里根在任的几年，SDI到底执行的怎样？都取得了哪些成果？在美国国内造成了怎样的影响呢？

1984年1月，一个战略防御计划组织正式成立，并确定SDI的研制和部署将分为4个阶段进行，其中第一阶段为试验阶段。

试验研究工作迅速展开，同年6月10日，一项模拟阻截并摧毁一枚正在飞行途中的导弹弹头试验成功。

9月6日，在白沙导弹发射场，实验研究人员利用先进中红外线化学激光装置成功地摧毁了一个模拟推进器。

1986年7月，研究人员又成功地完成了第一次粒子束实验。实验目的是，希望通过某种高强度的质子束来摧毁装在重返大气层运载火箭中的爆炸物。这次实验非常成功。

9月5日，科学家获得了火箭在太空截击中接近目标时的特征数据，并成功验证了运载工具在太空实际加速时的制导规律。这次试验为研制小型空基截击武器提供了关键数据。

1987 年 5 月 21 日，新墨西哥州的白沙导弹发射场发射了一枚“长矛”式导弹，然后在不到 7 秒钟的时间，又跟踪、撞毁了这枚“长矛”式导弹。

1988 年 2 月 8 日，所谓的“德尔塔 181 试验”成功，这表明在战略防御系统中的传感器的设计上又进了一大步。

鉴于战略防御计划获得的一系列成果，1988 年 3 月 14 日，里根总统表示：美国将继续这一计划。

虽然战略防御计划取得了一系列成功，但是在美国国内一直没有停止过对这个计划的激烈争论。反对者认为这项计划将加剧各国间的军备竞赛，不利于缓和紧张的国际局势；同时，该计划耗资巨大，对美国利少弊多。赞成派认为，美国政府推行战略防御计划具有十分重要的战略意义，是美国争夺未来综合国力优势的强大动力。

另外一些人对此项计划继续实施的信心不大，原因是：首先，这是一项耗资巨大的工程，资金从何处来？前国防部副部长德劳尔曾预言，要完成“战略防御计划”，其资金耗费量相当于实施 8 个“曼哈顿计划”。其次，浩大的军费开支已经导致联邦政府财政赤字逐年扩大，遭到在野的民主党的强烈指责和攻击。第三，即使在国防部内部，其意见也不一致。以国防部长温伯格为代表的对苏强硬派支持继续实施 SDI。但是，温伯格之后的新任国防部长、国务卿等人主张在同苏联谈判有可能有结果的时候，不宜急于部署和实施战略防御计划。

尽管存在种种困难，美国政府仍然坚持实施和部署 SDI。政府给出的理由主要有以下几点：美苏竞争和争夺军事优势的竞赛不会停止，苏联仍将是美国长期竞争的主要对手；实施战略防御计划有利于大批高技术获得突破，这些高端科技对民生也是有好处的，还有利于推动美国经济向前发展；包括英、德、意等美国的主要盟国已经加入这一计划，美国不能单方面停止。

为了使计划能够不夭折地执行下去，里根也站出来鼓吹 SDI 不仅能为美国带来巨大的战略利益，而且将为美国带来巨大的经济利益。但是因为 SDI 计划耗资巨大、耗时太长，所以在克林顿入主白宫后，美国还是放弃了 SDI，转而实行反导弹防御计划。不过，“星球大战”的阴魂并未就此散去。小布什上台后，将“星球大战”计划改头换面，重新开始加速试验。这一计划最终会怎样，只有在未来才知道。

9 “伊朗门”丑闻
RONALD REAGAN

对于美国来说，11月4日本来就是一个不吉利的日子，因为1979年的11月4日，一批德黑兰的学生占领了美国驻伊朗使馆，扣押了几十名美国外交人员作为人质。随着1986年11月4日的接近，人们越加感到恐慌。11月1日，黎巴嫩的一家名为《帆船》的杂志突然刊登了一则惊人的报道，一时间在美国国内炸开了锅。这家杂志披露说：美国一直给伊朗提供军事装备，美国国家安全顾问罗伯持·麦克法兰曾于1986年5月秘密访问了德黑兰，同伊朗外交部、议会的官员们讨论了“用武器换回关押在黎巴嫩的美国人质”问题。

这确实是一个爆炸性的丑闻，可以说给了里根政府当头一棒。丑闻一经揭露，新闻界立即将这一事件冠名为“伊朗门事件”，这是借用了尼克松总统当政期间“水门事件”之名。

随后，里根就此事公开发表电视讲话，解释了他所知道的情况。但是事情并没有他想的那么简单，民意调查显示：通过这件事，大多数美国人对里根的信任度降低了很多，这还是他当政以来第一次发生信任度下降这样的事。国会闻讯更是感到震怒，抨击里根政府在重要的外交活动中践踏国会立法，并要求追究相关人的法律责任。西方一些盟国和阿拉伯国家也强烈谴责里根政府言行不一。里根及其领导班子成员，被此事搞得焦头烂额。

事情的经过是这样的。1984年至1985年上半年，7名美国公民在黎巴嫩被绑架。这是自1979年以来，伊朗伊斯兰圣战者又一次绑架美国人质。也许这些人通过1979年的绑架，尝到了实实在在的甜头的缘故吧！当年，卡特政府为了解救人质，与伊朗政府妥协，同意解冻伊朗存在美国的80亿美元资产，并保证以后不就此事起诉伊朗，事情才算了结。

现在是故伎重演，那么这一次伊朗伊斯兰圣战者希望从美国得到什么好处呢？原来，伊朗在与伊拉克多年的交战中，深感军备不足，伊朗明显处于劣势。虽然伊朗军火商也不断地从中东和欧洲购得武器，但由于美国的禁运，伊朗无法弄到真正的高科技武器；而且伊朗之前从美国购进的一批战斗机，因与美国的断交，造成缺乏零部件而无法起飞。因此，伊朗很想借此做一笔“人质换武器”的交易。

为了再度激起美国政府的注意，伊朗不仅绑架美国人质，还于1985年的下半年处死了其中一名美国人质。这引起了被绑架人质家属和美国人民的恐慌，纷纷要求里根政府马上采取措施解救人质。面对这些强大的外界压力，里根犹如热锅上的蚂蚁。他不愿像卡特政府那样对伊朗妥协，因为他一直视伊朗为支持恐怖主义的国家，始终坚持“不接触、不谈判”的外交政策，还要求其他国家也不要给伊朗任何的援助。现在突然出现了这样的事情，该怎么办呢？

后来，美国通过多方努力得知，真正控制该伊斯兰圣战组织的是伊朗“伊斯兰解放运动”的霍梅尼。于是，美国便派人暗地里试探伊朗的反应。1985年7月底，出于维护伊朗国家利益的缘故，霍梅尼表示，如果华盛顿有诚意，他愿意同美国接触。

获得这一消息后，里根立刻召开秘密会议，参加人员有：国家安全事务助理麦克法兰、中央情报局局长凯西、国防部长温伯格、国务卿舒尔茨等。经过磋商，麦克法兰成为执行这次重任的最佳人选。他被告知，一切要保密行事。

1985年9月3日，国家安全事务助理麦克法兰在伦敦秘密会见了以色列外交部办公厅主任戴维·金奇。金奇是以色列的一位外交老手，也是这次交易成功的牵线人。金奇传达了伊朗的条件：用飞机和美制武器换取一名美国人质。事情确实如金奇所言，每当一架满载反坦克导弹、飞机零部件和弹药的飞机在伊朗降落，一名美国人质就会被释放出来。但是第一次交易却没有那么顺，一批激进的革命卫队在德黑兰机场劫走了美方送来的武器。后来，伊朗军方要求在大不里士机场交接。同年12月4日，麦克法兰辞去国家安全事务助理职务，但继续参加秘密出售给伊朗武器的事情，此后，海军上将波因德克斯特接替国家安全事务助理职位。

有消息透露，1985年年底，国务卿舒尔茨、国防部长温伯格都明确表示，这样秘密地出售武器给伊朗，不但有悖政策，也违反法律；1986年年

里根与国务卿舒尔茨（右），国家安全事务助理麦克法兰一起研究格林纳达问题。

初，在一次绝密会议上，二人又再次要求中止这一行动。但是麦克法兰、中央情报局局长威廉·凯西、波因德克斯特认为这一行动是为了解救人质，确实是出于迫不得已。后来，这一行动中断了一段时间，但是剩下的人质迟迟不能返回美国，家属与舆论都认为里根政府没有尽力。考虑到自己的声誉，里根又决定恢复这一行动。

最让人难以想象的是，美国竟然会派人亲自到伊朗求和。1986 年 5 月，美国总统的国家安全顾问麦克法兰带着 4 名助手，秘密乘飞机化名来到德黑兰，住进了和平饭店。他们用替美国总统送信和送礼物的方式，示意美国可以向伊朗提供武器，并暗示希望打开美、伊建交的大门。结果，伊朗高层领导人反应冷淡，但心里暗暗高兴：美国妥协了。

据美国有关人员透露，伊朗为购买武器向美国支付了约 3 000 万美元，但这笔钱的大部分款项不知去向。1986 年 11 月 24 日，前国家安全事务助理、海军上将波因德克斯特，供认这笔钱的一部分最后转到尼加拉瓜反政府军手中。波因德克斯特说：“关于向伊朗出售武器所得款项转到尼加拉瓜反政府军手中一事，是我自己批准的，我从来未向里根总统汇报过，因此总统不知道这件事。”总统知道不知道事情的经过，后来也没有得到证实。但波因德克斯特的证词保护了里根总统的政治形象，自己受到了舆论的谴责。1986 年 11 月 25 日，波因德克斯特辞职。里根后来也表示，尽管他并不知道此事，但“作为总统，我不能逃避责任”。

为了弄清事件真相，国会参、众两院联合组成了特别调查委员会，会同负责调查国家安全委员会工作的一个特别委员会，多次举行听证会。自此，历时 10 个月，紧张、繁忙的调查活动正式启动。此事的相关人员，包括里根总统都接受了委员会的调查。

对于这件事情，里根总统表现得也非常积极，于 1986 年 11 月 25 日成立了一个以参议员约翰·托尔为小组长的 3 人特别调查小组，其他两位成员是前国务卿马斯基、前国家安全助理考克罗夫特。

托尔小组的调查时间比较短，有报道说，这份报告比较全面、客观。1986 年 11 月低，两个特别委员会也分别向本院领导提交了各自的调查报告。很多向外公布这一事件经过报道的，大部分以托尔的调查结果为准。

报告的调查结果都认为，里根总统因为营救人质心切，所以才听信他人的“馊主意”，同意向伊朗出售军火；在出售过程中，里根总统没有例行检查的职责，也不过问具体情况，负有不可推卸的责任；里根总统没有听取国务卿和国防部长的反对意见，也是不应该的……里根总统虽然没有直接授权将出售武器款项转给尼加拉瓜反政府军，但由于没有及时制止国家工作人员的这些行为，因此应对事件负最终责任。

1987 年 3 月 4 日，里根承认“以武器交换人质的交易”是“一个错误”。还表示他会对整个“伊朗门”事件负全部责任。

在整个“伊朗门事件”中，有几个人物不能不重点介绍一下，他们不同程度地受到牵连或者被治罪：一个是前国家安全事务助理麦克法兰，一个是里根总统的总管、白宫办公厅主任唐纳德·里甘，第三个是美国中央情报局局长威廉·凯西，第四个是国家安全事务助理波因德克斯特的助手诺思。

因为麦克法兰曾经参与了秘密出售武器给伊朗的活动，而且《帆船》杂志首先披露的就是他曾于 1986 年 5 月秘密访问了德黑兰，所以他必然会成为调查的重点对象。1986 年 11 月 20 日，麦克法兰公开承认“秘密出售武器给伊朗”的做法确实是个错误，“至于国务卿舒尔茨说他不清楚，是有悖事实的，我将每个情节都告诉了他。”而国务卿舒尔茨和白宫办公厅主任唐纳德·里甘都反驳说，这是麦克法兰出的主意，还亲自参与了此事，“自己做的事应该自己负责”。

麦克法兰所承受的压力越来越大，1987年2月9日，他服了过量镇静剂，企图自杀，后被送进了贝塞斯达海军医院。也许医院成了麦克法兰暂时的避风港，但是事情还没有结束。

“伊朗门”事件被披露后，很多人都认为里甘参与了此事，因为他是白宫办公厅主任，负责每天给总统递交情报，所以应该辞职。但里甘态度坚决，拒绝辞职。他说，他什么都不知道，还说总统也不知道这件事。

有人说，因为里甘平时的所作所为得罪了这些人，所以这些人借此大做文章。确实，里甘在入主白宫办公厅一年多的时间里，独掌大局，敢于对送给总统的情报做手脚。另外，他过多地介入国务院的外交事务，把自己看成了总统代理人而不是助手。等等这些，引起了乔治·布什副总统和南希夫人等人的不满。南希就曾在回忆录中表示了对里甘的不满，甚至要“清君侧”。慢慢地，里根也对里甘产生了不满情绪。于是在托尔报告公布后的第二天，里根即以里甘在“伊朗门”事件中引起众怒为由，罢了里甘的官。

下面再来谈谈身为中央情报局局长的威廉·凯西。有人说，是凯西最早提议美国同伊朗进行交易的。有关资料证实，凯西与诺思（下面即将谈到，他是一个重要人物）曾进行过多次谈话。特别委员会在电脑中查到了这方面的有关资料。看来凯西是一个非常关键的人物，只要调查清楚他在整个事件中扮演的角色，一切就好办了。不料，1986年12月15日，凯西突然因需要做脑肿瘤摘除手术住进了医院，并于1987年2月初辞去了中央情报局局长职务。所有人都希望他能为“伊朗门”事件作证，但是5月9日，凯西却病死了。威廉·凯西的死更增加了“伊朗门”事件的神秘性，他也将他所知的有关“伊朗门”事件的全部情况一起带进了坟墓。

很多报道说，整个“伊朗门”事件，以诺思伏法而终结。确实诺思是此次事件的主要人物。1986年4月，他起草过一份备忘录，要求总统批准麦克法兰的德黑兰之行，并建议将美国向伊朗出售武器的余款用来支持尼加拉瓜反政府军。因为诺思只将备忘录交给了自己的上司波因德克斯特，而波因德克斯特却说没有向里根总统汇报过此事，加上知情甚多的凯西又命归黄泉，所以诺思就成了其中一只“替罪羊”，担起了主要责任。但诺思还是做了一些有用的证词，他承认自己在1986年11月一起参与了伪造一份假记录，以帮助白宫逃避国会特别委员会的调查。关于这件事，两位前国家安全事务助理麦克法兰、波因德克斯特，中央情报局局长凯西以及司法部长米斯都知道。他还说，凯西暗中策划了转移“用向伊朗出售武器所得款项支持尼加拉瓜反政府军”一事，事后还提出要他在必要的时候销毁相关文件，以保护上面。不久，凯西告诉他，事情可能被揭发，赶紧销毁有关文件，于是，他于1986年10月初就开始销毁一些文件。

1989年7月5日，诺思被宣布犯有阻挠国会调查、私自销毁文件和接受贿赂3项罪名，判处3年有期徒刑，处以15万美元罚金。还责令诺思从事1 200小时的无偿劳动，并禁止诺思担任公职。在法庭宣判后，诺思感慨道：“我只是一个棋子，任人随意摆布罢了！”

1987年7月9日，《时代》周刊公布了一项民意调查，84%的美国人认为诺斯说了真话，虽然当了“替罪羊”，但因为揭露了一些“伊朗门”事件的内幕，却成为美国人心目中的“英雄”。

一般认为，诱发美、伊武器交易的黎巴嫩的人质事件，到底交易的真正内幕是什么，谁也没有弄清楚。也有人认为，这次事件只不过是美国和苏联在中东角逐的“副产品”，远非区区几个人质所能引起的。事情到底怎样，就由历史去揭晓最终的答案吧！

10 “中导条约”

RONALD REAGAN

1987年12月8日，在美国华盛顿，美苏两国签署了一项具有划时代意义的《削除中程和短程导弹条约》，简称“中导条约”。历时6年之久的美、苏关于“限制欧洲中程导弹谈判”，终于有了结果，双方达成一致意见——加强战略平衡，消除中程和短程导弹。

之所以说这个条约的签订有划时代意义，是因为它来之不易。

美国与苏联的对抗是意识形态的对抗，带有不可调和性。几十年来，美、苏各方面都在暗暗较劲。第二次世界大战结束后，美、苏进入新一轮的对抗、冷战状态。直到50年代中期，美苏首脑在日内瓦举行了会晤，这才打破了10年来一直冷战的局面，开始了既对抗又谈判的新时期。这次日内瓦会晤是战后美、苏首次首脑会晤。

下面我们来简单介绍一下美苏既对抗又谈判的具有阶段性的几件大事：

1959年9月，时任苏联部长会议主席的赫鲁晓夫应美国总统艾森豪威尔邀请，开始正式访问美国。这是1933年两国建交后，苏联领导人第一次访问美国。两国领导人在离华盛顿100公里的美国总统休养地“戴维营”举行了3天会谈。很多人把此次会谈称为“戴维营精神”，新闻界一时认为“人类历史将进入新的转折点”。

但是不到两年时间，1961年8月“柏林墙”的建立和1962年9月爆发的古巴导弹危机，使得美苏关系突然紧张起来。双方互相防备，开始了一系列角逐。此后的整整10年时间，两国关系一直处于紧张状态。

时间很快到了20世纪70年代，两国关系又开始缓和起来。在这10年中，两国首脑先后举行了几次会晤。1972年5月底，美国总统尼克松和苏共总书记勃列日涅夫在莫斯科会晤。双方签署了《限制反弹道导弹系统条约》和《关于限制进攻性战略武器某些措施的临时协定》。1973年6月，两人又在华盛顿、戴维营和圣克里门蒂举行了3次会晤。双方签订了若干协议，主要还是关于制止核战争以及限制进攻性战略武器的事情。1979年6月15日到18日，在奥地利首都维也纳，两人又举行了一次会晤。所谈内容与前几次几乎相同，并签署了《关于限制进攻性战略武器条约》，双方商定此条约有限期到1985年。

就当人们处在这种缓和期内还没有缓过神来时，1979年12月，苏联突然出兵阿富汗。美苏两国关系又进入紧张状态。自此到1984年之前，两国领导人一直没有举行会晤。

但是这次美苏关系的恶化，使得西欧国家受到影响。当时，两国关系恶化后，卡特政府宣布对苏采取制裁措施，美国国会迟迟不签署1979年的《关于限制进攻性战略武器条约》，使该条约成为一纸空文。另外，两国分别在其领土和周边开始部署导弹，比如：苏联在其领土的欧洲部分部署先进的SS—20中程导弹，美国也在西欧部署潘兴—Ⅱ导弹。这些举措引起了西欧的和平运动。在西欧的要求下，美苏又准备开始下一轮谈判。

1981年，里根击败原总统卡特入主白宫，使美苏关系稍微有了些转机。里根本来也是一个对苏持强硬态度的狂热分子，曾在他刚上台时，即宣称苏联是一个“罪恶帝国”。但是同年11月，美苏却开始了“限制欧洲中程导弹”的正式谈判。里根提出“零点方案”，即主张如果苏联全部拆除针对西欧的导弹，那么美国将不在西欧部署新导弹，双方实现在欧洲的中程导弹都为零；而苏联则提出“冻结方案”，即主张美苏都把布署在欧洲的中程导弹控制在原来水平上，既不增加也不减少。

从那时起，双方便进入关于“限制欧洲中程导弹”的漫长谈判中。

1982年12月，苏联提出“分阶段裁减方案”，并建议“同等裁减”的措施。于是“中导谈判”进入第二个回合。1983年3月，里根主张美国大幅度减少原计划在西欧部署的新式导弹，与此同时，苏联必须在全球范围内把陆基中程导弹减少到与美国同等的水平，并且规定从欧洲减下来的导弹不得东移亚洲。对于这一主张，苏联坚决反对。这可以说是谈判的第三个回合。同年9～11月，谈判开始进入第四个回合。这次苏联有些让步的迹象，建议若美国放弃在西欧部署导弹的计划，苏联则销毁从欧洲裁减下来的导弹，决不东移。里根则坚持第三回合的主张，要求苏联在全球范围内裁减中程导弹。苏联当然不会答应这样的条件，于是谈判陷入僵局。

1985年1月，美苏两国外长建议在日内瓦重开谈判。1985年3月，戈尔巴乔夫出任苏共总书记。此时的苏联其实是一个畸形发展的超级大国：军事上，它与美国并驾齐驱；但经济上远远落后于美国。时年54岁的戈尔巴乔夫属于不了解斯大林时代和第二次世界大战的新生一代，于是在外交上，开始了强大的和平攻势。有人说，戈尔巴乔夫的上台标志着冷战开始结束。3月24日，戈尔巴乔夫写信给里根，表明自己的观点，说虽然两国的社会制度不同，意识形态也有差别，但这些不应该成为彼此仇恨的理由，更不应该通过武力或军事手段来解决，希望双方通过和平的方式竞争。

后来，双方进行了几次较量——苏联提出包括太空武器、战略武器、中程核武器三种武器一起谈的“一揽子”主张。其实苏联意在利用“一揽子法”来牵制里根的“星球大战计划”。美国当然不愿意看到自己耗资巨大的“太空战略计划”付诸东流，坚决主张三种武器分开谈。双方各执一词，互不相让，谈判又陷入僵局。后来，苏联作出让步，宣布将单方面“冻结”在欧洲部署SS-20导弹。

10月份，戈尔巴乔夫访问法国。在此期间，他提出美苏各自把“能打击对方领土的核武器削减50%，禁止双方进行打击性太空武器的研发”。里根回信戈尔巴乔夫：美国同意削减50%的战略进攻性武器，并真诚希望能与戈尔巴乔夫会晤。

1985年11月6日上午8时，里根乘坐空军一号从安德鲁斯空军基地起飞，抵达日内瓦与戈尔巴乔夫会晤，这是他们之间的首次会晤。就在这之前，苏联还做出了一个决定，表示了自己的诚意——苏联允许与美国人结婚的苏联公民到美国与配偶团聚。里根回忆说，苏联的举动，是首脑会议前夕的一个积极信号。

11月19日早晨，里根在水花宫静候戈尔巴乔夫到来。当他得知戈尔巴乔夫的汽车已经到达，便匆匆赶到门廊，走下几个台阶亲自去迎接。里根回忆当时见到戈尔巴乔夫时的情形：戈尔巴乔夫身穿厚厚的大衣，戴着帽子，脸上流露出极大的热情，在他身上看不到以前苏联高官的那种近乎仇视的冷漠。这次会晤也是美苏关系紧张对峙6年之后两国首脑的第一次会晤。新闻界非常看好这次会晤，都认为此次会晤一定会给美苏关系带来好的发展趋势。1985年的冬天，异常寒冷，零下十几度的寒潮冻得瑞士仪仗队员直打哆嗦。有报纸评论说，这样的天气似乎象征着美苏关系的冰冻期仍然没有结束。

会晤的第一天，由美方主持。里根先是询问了戈尔巴乔夫的身体状况，然后转入正题。里根神情严肃地说：“我们来这里会晤，确实举世瞩目呀!”戈尔巴乔夫点头表示同意。之后，里根便谈到美苏问题，他说，因为谈判双方互不信任，才导致了关系彼此很紧张。这一点，戈尔巴乔夫表示反对，他说，是美国的军界、工业界集团，竭力鼓吹扩大军费，才制造了双方紧张的关系。里根急忙反驳说，戈尔巴乔夫对情况了解得不正确，也不全面。这次属于私人性质，时间只有64分钟，两人却几乎都处于争吵之中。

之后的几次会谈，两人也都是针锋相对，唇枪舌剑。这第一次的美苏会晤，外界记者一直无法得知实质性的会谈内容，结果只能通过联合声明得知。联合声明中说，双方表示愿意加快军备控制谈判，同意各自削减50%的核武器；在一些关键性问题上，比如美国是否放弃“星球大战计划”，还存在着争议。

1985 年 11 月 19 日，里根与苏联领导人戈尔巴乔夫在冰岛雷克雅未克会晤。

媒体评论，不管结果怎样，这次会晤使得美苏关系得到了改善。

1986 年初，戈尔巴乔夫再次提出“和平与裁军的一揽子计划”，并希望通过双方努力，争取到 20 世纪末完全销毁核武器。9 月 30 日，美苏同时宣布 10 月 11 日～12 日，两国首脑将在冰岛首都雷克雅未克举行临时性会晤，人称“冰岛会议”。至于为什么选在冰岛雷克雅未克，外界进行了很多猜测。有人说因为那儿的空气清新，远离新闻界；有人说因为那里没有恐怖活动记录，比较安全。

但是在正式举行会晤之前，美苏之间上演的一些小插曲，还是为这次会晤蒙上了一层阴影。

1986 年 2 月 5 日，里根发表国情咨文，一方面希望美苏继续对话，一方面强调对话能否继续关键在于苏联。6 月，里根又给戈尔巴乔夫写信，希望能在 7 月份举行一次美苏外长会议。谁知到了 8 月份，不知出于什么原因，美国逮捕了一名在联合国工作的苏联官员。一星期后，苏联也拘留了一名美国驻莫斯科记者。直到 9 月底，双方才答应释放人质。

10 月 9 日傍晚，里根飞抵雷克雅未克郊区的凯夫拉机场。第二天中午，戈尔巴乔夫也抵达机场。两人于 11 日在霍夫迪宾馆进行了单独会面，并达成一致意见，成立两国专门工作小组。其中一个负责讨论军备控制问题，另一个负责人道主义、地区、双边关系等问题。10 月 12 日，双方又进行了两次会谈后，整个冰岛会议结束了。从公布的材料来看，双方同意在 5 年内削减 50%的各种进攻性战略武器，10 年内销毁全部弹道导弹；把苏、美在欧洲的中程导弹减至零；同意苏联只在其亚洲领土、美国只在其本土，各保留 100 枚中程导弹。但是仍然没有解决关于“星球大战”的问题。

1987 年 2 月，戈尔巴乔夫突然明确宣布，苏联愿意同美国就销毁全部欧洲中程导弹达成协议。过了两个月，戈尔巴乔夫又提出希望把美、苏在欧洲短程导弹也全部销毁。人们把这两个提案称为“双零点方案”。直到 6 月，北约才宣布同意“双零点方案”。

1987 年 12 月 8 日，戈尔巴乔夫开始对美国进行为期 3 天的访问，这是自 1973 年 6 月勃列日涅夫访美以来苏联领导人第一次访问美国。里根在白宫南草坪为戈尔巴乔夫举行正式欢迎仪式。

欢迎仪式结束后，两位领导人在白宫椭圆形办公室举行第一次工作会谈。会谈时，里根赠送戈尔巴乔夫一套与他自己相配对的衬衫袖口金制链扣，上面刻着“铸剑为犁”的图案。戈尔巴乔夫回赠里根一副带有刺绣的皮马鞍和一盒鱼子酱。

为了表达美苏两国人民的诚意，双方分别代表本国国民互赠礼物。美国人民送给苏联人民一个名为“全球和平”的伯姆瓷雕。瓷雕是 7 只鸽子围绕地球盘旋飞翔。整个雕塑安放在一个乌木制作的圆形垫座上，底座上还镶有橄榄枝和代表七大洲的椭圆形瓷雕饰。苏联人民送给美国人民一块位于底座中央的刨光石头。

8 日下午，双方在白宫签署了具有“历史性”意义的《削除中程和短程导弹条约》，简称“中导条约”。该条约共 17 条，条文规定：双方将在 3

年内全部销毁射程在500～5 500公里的陆基中、短程导弹共2 611枚，其中美国85枚，苏联1 752枚；美苏在7年内分别削减战略武器的28%和35%，即双方各自拥有的运载工具不得超过1 600件，核弹头不得超过6 000枚。

“中导条约”使美苏双方的战略武器从过去的相互限制变为共同削减，确实前进了一大步。评论家认为，美苏之所以最终达成妥协，是因为双方的核武器均已“饱和”。条约的签订，不仅有利于双方减轻军费负担，增强综合国力，更有利于增进两国和整个东西方关系的缓和。

中导条约签署后，双方首脑郑重其事地把刚用过的笔赠给对方，然后交换了条约文本。所有在场的人都见证了这一历史性的场面，也都希望这一场面是真诚的。

11 逃生

RONALD REAGAN

里根从小身体就十分健壮，但在他的总统任期内，却屡遭创伤。一次是刚就任总统没多久，就遭到枪杀，一个刺客在华盛顿大街上瞄准了他，刺杀虽然失败，但却在他的肺里留下了一颗子弹，被送到医院时呼吸已十分困难。后来医生们说，由于失血过多，如果对他的治疗再耽误5分钟，里根就会丧命。然而，就在里根被推进手术室的时候，他还对妻子南希开玩笑地说：“亲爱的，我忘了躲。”此语一出，全场为之动容。而这一次，又得了可怕的癌症，他需要与病魔进行一番较量。

1985年3月，里根在接受身体检查时，医生发现他结肠中有息肉，需要做一次切除手术。因为一直很忙，所以手术一直拖到了7月份，当他把工作时间做了一番调整后，7月12日，开始住院接受结肠息肉的切除手术。在很多人看来这只是一个小手术，没有什么危险，因此里根还打算在手术后的第二天约上朋友一起去戴维营度假呢！

按照手术的规定，里根从11号开始服用流食，一日三餐都是如此。在12号的早晨，他只喝了一些苹果汁，接着便服用泻药。泻药的味道很难闻，里根还要每隔10分钟就喝上一杯，直到把肠子里的东西都泄出来为止。当里根的肠子用泻药清理完之后，医生就对其实施了手术。开始里根对于手术有些担心，但很快就平静下来，还像往常一样开玩笑。

在手术过程中，南希就在手术室门口等着，她注意到进出的医生们没有丝毫笑容，她有一种不好的感觉，好像医生们在有意避开她的视线。

手术基本结束了，医生让里根躺下，然后出来把南希叫到了另外一个房间，严肃地对她说："我不得不告诉你一些不幸的消息。"

听到这句话，南希立刻觉得五雷轰顶，不过她仍然坚强地说："告诉我事实吧！"

医生们如实讲了在手术中的新发现。原来他们在里根的肠子里发现了一个有高尔夫球那么大的块状物，目前尚不能确定是恶性的还是良性的肿瘤，但不排除恶性的可能。医生们说，就算这块肿物目前不是恶性的，也会随着时间的推移转变成恶性的，所以必须予以切除。但这块肿物的切除会有一点麻烦，因为肿物的旁边就是肝脏，一旦肝脏也被癌细胞侵袭，那后果就十分严重，他们目前还不敢肯定癌细胞是不是已经侵蚀了肝脏。

听到这个消息，南希有点难以相信，但又不得不接受这一事实。医生还给出了3个建议：第一，她和里根仍可以按照原来的计划去戴维营度假，然后在14号返回医院，接受手术；第二，他们待在医院里，等肿块的检查结果出来后，马上进行手术；第三，里根先回去处理一些紧急的白宫事务，之后再安排手术。南希经过考虑，她选择了第二种方案。

癌症是个人人都畏惧的疾病，所以南希决定暂时不把这一噩耗告诉里根。但她需要想个办法骗过里根，不然里根对继续留在医院里会起疑心的。想什么办法呢？最后，南希决定利用里根讨厌吃药的心理把这件事瞒过去。她走进里根的病房，用双手抱住他说："亲爱的，医生在你肠子里发现了一块很大的息肉，这块息肉的摘除会比一些小息肉更费劲些，需要再做一个比较大的手术。我们干脆明天把这个手术做了吧？如果再做一次，你还得重新服用一次泻药。"

里根认为南希说得有道理，就同意了，还调侃地对南希说："这么说我今天晚上又不能吃饭喽？"见里根没有对病情产生怀疑，南希松了一口气。于是，她找了个借口离开病房，因为她怕里根从她的表情里察觉到一些情况。一走出病房，南希就靠着墙哭了起来。

南希当晚没有在医院里过夜，因为那样的话，会引来记者打听里根的病情。在几年前，里根遭遇枪击时，就曾遇到过这种情况，很多记者不停地往医院里打电话，询问里根的情况。所以这次南希决定回家过夜，她在医院待到晚上 6 点后，就回白宫了。到白宫后，她立刻给家人打电话告诉他们这个不幸的消息。在给里根的哥哥尼尔打电话时，南希才知道几天前尼尔也接受了这样一个手术，现在身体恢复得很好，于是南希稍稍轻松了一些。

当天晚上，里根在医院里再次接受检查，主要是查看身体里是否有癌细胞扩散的迹象。值得庆幸的是，癌细胞没有扩散，连最容易出现癌细胞转移的肝脏和肺也完好无损。这就是说，癌细胞只局限在肠子里，只要把这个肿块切除，里根的身体里就完全没有癌细胞了。医生们立刻把这个好消息告诉南希，南希松了一口气，并不停地向上帝祈祷，希望事实真如医生所说。

第二天早晨，南希匆匆来到医院。医生告诉南希，里根的手术被定在今天上午 7 点钟进行，并再次向南希交代了手术的内容。

在手术前，里根还签署了一个授权布什副总统作为代理总统的授权书。这是宪法的一个条款，如果总统因为特别情况不能行使总统权力，那么副总统有权代理总统行使。这一点里根考虑得十分周到，即使手术出现意外，白宫的工作也不会受到影响。

时间刚到 7 点，护理人员就来到病房，用轮椅把里根推进了手术室。一路上，南希挽着里根的手，和他一起走进手术室。对这次手术，南希感到十分紧张，毕竟要切除的是肿瘤，而不是普通的肠息肉。相反，里根倒显得十分镇静，他对南希说："既然他们昨天给我切除过息肉，今天的手术就算不了什么。"

这次手术，里根要求不进行麻醉，医生同意了他的要求。于是，里根在完全清醒的状态下做完了这次手术，为此他忍受了极大的痛苦。手术进展得十分顺利，医生们切除了那块附着在肠壁上的大肉瘤，为了防止癌细胞遗留在肠壁内，医生们还把肿瘤所在的那段肠子切除了大约两英尺。

手术后，医生立刻对切下来的那块大肉瘤进行了化验。结果出来后，医生和南希都感到欣慰，肿瘤是良性的。

里根被推回病房休养，南希在一旁精心照顾。这天下午，南希的弟弟迪克从费城赶来看望里根和南希。迪克也是一名医生，他对里根的病情做了些判断，告诉南希情况并不严重。迪克的安慰让南希感到稍微安心了一些。

里根躺在病床上，精神状态还可以，只是有点头昏。他的身体插着各种各样的管子，有一只连着他的鼻孔，可以排除肚子里的液体和气体；还有一只管子插在手臂的血管里，用来注射抗生素和葡萄糖。

晚上，里根的助手们来了。他们带给里根一个恢复其总统权力的文件，里根在上面签了字。

7月14日，也就是手术后的第二天，里根觉得身体很疼。医生说这是正常现象，一般手术后的两三天内疼痛最明显。

里根住院期间，不断接到慰问电话。南希为了不影响里根休息，没有让她接听这些电话。为了使病房看起来不那么冷清，南希从家里带来了照片贴在墙上，有一张是里根最喜欢的，那是他在牧场骑马时照的。

那天午餐过后，两位肿瘤领域的权威专家找到南希，告诉她那块肿瘤不是良性的，而是恶性的。南希有些疑惑了，刚切下来时，做化验显示是良性的，怎么现在又说是恶性的呢？专家说，当时只是做了简单的化验，现在又送到权威部门做了彻底分析，这个结果是准确的。专家又对南希说，这次手术做得很干净，已经把肿瘤全部取出来了，但里根以后必须每隔一段时间做一次身体检查，以防癌细胞再次出现。南希对他们的忠告表示了感谢。

现在这件事终于处理妥当了，南希这才告诉了里根。里根说："这东西切除了，真令人高兴。"

7月15日，里根夫妇有一件重要的事情必须处理。数月前，他们曾邀请了波士顿交响乐团到白宫的南草坪给外交使团演奏音乐，庆祝该乐团建团100周年。里根原本要发表讲话的，但他现在住院了，根本不能去现场，只好让南希代自己发言。

于是，南希准备起身回白宫。她刚一站起来，身体稍微摇晃了一下，身边的助手约翰·赫顿立刻站起来抱住了她。

南希觉得很奇怪，忙问："约翰，你这是干什么呀？"

"你要晕倒了。"约翰说。

南希刚才确实差点晕倒，只是她自己没有意识到这一点，还以为刚才的摇晃是因为手提包太沉了。

近日来，南希日夜为里根操心，身体已经快累垮了。助手担心她出现什么意外，就和她一起返回了白宫。

回到白宫后，南希换了件礼服，然后到南草坪发表了讲话。那时，乐队和观众已经在那里等了一段时间了。南希向在场的人说了里根不能来的原因，并向他们道歉，然后发表了简短的讲话。讲话结束后，她回到白宫休息室稍作休息后，又会见了一些外交官。这些人都还不知道里根住院的事情，于是，南希对他们解释了一番，并对总统不能亲自接见他们表示了歉意。那些人都表示理解，并安慰了南希。

在里根住院这段时间里，南希一直避免让记者知道有关医疗方面的具体细节，免得他们肆意发表评论，误导公众。虽然记者有权让公众了解总统的健康情况，可他们不能把隐私的东西也当成新闻播出去，这简直是践踏总统的尊严。尽管南希的保密工作做得很好，但还是没有逃过记者的法眼。记者们不知道用了什么方法弄到了里根的病情细节——得到了一张里根的肠道图片，还把里根的住院记录抄了下来，甚至具体到里根第一天住院时排了几次尿。他们把这些在电视上播了出来。

总统的病房里设有电视，里根和南希经常靠它打发时间。有一天晚上，他们收看晚间新闻节目。当时节目正在播报里根生病的内容，里根的肠道图片成了节目中的道具，一个医生对那个图片正在发表讲话，并声称里根只能活四五年。

南希都不敢看里根的表情，这句话对一个癌症病人的伤害是很大的。但乐观的里根反驳道："凭什么那样认为？纯粹是无稽之谈。"

南希一直不能原谅这类节目，制作人员只是想吸引观众的眼球，完全没有考虑到总统收看到这个节目会是什么感受。在那些人眼里，总统只是一个象征，连最起码的公民隐私权都没有。

由于有医护人员的精心照料，再加上里根良好的身体素质，里根康复得很快，几天后就能自己下床走动了。

里根在医院里的生活用品都是南希帮他料理的。南希还为他带去一个用叶片织成的娃娃，她把它起名叫南希。她把这个娃娃放在里根的床头，以此提醒里根安心养病，不要着急。在住院期间，里根很依赖南希。南希也给了他最大的心灵安慰。

身为总统，里根的朋友很多，而南希的朋友也不少。每天都有很多朋友来看望里根，他们送给里根很多礼物。热心儿童事业的南希就把这些礼物送给儿童病房的孩子们。一次，南希收到了250个气球，她觉得孩子们看到这些气球会很高兴，就把这些气球亲自送到了儿童病房。南希刚一走开，里根就着急了，血压一下子从80升到了130。医生判断这是因为他太依赖南希才引起的身体反映。身边的医护人员还说，有时南希来的时候，由于交通堵塞，不能及时赶到医院，里根就心急如焚，替她担心，直到南希出现，他才会放心。

7月19日，医护人员对里根夫妇说里根第二天就可以出院了。这可把里根和南希乐坏了，他们在医院实在待不下去了。

医生对里根出院后该注意的问题做了交待，南希一一记了下来。在注意事项中，有一样让里根最难受：他再也不能吃炒玉米了。炒玉米是里根最喜爱的食物之一，但由于身体的原因，他不得不放弃这一美食。

7月20日，里根在医院发表了演讲。在演讲中，里根先对医院的医护人员表达了感激之情，然后用自己的亲身经历和幽默的口吻告诉别人："如果你们感到身体某个部位不舒服，赶快去做身体检查。如果你们现在正处于这种情况，那就别犹豫了，赶快给你的医生打电话，和他们谈谈你的身体状况，就说里根大夫要你去的。"

在讲话中，里根着重感谢了妻子南希在住院期间对他的帮助，并高度赞扬了南希对他的感情。他说："今天我想尽情地表达一下我对南希的感情，下面的话就是讲给她的。第一夫人的头衔不是通过竞选得来的，所以不能拿薪水，而公共生活却是她们不得不接受的事。可第一夫人为美国人所做的贡献却往往被人忽略了。当初艾比盖尔·亚当斯协助亚当斯总统创造了美国，多莉·麦迪逊协助麦迪逊总统保护了美国，埃莉诺·罗斯福是富兰克林·罗斯福的可靠助手，而南希·里根则是我的一切。回顾过去，南希总是用她的光辉和力量默默地支持着我，这里我代表自己，同时也代表国家，向南希表示感谢，感谢你在背后所做的一切事情。"南希在旁边听得泪流不止，幸好那是一个广播讲话，否则南希的失态会被国人看见。里根的感谢是对南希多年来所受委屈的最大安慰，此时她感到很满足。

那天正午，里根夫妇乘车离开了医院，所有的医护人员都赶来送行。里根和在场的人一一握手，场面十分动人。

出院的时候，大批的记者也赶到医院来报道里根的情况。南希扶着里根，向记者们挥手，以便让他们摄影。记者们并不满足只拍一两张照片，他们喊着向总统提出各种问题，但里根无法回答，因为他的嗓子几天前插过管子，现在仍然感到疼痛，不能大声说话。记者们不知道这件事，因此对他没有回答他们的问题而很有怨言，有人报道说是南希阻止了里根发言。

回到白宫的头一个月里，南希十分辛苦。由于里根没有午睡的习惯，所以她要想尽办法让里根中午休息一会儿，因为医生告诉她里根现在的情况必须保证足够的休息，而且必须午睡。南希还要不停地阻止里根少做户外运动，尤其是骑马。这可把里根憋坏了，他一直是户外运动的爱好者，而且过于乐观地认为自己完全康复了，可以做一切事情了。除此之外，里根对于白宫的工作一刻也不敢放松，在身体稍微好一点的时候，他便来到总统办公室开始工作。

里根在康复的过程中，很多时候是去戴维营休息度假，医生还同意他可以在游泳池的浅水处走走，这样对身体复原很有好处。在此期间，南希还得不停地同医院的医生进行会晤，跟他们探讨里根出院后的饮食问题。现在里根已经可以进行正常的饮食了，可为了保险起见，医院的医生还是建议里根按照严格的食谱进餐，免得发生意外。

照顾里根的这段时间，可把南希累坏了，里根现在好一点了，她也可以放松一下了。正好一位朋友邀请她去马撒葡萄园游玩，她愉快地答应了。而且那个葡萄园的旁边就是大海，欣赏一下大海的景色对她来说是再好不过了。

游玩回来后，南希得知朋友罗克·赫德森也患了癌症，于是南希给他打去了慰问电话。罗克·赫德森是个演员，曾来白宫参加过一次宴会。那次他和南希坐在同一张桌子上。当时，他非常消瘦，南希以为他在减肥。罗克·赫德森辩解说他正在拍一部新影片，由于工作太忙，所以体重减轻了。后来，南希才知道他得的不是癌症，而是艾滋病。

休息了一段时间后，南希开始工作了。她乘飞机先去了可爱的小城哥伦比亚市，在那里与人们亲切地交谈，慰问老人和孩子。后来，她又去了母校丹尼森大学参加一个禁毒活动，南希自从来到华盛顿，对禁毒问题一直十分关心。

在旅行回来的飞机上，南希接受了一个采访。这次采访是她几个月前就答应别人的。而且第二天还有一个针对里根病情的演讲，南希对于这类事情十分厌烦。

里根照常处理政务，他会见了内阁成员，讨论他同苏联总统戈尔巴乔夫会晤的计划。由于里根的身体没有完全恢复好，不能事事亲力亲为，南希有时就代替他出席一些不太重要的集会。有一次，南希去弗吉尼亚出席一个童子军大会。当南希向台下看时，发现会场的场面十分壮观。台下一片人山人海，会场里有 10 万名童子军。南希从未在这么多人面前讲过话，有些紧张，但在演讲过程中并没有失态。

里根总统真是不容易，后来的日子里一直病情不断。1985 年 8 月 1 日，里根再次动了一个小手术，从鼻子上切除一块小肿瘤。起初南希没有太在意这块小肿瘤，以为那是由于手术后，用胶布固定鼻管时引起了发炎，但医生对这块小肿瘤可没敢大意，对它进行了化验。化验结果断定那块肿瘤是基底细胞癌，也叫皮肤癌，是由于阳光照射过多引起的。这种癌细胞很多人的体内都有，南希也化验出了这种癌细胞。尽管这次里根的病情不严重，但记者们还是穷追不舍，并再次对里根的健康问题提出了疑问。

8 月 5 日，为了澄清人们对自己病情的种种猜测，里根在椭圆形办公室里举行了一个只有 6 名记者参加的小型记者招待会。皮肤癌成了当天讨论的热门话题，里根详细地给记者介绍了他的病情，并指明皮肤癌跟别的癌症不同，恶性程度较低，对身体不会造成太大的伤害。

癌症是人类难以攻克的顽疾，里根能够两次从癌症的魔爪下逃生，这不能不说是一个奇迹。里根用他积极乐观的心态给人们树立了一个榜样——只要提早发现并尽快实施手术，癌症是完全可以战胜的。

RONALD REAGAN
第七章
卸职之后

虽然里根是演员出身，但这并没有影响他能取得骄人的政绩。美国政府和民众都对其任内所做的事感到非常满意。美国舆论曾评价他说：“他给美国政治带来了影响一个时代的变革。”1989 年元月 20 日，里根届满卸任，他的离任告别显得风光而体面，为他的政治生涯画上了一个圆满的句号。

1 告别白宫

RONALD REAGAN

1989年元月11日，里根在白宫总统办公室里发表了全国性的告别演说，9天后他将离开总统职位，由乔治·布什接替他担任美国总统。

在里根总统任期的最后两个月里，他的事务一直十分繁忙，比如：整理行装，做告别演说，以及参加一次又一次的记者招待会，还要对在任时的一些事务作出最后决定。

由于里根在任内做了很多对美国人民有益的事，因此一直受到美国政府和人民的热烈拥戴。现在，他要离任了，美国人还真有些不舍。政府各个部门为里根和南希举行了别具一格的欢送会。

参议院对里根的政绩给予了极高的评价，参议员罗伯特·多尔平时不轻易动感情，但他在向里根致告别词时，却和听众一起流泪了。

在肯尼迪中心剧院的授勋仪式结束时，主持人深情地对现场听众说："让我们向坐席上的那位伟人致敬，他领导美国走过了8年的光辉岁月。现在在这个不寻常的时刻，让我们唱起《往日的岁月》，以此来怀念里根总统在职的日子吧！"话音未落，优美的音乐就响起来了，在场的人不由自主地站起身来，一起唱起这支动情的歌。演唱结束后，里根大声对全场观众说："你们给我的这个荣誉，是奥斯卡金奖都不能相比的。"

军方也为里根举行了隆重的告别仪式。仪式当天，南希由于患了重感冒，嗓子疼，无法说话，所以没去参加。事后，她对此事感到十分抱歉。里根检阅仪仗队时，战士们一齐转身向他行军礼，并高声唱起了《往日的岁月》这首歌。里根想发表一番表示感谢的演讲，但他太激动了，什么也没说出来，只是低下头对身边的助手说："我禁不住要流泪了。"

在里根家的小餐厅里，南希举行了最后一次里根班底聚会。到场的人都是里根最得力的助手，在里根执政期间曾出过不少力。今天大家又聚集一堂，回忆过去8年中曾经历过的风风雨雨，也对未来做了美好的展望。

在白宫的东厅里，600多名白宫工作人员为里根举行了告别仪式。在仪式上，所有的人都失声痛哭起来，海军乐队的指挥约翰·布诺瓦对里根说："我不会忘记您的。在您担任总统期间，我们被称为'总统的乐队'，这个称号让我们一直引以为豪。现在，您要走了，我要送您一件礼物，留作纪念！"说完，他把自己钟爱的口琴送给了里根。

白宫的其他工作人员为了表达对里根夫妇的爱戴，也给他们送了礼物。工作人员送给南希一个精致的搪瓷盒子，送给里根一副马具和一个白宫外形的工艺复制品，并祝福他们回到加利福尼亚后能生活愉快。南希很受感动，忍不住流下了眼泪。里根一直是个坚强乐观的人，但面对这样的场面也不禁有些伤感。他看着站在面前的每一个人，想起了平日里他们做出的贡献：他们每天在文件堆里埋头苦干，甚至忙得顾不上吃饭；晚上经常加班到深夜，有时周末也不能和家人团聚；有时赶上重大事件，半夜还会被电话叫醒；正在休假的人，若是接到白宫的电话，无论多远都要赶回来；孩子的生日宴会有时也不能参加……在这8年里，里根和这些人一起经历了酸甜苦辣。他们并肩作战，渡过了一个又一个难关，现在就要分手了，怎么能不让人伤心呢？里根真想对每个人说他和南希是多么地感谢他们，因为这些人对他们的帮助实在太大了。可里根却什么也没说，因为"此时无声胜有声"。

与工作人员告别后，里根和南希又去与门房、花匠、管工和厨师等服务人员告别。他们和里根夫妇朝夕相处了整整8年，彼此建立起了深厚的感情。里根还去了马厩值勤地，与那里管理马匹的人一道合影留念，并感谢他们教会了特工人员骑马。他的这一举动，令这些值勤人员深受感动，他们第一次与总统这么亲近。

道别的人络绎不绝，军事助理们送给里根一幅"愿精明能干的人生活在这里"的横幅。这句话是约翰·亚当斯的名言，刻在国宴厅的壁炉上，助理们把它临摹下来送给了里根，并对他说："这是您8年来的真实写照。"

圣诞节这一天，里根和南希与往常一样，用传统的方式进行庆祝，一些来自儿童福利院的孩子们和他们一起过节。

圣诞晚会上，不少记者也赶来捧场，一位知名记者萨姆·唐纳森走上前来对里根夫妇说："身为记者不太方便表露感情，但今天我要说，虽然里根总统退出了政治舞台，但他创造了这样的业绩——把白宫变成了一个更受人欢迎的地方。我们会永远记住你们的。"里根和南希听后，十分感动。南希动情地说："我们也会永远记住你的。"事后，有很多人认为南希说这句话是言不由衷的，但南希没有说假话，虽然萨姆有点多愁善感，但他能够保持自己独立的个性，不随波逐流。因此，南希一直对他很有好感。可南希也有不满意他的地方，他曾对里根提出过很多问题，有些问题甚至十分尖锐。不过，南希不得不承认萨姆是一个勤奋的新闻工作者，他经常为争取到好的新闻而开夜车。

在圣诞节期间，里根夫妇还相继出席了很多送别招待会。人们对里根的离开感到不舍，有的人还为此情不自禁地流下了泪水。有时，南希也无法控制自己的心情，眼泪会止不住地往下流。

儿童福利院为感谢南希对儿童的关怀，以她的名字命名了院里的一间房子。

戴维营是里根担任总统以来最喜欢去的地方之一，在卸任的前一天，他又来到了这个曾给他带来快乐的地方。那天，陪他一起去的，除了南希外，还有一些记者。通常情况下记者是不允许进入戴维营的，但那天是个特别的日子，因而破例让记者们进去了。其实，除了那些肆意诽谤的无良记者，里根夫妇一直同记者保持着友好的关系。里根夫妇同他们共进午餐。饭后，记者们把自己的签名照送给里根夫妇作纪念。最后，大家在一起愉快地合影留念。到会的一名记者回忆起当时的情景说："那时，里根总统已经是一位 78 岁的老人了，但依然精神矍铄。"

在白宫的最后一晚，里根的书房里十分热闹。炉火一直燃烧着，大女儿莫琳和女婿丹尼斯与里根夫妇待在一起。厨房的工作人员为里根夫妇准备了特别晚餐。餐桌上有南希最喜欢吃的鱼子酱。鱼子酱装在一个船型的大碟子里，上面写着里根的名字。其中一位服务人员还代表所有服务员送给里根夫妇一瓶香槟酒，祝他们退休后生活愉快。

1989 年 1 月 20 日这一天，里根起得比平常更早了一些，他在书房里待了一会儿，然后来到他工作了 8 年的椭圆形办公室。在办公室里，里根给新任总统乔治·布什写了封短笺，放在最上面的抽屉里。写短笺的信纸是总统专用的，上端印有"别让失败把你压垮"的字样。里根在短笺上这样写道："亲爱的乔治，我珍惜我们曾经度过的美好时光，祝你在新的任期里万事顺利。我将为你祈祷，愿上帝保佑你和芭芭拉在这里生活愉快。"

由于里根的任期在 19 日已经正式结束，和他共同工作的官员也大都辞职了，所以里根并不指望这天会有人来他的办公室。但不一会儿，国家安全顾问科林·鲍威尔来了，他向里根作了最后一次汇报："总统先生，今天世界太平无事。"紧接着，新闻官员马克·温伯格也来了，他像8年来多次做过的那样，领了一批摄影记者，他们在此为里根拍了最后一次在白宫的照片。

这些人走后，只剩里根一个人在办公室里了。他站起身向门外走去，走到门口时又不禁停下脚步，回头环顾了整个办公室，然后关上门走了。

几分钟后，布什和夫人芭芭拉来到白宫，里根和南希赶紧出去迎接。与布什夫妇共同前来的还有奎尔夫妇和一些国会领袖，他们将和里根夫妇一起去参加布什的总统就职典礼。

里根的旧部下也在同来的人员之中，参议员特德送给南希一枚饰针，送给里根一对鸽子图案的链扣，以感谢里根为和平所做的贡献。

接着，大家驱车前往国会山，去参加布什总统的就职典礼。由于南希身体不太好，所以由工作人员搀扶着上了车。里根、新任总统布什和其他官员坐第一辆车，南希、布什夫人等人坐第二辆车。在车上，大家都轻松地交谈着，气氛比8年前还要热烈。南希看到车窗外白宫里熟悉的一草一木，心里隐隐作痛。这些都是她精心栽种的，以后很难有机会再看到它们了。

上午11时，里根一行乘坐的车子沿宾夕法尼亚大街缓缓而行，不一会儿就到了宣誓地点——国会山。

正午12时，乔治·布什正式宣誓就职，成为美国第41任总统。新总统布什发表完就职演说后，和夫人芭芭拉一起去送别里根夫妇。他们穿过国会大厦来到东门广场，一架直升飞机正停在那里等待里根夫妇。里根同布什互道珍重后，与夫人南希一起上了飞机。

直升飞机载着里根夫妇飞往安德鲁机场，他们将从那里乘"空军一号"回加利福尼亚。机上的乘务员送给里根一张漂亮的白宫图片，上面写满了机组人员的祝福。同行的还有一些新闻记者，他们将会对里根的回程进行全程报道。

当时，飞行员没有提前经里根同意，就在国会山的上空盘旋了一圈。里根从飞机上看到下面是一片壮丽的景观：高大的华盛顿纪念碑、林肯和杰斐逊纪念堂，还有庆祝布什当选的就职游行队伍、欢快的乐队、在街上缓缓行驶的彩车等等，到处都是一片祥和欢乐的气氛。所有的情况都显示出人们对新上台的总统感到很满意。

随后，飞行员降低飞行高度，带着里根来到白宫上空。这时向下望去，大片的草地和水光闪耀的喷泉立刻清晰地映入里根的眼帘，他忘情地对南希说："亲爱的，你看！那儿就是我们曾经住过的地方。"

面对眼前的情景，里根心潮澎湃。对白宫，他始终怀着无比崇敬的心情。他在那里生活了8年，熟悉那里的每一间房，每一条过道。对于白宫的生活，里根始终感到激动而温暖。可现在，他们正在同它告别，也是在同过去的生活告别。

这架飞机最终在安德鲁空军基地降落了。里根夫妇下飞机后，早有一大群军人和平民等在那里为他们送行。里根夫妇同告别者一一握手，之后，在一片道别声中，登上"空军一号"，前往加利福尼亚。

"空军一号"也勾起了里根的许多回忆。他不止一次乘坐这架飞机到世界各地访问，也不止一次乘坐这架飞机飞遍全国。当里根再次乘坐这架飞机时，飞机上的情况大致还是老样子：吉姆·库恩同里根在小隔间里商谈到加利福尼亚时的抵达仪式；肯·杜贝斯坦同斯图尔特·斯宾塞在休息舱里交谈；约翰·赫顿医生不厌其烦地向别人讲述吸烟的种种坏处；伊莱恩·克里斯平在同南希聊天……

只是有一个重要的人物没有在场，那就是军事副官。在里根任总统期间，他一直形影不离地跟随着里根，随身携带着那个装着启动核武器密码的盒子。现在，这位军官又将跟着另一位总统了。

随着里根的卸任，里根总统的一切白宫生活都将画上句号，艰难而险象环生的政治事件很难再出现在他的生活中了。里根悠闲地朝窗外望去，江山美景让他的心情分外舒畅：阿巴拉契亚山翠绿的群峰、中西部的大片农场和繁华小镇、洛基山高耸入云的山峰、西南部辽阔美丽的荒野……

到达加利福尼亚上空时，里根透过机窗，看着下面的座座房舍，不禁想起他出任州长时的工作，遗憾立刻涌上心头。虽然他的工作得到了州政府和公众的认可，但他知道，还有许多事，他没有完全做到，预算财政赤字就是其中之一；他还曾要求修改一项宪法条文，以削减不必要的政府开支，但这些事留给了他的下一任。

正当里根聚精会神地想着他没有完成的那些事时，乘务员轻轻地敲了敲他的舱门，提醒他飞机就快着陆了。在飞机还没到达目的地时，飞机上的所有工作人员为里根举行了一个送别宴会。大家纷纷举杯向里根致敬，以表示对他的不舍之情。里根与他们一一碰杯，表示对他们的感谢。

2 社会活动
RONALD REAGAN

当里根夫妇到达洛杉矶后，加利福尼亚政府为他们举行了热情的欢迎仪式。南加利福尼亚大学的乐队奏起了响亮的乐曲，一位音乐家把一个花环献给里根。里根亲切地笑着，向这些欢迎队伍不停地招手致意。

欢迎仪式结束后，里根驱车赶往他们洛杉矶的新家。他们的别墅位于洛杉矶市贝尔埃尔区圣克劳德路668号。这座住宅占地近7 000平方英尺，环境十分宜人。门前有小溪，院内有橘林和玫瑰园。这个住宅并不是里根自己买的，而是几位朋友花250万美元买下来，然后重新翻修一新，以每月1.5万美元的价格租给里根夫妇的。对于这座新居，里根夫妇非常满意，能在这样的环境中安度晚年，真是再好不过了。

当里根夫妇抵达洛杉矶的家中时，他们从前那些好莱坞的朋友闻讯赶来，为他们接风洗尘。见到这些阔别多年的朋友，里根夫妇流下了动情的眼泪。大家畅谈一番后，这些朋友起身告辞，偌大的房间只剩下里根和南希两个人。房间里堆满了从白宫搬回来的杂物，里根夫妇想把它们整理一下，但现在已经没有秘书，也没有助手的帮忙了，只能自己动手。对此，里根夫妇一时有些不适应。

当天晚上，里根夫妇累极了，没有精神再去收拾现在的新家，早早地上床休息了。那天晚上，南希心里想，宪法中要是没有美国总统的任期不能超过两届以上的规定，里根也许还有希望继续连任。但由于宪法的规定，里根只能放弃竞选，而竭力帮布什竞选。布什能够获胜，里根对他的帮助功不可没。

南希对布什夫妇了解得不多。别人总这样认为——总统和副总统关系很密切，他们的家庭成员也应该是彼此了解的。但事实并非如此，总统和副总统的行动计划完全不同。大部分时间，他们是各干各的，只花很少的时间来沟通。两家的家庭成员接触得就更少了。一年时间里，布什夫妇在白宫只吃过几次饭，里根也很少去布什家聚会，所以南希对他们不是很熟。不过，里根和布什在政治上合作得倒是十分愉快。现在，布什取代了里根的位置，这让南希心里多少有些不舒服，但她还是祝愿布什一家在白宫一切顺利。

刚回到洛杉矶，里根和南希都感到有些难过，他们很怀念白宫的生活，可他们深知是该退休的时候了。他们在政治圈子里生活了 20 多年，政治让他们和家人、朋友的关系渐渐疏远了。现在，他们要把这些补回来，多和家人、朋友好好相聚。

没过多久，里根夫妇已经适应了新生活，顺利地跨入了人生的另一个阶段。他们又开始忙碌起来。里根忙着骑马、伐木、做报告、发表演说、赶写回忆录、到加利福尼亚各处走动，并用新奇的目光重新打量着飞速发展的加利福尼亚。

新的生活已经开始焕发出欢乐的色彩，里根恢复了以往诙谐幽默的说话风格。他的生活也更轻松了，每天睡到清晨 7 点半，起来后先阅读当天的报纸，接着洗漱，吃早餐。饭后去花园里修剪花草、整理篱笆，或做些其他农活。若是好天气，他就同南希一起到牧场赛马，尽情享受加州清新的空气；若是阴雨天，他就坐在家里同南希一起看电影。电影大都是他在好莱坞时演过的一些片子。

总统夫妇离开“黄金宝座”恢复为一介平民后，也遇到了不少和其他平民一样的小麻烦。有一次，里根家里突然停电了。他们查看了半天也没找出毛病，只好给电工打电话。物业公司给里根的答复是：电工不在，第二天上午才能去维修。没办法，里根夫妇只好在黑暗中度过一夜。可第二天上午，电工还是没有来。南希感到很气愤，里根却不急不躁，还劝南希说：“我们现在是在洛杉矶，不是在白宫。这样的事情很普遍，你再耐心等等吧！”

里根在退休后完成了他的回忆录《一个美国人的生活》。这部书很受欢迎，一出版就被抢购一空。

南希是个十分有远见的人，在里根即将退休的时候，她就安排好了退休后的生活计划。计划之一就是建立一个规模可观的总统图书馆。这个提议立刻得到了政府的大力支持。1991 年 11 月，总统图书馆正式建成并开幕。该馆耗资 250 万美元，这些资金大部分是里根自己筹集的，其中好莱坞老板们的慷慨捐助是这笔资金的大部分来源。对此，里根十分感激他的这些昔日老板。

因为里根从事过多种职业，且都取得了骄人的业绩，所以在他退休后，各大公司纷纷邀请他担任公司董事或顾问，美国全国广播公司甚至想请里根重操旧业，担任电视评论员。

里根热爱演讲，在他回到加利福尼亚的第10天，就应南加州大学的邀请做了下台后的第一次演讲。在这次演讲中，慕名前来的与会者把偌大的礼堂挤得水泄不通。里根幽默的讲话让会场不时爆发出热烈的掌声，里根在演讲中说："一个多礼拜前我退休了，但我并不打算在家养老，那样生活就失去了乐趣……"这次演讲受到了人们的普遍赞扬，可见里根的社会地位并没有随着卸任而有所降低，相反，人们似乎对他更加爱戴了。

里根是个不甘寂寞的人，继南加州大学的演讲成功后，他开始不断地去各地发表演说。他的演讲内容包罗万象，政治时事、家长里短、逸闻趣事等等。虽然演讲内容常常是海阔天空，却总能扣人心弦，人们的情绪总能随着他的演说忽上忽下，起伏不平。为此，里根又夺得了一个"超级演说家"的称号。里根定期将演讲稿整理成文字，送到报刊上发表。无论是演讲和撰稿，他都得到了不少收入，至少有数百万美元以上。

由于里根的事务越来越繁忙，他就在洛杉矶福克斯广场大厦第34层设立了一个办公处，并雇用一批工作人员帮他处理日常事务。据办公处的一位工作人员透露，每天都会收到一大堆信件，其中光邀请里根做演讲和写回忆录的就有几百封。那些邀请他的公司给他的报酬很丰厚，演讲的价码最少是5万美元一次，出书大概在500万美元左右。还有一些电影公司要求里根重新出山，在电影或电视剧中担任重要角色。

对于这些邀请，里根没办法一一答应，只能选择其中比较重要的一部分。有时，里根还会亲自到一些他看重的公司找事做。当时，有一家电影制片厂想把里根在总统第一任期内遇刺的经历搬上银幕。里根得知这一消息后，立即联系到这家制片公司，表示自己愿意参加该片的拍摄，并在片中饰演遭枪击的总统。

里根对于禁毒问题的态度十分明确，而且立场坚定。在总统任期内，由于他比较忙，禁毒问题主要由南希来处理。南希曾向全国发表了一封公开信，题为《救救我们的孩子》。这封信当时在美国很受关注。现在，里根对这件事也给予了高度重视。他还在洛杉矶成立了“南希·里根戒毒中心”，为大部分吸毒者实行免费治疗。

里根虽然年事已高，但仍然利用自己在国际上的威望，到各国去访问，为国家的建设出力。1989年10月20日，里根应富士产经集团的邀请对日本进行友好访问，访问期间，他做了两次演说，并参加了几次宴会。里根从这次访问中得到了高达数百万元的酬劳，比他担任总统时的薪水总和还高。

从日本回来后，里根感到累了，就休息了一段时间。之后，他接连访问了英、法两个欧洲国家。在英国访问期间，伊丽莎白女王亲自授予里根“大十字名誉骑士”的爵位称号；在法国，里根还出席了埃菲尔铁塔建成100周年的纪念仪式。从欧洲回来后，里根接着又出访了加拿大，并与加拿大总理进行了亲切会谈。1990年9月17日，里根出访了莫斯科，同苏联领导人探讨了美苏未来的关系。

虽然里根退休后的生活依然繁忙，但他始终让自己的生活有条不紊，十分规律。在饮食方面，里根严格要求自己要定时定量。他日常吃的食物基本上分为三大类：蔬菜瓜果类，稻麦类和鱼肉蛋类。里根早餐时只吃麦片粥和水果，外加一些脱脂牛奶和无咖啡因的咖啡，而对于煎薄饼和肉肠之类的油腻食物则完全不沾；午饭通常是一碗汤、一盘色拉、几片面包、少量蔬菜以及一些蛋白质含量丰富的牛肉或鸡肉；晚饭是鱼、肉、蔬菜和烤面包。尽管老年人吃甜食不是个好习惯，但里根却偏爱吃糖，因此很多熟知他这一爱好的人，都风趣地称他为“糖果总统”。里根喜欢清淡的食物，尽量少吃味重的东西，以免引起老年性高血压。

里根的睡眠状况很好，从不失眠。即使在当总统期间，他也没有服过安眠药。他从来都是躺下就睡，而且最讨厌别人在夜间叫醒他。

里根没有抽烟喝酒等不良嗜好，平日里的休闲活动就是看戏、看电影。他还特别喜欢看那些社会上的“热门书”，他认为看书是消遣和休息的最好方式。

作为体育运动的爱好者，里根提倡应该多做运动，以健身强体。为此，他还专门写了一本书，名叫《里根的锻炼计划》。他在书中说：锻炼最好是在室外。慢跑、骑自行车、滑雪、散步等运动都对身体大有益处。如果条件允许，还可以去游泳、骑马或在大牧场中做些体力劳动。这些活动能使身体变得日益强健起来。他还在住宅中修建了一个设备齐全的健身房。健身房里有运动脚踏机、跑步机、锻炼手臂的运动器械以及一大堆哑铃。当不能外出锻炼时，他就在家里锻炼。里根在介绍他的锻炼经验时，说："很多人因为运动太枯燥而不能坚持。我的锻炼方法是这样的：多种锻炼方式交替进行，这样就避免了枯燥感；把锻炼时间控制在半小时之内；在运动器械前摆放一台电视机，边做运动边收看节目，这样可以分散注意力，减少疲劳感。"

里根的这种"养生之道"确实行之有效。他的身体素质一直很好。在87岁高龄时，他还经常出现在高尔夫球场上。

3 不幸患病

RONALD REAGAN

又过了几年，里根公开露面的次数越来越少，公众对他的健康状况不禁担心起来。1994年4月27日这一天，里根出席前总统尼克松的葬礼时，人们惊讶地发现这位几年前健硕硬朗的前总统看上去显得十分衰弱。同年的秋季选举中，里根也没有像往常那样为共和党候选人助选。于是，公众对里根的健康状况开始议论纷纷。在得知人们很关心他的身体健康时，里根决定将自己的健康情况告诉美国人民。

1994年11月5日，里根向公众宣布——他患上了老年痴呆症。他没有使用哀婉的语调，而是选择了轻松甚至愉快的措辞："我正在踏上日落时分的旅途，但是我相信，美利坚合众国的前程将永远是朝气蓬勃、光辉灿烂的。"他对自己的疾病没有作过多的感慨，但对美国的前途充满信心。

里根所患的老年痴呆症在医学上称为阿兹海默症，这是一种慢慢摧毁人的记忆力、认知力和判断力的疾病。在全美国，大概有400多万人受到这种疾病的折磨。65岁以上的老年人当中，有十分之一的人患有此病，85岁以上的老人中，超过半数患有此病。

里根还宣布，他将与阿兹海默症协会合作，设立一个南希·里根研究所，邀请世界各地的科学精英和知名药厂来共同研究这个病症，以便更快地找出预防、治疗，甚至治愈这种病症的医疗方法。

RONALD REAGAN

里根的老年痴呆症的迹象很早之前就有所显示了。在他担任总统的后几年里，身边的工作人员就已经察觉到这种迹象了，比如里根的记忆力开始退化，开会期间会不由自主地走神、打盹，甚至完全忘记了会上曾作出的决策。不过，那时的病症并没有影响到他的工作。

美国第 42 任总统克林顿。

1992 年总统大选之后，里根去拜访新任总统克林顿。在同克林顿交谈时，里根话说到一半就停住了，不知道下边要说什么了，这让他感到十分沮丧。1993 年 1 月，里根在洛杉矶举行 82 岁的生日宴会，他政界的老朋友都前来道贺，包括英国前首相撒切尔夫人和美国现任总统克林顿。为了表达对各位朋友的敬意，里根做了一个简短的书面致辞。尽管致辞内容很少，但里根还是念错了。念错之后，他先是显得茫然失措，接着从头开始，把致辞又念了一遍。

作家莫理斯是里根的老朋友，他在一篇文章中谈到了里根的病情："大约在半年前，他开始不认识我了。当我去拜访他时，他兴冲冲地向我展示他的照片，但显得有点力不从心。他还把陈列柜上的一些书籍和文件误当做树。当我向他提起他童年患过肺炎的事情时，他显得十分困惑，很显然，他已经把这件事忘记了。”

里根患上老年痴呆症后，体贴的南希精心照顾着病情日益加重的里根。好友称南希是里根“黑暗岁月中”的一盏明灯。

里根的病情越来越严重了，他的长子迈克尔时常去看望父亲。有一天，迈克尔看到了这样的场景：“南希边给里根穿外套，边对里根说：‘亲爱的，别忘了我刚才嘱咐你做的事。’可当南希一离开房间，里根就微笑着对儿子坦白：“我早就把她说的事给忘了。”儿女们还经常看到，里根经常徘徊在南希身边，有时喃喃自语，有时漫无目的地问东问西。

里根的记忆力越来越差，慢慢地不认识他身边的人了，最后连与他同甘共苦的南希也不认识了。

在里根生病期间，南希默默地承受着这种疾病带给他们夫妇的痛苦。可她从来都没有抱怨过，一直精心照顾着里根，直到他逝世。

4 重归于好

RONALD REAGAN

与许多前任总统不一样，里根夫妇在白宫生活期间，他们的孩子没有同他们住在一起。里根一共有 4 个子女：莫琳、迈克尔、帕蒂、罗恩。里根担任总统时，他们都已长大成人，有了自己的生活，都住在加利福尼亚，只是偶尔到东部的华盛顿来看看父母，里根夫妇为此很伤心。

在里根的 4 个子女中，长女莫琳是前妻简·惠曼所生；长子迈克尔是他的养子；帕蒂和罗恩则是南希所生。4 个孩子来源于 3 个女人，这种情况免不了让他和孩子们之间产生隔阂，有时还会发生激烈的冲突。一家报纸曾这样评价里根的家庭：像美国社会一样，里根的家庭虽然表面繁荣，实际上充满了各种各样的矛盾。

里根的大女儿莫琳同里根的关系比较融洽，但同南希一直保持距离。后来，在南希的努力下，莫琳对南希渐渐消除了隔阂。在里根入主白宫后，她经常来华盛顿和父母一起居住，他们的关系也因此变得更加亲密了。

由于迈克尔是养子，所以他对自己被收养的身份十分难以接受，尤其是在长大成人之后，对这一事实越来越计较。他的妻子科琳设法说服他，让他相信里根对他也是一样地疼爱。但迈克尔根本听不进去，一直为自己的身份耿耿于怀。里根也为此事多次给他打电话，希望他能够放下这个思想包袱。结果，他们却在电话里吵了起来。迈克尔指责里根不爱他，比如他对上中学时的一件小事记忆犹新。那年，他中学毕业，里根作为一名公众人物，发表了毕业典礼讲话，并同少数毕业生握手。当时的迈克尔戴着方顶帽自豪地站在里根面前，但里根竟然没有认出儿子，还对他说："我叫罗纳德·里根，你呢?"几年后，迈克尔写了一本书，就把这件事写了进去，一时间让里根成为了新闻界的笑柄。但后来，迈克尔原谅了里根，尤其在里根患病后，经常来看他。

最让里根夫妇头疼的是小女儿帕蒂。前面讲过，里根夫妇与帕蒂的关系很紧张，因为帕蒂反对里根在政府中任职。帕蒂 20 岁那年，还参加了反对里根州长的示威游行，并同里根夫妇发生了争吵。里根对此曾沉痛地说："从那一刻起，我觉得我失去了她。"里根在担任总统期间，曾一度致力于消除核战争的威胁，并在 1983 年夏天，同前苏联就削减战略武器进行谈判。里根的这些举措得到了成千上万美国人的拥护。人们通过电话、信件表示了对这项政策的支持。但也有人不支持他，其中就有他的小女儿帕蒂。帕蒂认为父亲的政策不是为了赢得和平，恰恰相反，是在朝反方向走。后来，帕蒂出于对父亲从政的藐视，更改了她的姓氏。她不仅与父亲不和，与母亲的关系也不好。她写过一些尖酸刻薄的回忆录，书中把父亲说成是一个冷漠孤傲的人，把母亲描绘成一个善于操纵他人的瘾君子。她至少写了 3 本这样的书，把家庭的内幕毫不留情地揭露了出来。

帕蒂在 1993 年由加利福尼亚搬到了曼哈顿，临行时，她留下了新居地址，算是对父母表示和解。因为里根曾真诚地对她说："我都 80 多岁了，将不久于人世。我希望你能体谅一个做父亲的心情。我跟你母亲都很爱你，你不要再伤害我们对你的感情了。"帕蒂搬到新家之后，却不给家里打电话，而且与父母的关系仍然不好。倒是里根经常给她打电话。有一次正好赶上南希过生日，于是，里根提醒帕蒂给母亲送一张生日贺卡。帕蒂却说："我不想听。"就挂断了电话。

家庭矛盾一直让里根很头疼，他也曾想方设法处理这个"老大难"问题。经过仔细地调查分析，他采取了一套由表及里、先易后难的措施：先同孙辈们多接触，带他们游泳，给他们讲故事，在不断地接触中赢得他们的爱。接着，再利用他们的感情和影响，渐渐地和儿媳及女婿搞好关系。最后，再借助孙儿和儿媳及女婿的影响，来逐步调节他和儿女之间的矛盾。另外，他还经常为报刊撰写有关道德价值的文章，试图通过社会的影响来教育儿女们互敬互让、尊老爱幼。里根做出了一系列的努力，结果却并不让他满意。

直到这些不听话的儿女们得知父亲患上老年痴呆症后，这种情况才有所改变。儿女们纷纷改变了自己恶劣的态度，同父母冰释前嫌。一家人开始一起研究里根的病情，南希给儿女们传阅了一本关于老年痴呆症的书，上面详细介绍了照顾病人的种种方法。迈克尔感到，作为一名家庭成员，面对这种疾病，首先要有耐心，不能去计较患者的愚蠢或失态，因为这种疾病让人完全失去了自我控制能力。里根的长女莫琳和次子罗恩也为父亲的康复出谋划策。

帕蒂得知父亲患病的消息后，主动打电话向父母道歉，对母亲说："我对给父亲造成的痛苦而感到非常内疚。"南希听到这话，呜咽着说："你能这样说，我太高兴了。"从此以后，帕蒂和父母开始相互信任、互相交流。

里根的小孙女、11 岁的阿什利得知里根的病情后，天真而又动情地说："就算爷爷真得认不出我是谁了，我也会像以前一样爱他。"

1995 年的父亲节，里根全家举行了一次大联欢。里根所有的孩子都去为他庆祝。他们为里根带去了精心挑选的礼物，陪里根夫妇吃饭，还在后花园里合影留念。

聚会结束后，里根的长子迈克尔起身要走，头脑已经不太清晰的里根伸出双臂要同他拥抱告别。迈克尔走过去，父子俩紧紧拥抱。小孙女阿什利在他们周围跑来跑去，南希慈祥地微笑着看着他们，其他人也都面带笑容，房间里一片温馨。

当年，迈克尔对父母的抱怨之一就是嫌他们从来不拥抱他。不过，迈克尔在得知父亲的病情后，开始转变自己的态度，主动拥抱父亲。当时，里根还会记得他的拥抱，可一转眼就把这件事给忘了。

里根家里的聚会越来越频繁，同儿女在一起的日子，里根变得快乐多了，南希的忧虑也减轻了不少。儿女们不再抱怨父母的不是，他们经常骄傲地和别人谈起里根，并加上一句："我爱我的父亲。"

里根患病给这个曾经矛盾重重的家庭带来了和平。的确，任何疾病都会让不和睦的家庭变得团结起来。

5 举国悲痛

RONALD REAGAN

2004年6月5日，美国前总统里根于洛杉矶家中辞世，享年93岁。

据里根的家人回忆，一直患有老年痴呆症的里根后来感染了肺炎，导致病情迅速恶化，于6月5日下午4时左右逝世。临终前，夫人南希和儿子罗恩、女儿帕蒂一直陪伴在左右。

在任总统小布什得知里根去世的消息后，立刻发表书面声明：里根去世一个小时后，白宫降半旗表示哀悼。同时，让美国所有电视网络都停止正在播出的节目，转播里根逝世的消息。

里根是美国人民最爱戴的总统之一，在他离世后，美国政府和人民为他举行了一系列盛大的哀悼仪式。

6月7日早晨，天气阴沉。运送里根灵柩的车队由洛杉矶西部的圣莫尼卡殡仪馆出发，缓缓驶向里根总统图书馆。南希、女儿莫琳和帕蒂、养子迈克尔和儿子罗恩护送着里根的灵车缓缓前行，整个行程中充满了伤感之情。

车队从罗纳德·里根高速公路抵达加州锡米谷的里根总统图书馆。图书馆外，军乐队奏起了《向长官致敬》的曲子，星条旗降至半杆。在军人的引领下，8名军官把里根的灵柩抬出灵车，安放在图书馆的大厅内。

里根的家人在图书馆内举行了一个简单的追悼仪式。82岁高龄的南希·里根把脸颊贴在覆盖着美国国旗的灵柩上，不住地低声啜泣。女儿帕蒂紧紧地抱住母亲，以示安慰。里根的遗体在图书馆放置了两天，以接受公众的瞻仰和哀悼。

6月9日，里根的灵柩由专机运至华盛顿，在首都华盛顿国会大厦继续接受民众的瞻仰和吊唁。6月11日，美国政府在华盛顿国家大教堂为里根举行了盛大的葬礼。在任总统小布什主持了葬礼仪式。前任总统福特、卡特、老布什以及克林顿都来表示哀悼，前苏联领导人戈尔巴乔夫、英国前首相撒切尔夫人、中国外交部长李肇星等各国领导人及特使也参加了葬礼，整个葬礼气氛肃穆而隆重。

华盛顿国葬仪式结束的当天下午，里根的遗体被再度运回加利福尼亚，加州的数千名民众聚集在停放里根遗体的圣莫尼卡殡仪馆周围，默默地哀悼这位受人尊敬的美国前总统。

6月11日傍晚，落日的余晖撒满了整个葬礼场地，里根的遗体被安葬在他生前为自己选定的墓地中。他的家人和朋友等数百人参加了最后的告别仪式。里根的子女们先后致悼词，缅怀父亲。之后，南希走近灵柩，俯身亲吻棺木，同52年来相濡以沫的丈夫作了最后告别。以里根名字命名的“里根”号航空母舰的舰长，把一面曾飘扬在该舰上的美国星条旗赠给南希以作留念。

由于里根在世时酷爱吉利贝利公司出产的软心豆粒糖，所以南希特地在他口袋中放了一小罐糖，随他一起下葬。

当年，里根对公众宣布自己已罹患老年痴呆症时，曾说过“我正在踏上日落时分的旅途”，现在，这趟旅途已达终点。

6 离开里根的日子

RONALD REAGAN

里根夫妇相濡以沫的52年里，里根一直是南希的生活重心。南希曾多次情深意切地表示：“直到遇见罗尼（里根的昵称），我的生命才真正有了意义。”

南希不仅是里根的妻子，也是他最好的朋友，还是他政治上的顾问和保护者。退休后，里根不幸患病，南希又成了他忠实的守护人。

里根和南希在1949年第一次相遇，3年后喜结良缘。当时南希只有30岁，而里根已经41岁了。里根夫妇的感情一直很好，好得连孩子们都觉得父母对他们的关心太少。里根和南希相濡以沫地度过了半个世纪，这段爱情佳话有《我爱你：罗纳德·里根写给南希的信》一书为证。这本书里收录了大量里根写给南希的信件，从好莱坞的最初相遇，到1994年里根宣布患上老年痴呆症，他们之间的故事全都写在了这些信里。

《我爱你：罗纳德·里根写给南希的信》是南希在2000年出版的，她原本打算将这些信捐给里根总统图书馆，但经过考虑，她认为把丈夫感性的一面公诸于世会比放在图书馆中要好。于是，这本书就问世了。其中让南希最感动的信，是里根写于1978年的那一封。当时他们结婚已有26年，里根在信中深情地说：如果他失去了南希，将永远不会开心。

有人曾评论说：里根和南希都是非常有趣的人，他们能力超群，又富有个人魅力。但如果他们没有结合在一起，无论是里根还是南希，都不会取得他们目前拥有的如此大的成就。里根是一个梦想家，在事业上勇于尝试，而南希则比较有怀疑精神。因此他们结合在一起很完美，从此南希是里根生活中的指路灯，而里根则是南希生活的重心。

南希竭尽全力帮里根干事业，当里根第一次击败吉米·卡特，入主白宫时，里根写了一封信，感谢南希对他的帮助。在信中，他说："作为美国总统，我要请你说一说你是如何让你的丈夫成为世界上最幸福的人的？从1951年开始，你把我从空虚孤独中拯救出来，让我的生活变得多姿多彩。现在我正站在椭圆形办公室里，从这里我可以看到你的窗子。每时每刻，只要知道你在那里，我就会觉得无比幸福。"

里根离开白宫后，不久便患上了老年痴呆症。在里根生命的最后一段时间里，南希一直陪伴在他左右，南希把这称为"最漫长的告别"。

在里根患病期间，南希谢绝了所有人的探访，因为她要为丈夫保留总统的尊严。在最后10年间，南希为照顾里根付出了沉重的代价，无论在身体上还是精神上，她都经受了巨大的考验。

虽然照顾患病的里根耗尽了南希所有的精力，但里根最终的辞世，还是让南希有些很难适应。但是这个事实已经活生生地摆在了她的面前，她不得不接受，可是她也不能因此而萎靡不振，因为还有很多事情等着她去完成。

首先，她要为丈夫安排一个完美的国葬，像当年林肯和肯尼迪总统的葬礼一样隆重。其次，就是要推进有关干细胞的研究工作，以寻求老年痴呆症的最终治疗方法。干细胞研究工作曾一度遭到时任总统小布什的反对，因此要完成这个愿望并不轻松。但为了达成里根的遗愿，南希决定尽力而为。

南希的一位助手说："南希认为自己对里根一生最后一件最该做的事，

就是把他安葬并允许公众向他表示敬意，让全世界一起缅怀这位美国前总统。”

当南希于6月11日乘飞机回到加州时，整个葬礼活动让她憔悴不堪，黑色套装裹在她身上，显得特别肥大。几天来，她消瘦多了。即使有其他人陪在她身边，她也显得特别孤单。

在里根生病期间，南希几乎从不会见朋友，即使偶尔和朋友在附近的饭店吃顿饭，也要不时往家里打电话，询问里根的情况。里根去世后，南希的时间就完全属于自己了。现在，她有更多时间与洛杉矶的老友们相聚，但她极少在公众场合露面，也不接受采访，平时走动的朋友也是固定的几个。南希从前喜欢穿漂亮衣服，现在没有这种必要了。

里根去世后，南希换了一间卧室，并换了一张新床。她和里根以前睡的那张床太大了，现在只剩她一个人睡这张床，显得更加大。南希有半夜起床的习惯。里根在世时，她每天晚上起来，担心会把里根吵醒，总是踮着脚走路。里根逝世后，她半夜起来，还是像以前那样，踮着脚走路，她忘记了房间里再也不会有人被她吵醒。

7 绚丽多彩的一生

RONALD REAGAN

里根的一生是多姿多彩的，他从事过多种职业。在入主白宫之前，里根先后担任过体育解说员、演员、电视主持人和两任加州州长。他的每一个职业都取得了巨大的成功。在美国历任总统中，里根一直保持着几项纪录：一是电影演员出身，二是有过离婚史，三是就职和离任时年龄最大。

体育解说员是他在大学毕业后从事的第一份职业。当时美国正处于经济大萧条，成千上万的电台播音员在这个背景下找不到工作，但里根凭借自己对体育的深刻了解和热爱，以及滔滔不绝的口才，硬是在艰难的人才市场中找到了一份在广播电台的工作。他还接连加薪，度过了大萧条时期带来的经济困境。在广播电台担任4年的播音员后，里根把注意力投向了好莱坞。在那里，他同样创造了辉煌的业绩。他在好莱坞一共待了20多年，出演了53部电影。他演艺生涯的巅峰时刻，是在他拍完影片《真正的美国人克努特·罗克尼》和《金石盟》之后。几年之后，里根的兴趣转向政治。

里根的政治之路正式开始于1962年。这一年，他正式加入共和党，并开始利用他演讲的才能，为本党候选人竞选公职四处演说。里根的演说赢得了观众的认可，也引起了那些大财团的注意，他们发觉里根是个可造之才，于是推举他竞选加州州长。

1967年，在共和党人和财团势力的共同支持下，里根成功当选为加州州长，并在4年后取得了连任。在州长任期内，里根逐步形成了他的政治思想和作风，并积累了丰富的政治经验。

1976年，里根参加当年的总统预选，结果以微小的差距败给党内候选人福特。那次失利让里根很痛苦，但他在党内的威望日渐提高。在1980年的大选中，里根一路过关斩将，成功登上了总统宝座。

里根在位期间，施行了“经济复苏计划”，在振兴美国经济、增强国力以及处理重大国际事件等方面取得了一些成绩。

在经济政策上，里根大刀阔斧地采取了减税、节约政府开支、控制福利待遇等措施。在一系列的努力下，美国的经济开始出现了复苏，连续几年出现了良好的经济增长势头。

里根任总统期间，他最关心的问题就是美苏关系。他上任伊始就曾宣称，要通过军备竞赛把苏联拖垮，从而迫使其“和平演变”。对于两国的冷战局面，他在同苏联领导人戈尔巴乔夫展开一系列的谈判之后，加速了冷战的结束。

像美国其他总统一样，里根在任时也曾遭受丑闻的困扰，“伊朗门”事件就是其中之一。但里根利用其政治手腕，成功地摆脱了这一事件的影响。

里根在竞选总统时，已经是69岁高龄的老人了，但年龄问题没能挡住他从政的雄心。他凭借乐观亲民的行政作风，粗犷而又自我感觉良好的山姆大叔气派，成功地击败了对手，成为美国历史上年龄最大的总统。里根的生命曾经受到枪击事件的威胁，他被一颗子弹击中了肺部，险些命中心脏。当时，他生命垂危，但最终凭借顽强的毅力挺了过来。

虽然里根是演员出身，但这并没有影响他取得骄人的政绩。美国政府和民众都对其任内所做的事感到非常满意。美国舆论界曾这样高度评价他："他给美国政治带来了影响一个时代的变革。"1989 年元月 20 日，里根届满卸任，他的离任告别显得风光而体面，为他的政治生涯画上了一个圆满的句号。

里根离开白宫后定居在洛杉矶。退休后的里根并不满足在家享清福，他多次应各种公司和机构的邀请去做演讲。他的每次出现都会赢得公众热烈的掌声，风头甚至盖过了当时在职的总统老布什。

盖洛普民意测验做了一项关于美国总统的调查，在历届总统中，罗纳德·里根得到了 87%的支持率，并连续多年被选为美国最好的总统之一。这就是美国民众对他最好的评价。

附录Ⅰ　里根大事年表

1911 年 2 月 6 日，罗纳德·威尔逊·里根（Ronald Wilson Reagan）出生在伊利诺伊州坦皮科市。

1921 年，里根 10 岁时，在他母亲所信仰的基督会教堂受洗。

1924 年，开始就读迪克森市的北方中学。

1928 年夏，从迪克森高级中学毕业，同年秋进入尤里加学院。

1927 年，里根 16 岁，在迪克森周遭的 Rock River 畔的 Lowell 公园当救生员，长达 7 年之久。

1933 年，进入爱荷华州得梅因市的 WOC 广播电台当播音员，后去了 WHO 电台工作。

1937 年，离开得梅因进入好莱坞，开始了 27 年的演员生涯。

1940 年 1 月 26 日，与影星简·惠曼结婚。

1941 年，女儿莫琳降生。

1942 年 4 月，应征入伍，进入陆军航空队进行“军教片”的拍摄和配音。

1945 年，收养了 1 名男婴迈克尔。

1945 年 12 月，退役，军衔为上尉，重返好莱坞。

1946 年，担任好莱坞演员工会理事。

1947 年，生下女儿 Christine，但出生后不久便死去。同年任好莱坞演员工会主席，连任六届，直到 1952 年。

1948 年，与简·惠曼离婚。

1949 年，兼任电影工业委员会主席。

1952 年 3 月 4 日，与南希·戴维斯结婚，同年 11 月 21 日生下女儿帕蒂。

1954 年，受聘于通用电气公司，为该公司做电视节目主持人。

1958 年，与南希的第二个孩子罗恩出生。

1959 年秋，第七次当选演员工会主席。

1960年6月，辞去演员工会主席一职。

1962年，离开通用电气公司，担任另一电视节目《死亡峡谷》的主持人。

1962年，离开民主党，正式加入共和党。

1966年，宣布正式参加加州州长竞选。

1967～1970年，出任第33任美国加利福尼亚州州长。

1968年6月5日，宣布参加共和党总统候选人提名竞选。

1971～1973年，连任加州州长。

1975年11月20日，第二次宣布参加共和党总统候选人提名竞选。

1976年，参与共和党总统候选人的角逐，败给时任总统福特。

1979年11月13日，第三次宣布参加总统候选人提名竞选。

1980年11月4日，当选美国第40任总统。

1981年1月20日至1985年1月20日，正式就任美国第40任总统。

1981年3月30日，遭到刺客的枪击，有幸免于一死。

1984年4月26日至5月1日，对中国进行国事访问。

1985年1月20日至1989年1月20日，连任美国总统。

1986年，身陷“伊朗门丑闻”。

1987年，与苏联签署了彻底销毁和禁止中程导弹条约。

1989年，定居于加州，罹患阿兹海默症，历时10年。

1993年，获颁总统自由勋章。

2004年，死于肺炎，享年93岁。

2004年6月11日，里根的葬礼在华盛顿国家大教堂举行。

附录Ⅱ　参考书目

1.《里根政权》，日本教育社著，童心译，新华出版社，1981 年版。

2.《里根和里根总统》，(美) 赫德里克·史密斯著，潘东文译，商务印书馆，1982 年版。

3.《谁掌管美国：里根年代》，(美) T·R. 戴伊著，张维等译，世界知识出版社，1985 年版。

4.《从演员到总统——罗纳德·里根》，(美) L. 坎农著，潘世强等译，中国社会科学出版社，1986 年版。

5.《里根总统的趣闻轶事》，土戈编著，新华出版社，1986 年版。

7.《南希与里根：一部最奇特的罗曼史》，(美) 阿德勒著，马涤吾、邵旭东译，长江文艺出版社，1987 年版。

8.《论里根经济学》，杨鲁军著，学林出版社，1987 年版。

9.《家庭阵线：里根女儿的自传体小说》，(美) 帕蒂·戴维斯著，陆斌译，湖南文艺出版社，1987 年版。

10.《罗纳德·里根传：从演员到总统》，(美) 爱德华兹著，徐育才、陆钰明译，华岳文艺出版社，1988 年版。

11.《里根自传：我身上的其余部分在哪里》，(美) 里根著，李士涞等译，浙江文艺出版社，1988 年版。

12.《里根夫妇和星占学》，人民文学出版社，1989 年版。

13.《里根政权内幕：里甘回忆录》，(美) 里甘著，郁频等编译，天津人民出版社，1992 年版。

14.《里根：从电影明星到美国总统》，肖力编著，延边人民出版社，1996 年版。

15.《里根》，叶进、李长久著，浙江人民出版社，1997 年版。

16.《我爱你：罗纳德·里根写给南希的信》，(美) 南希·里根著，李文俊译，人民文学出版社，2001 年版。

17.《里根政府是怎样搞垮苏联的》，（美）彼得·施魏策尔著，殷雄译，新华出版社，2001年版。
18.《里根政府对苏政策演变的观念因素》，张丹丹著，华东师范大学，2005年版。
19.《罗纳德·里根》，（美）塔姆拉·奥尔著，周娟译，现代教育出版社，2005年版。
20.《漫长的告别——美国前总统里根女儿的倾情回忆》（美）帕蒂·戴维斯著，吴敏译，中信出版社，2006年版。